权威·前沿·原创

皮书系列为

"十二五""十三五""十四五"时期国家重点出版物出版专项规划项目

GREEN BOOK

智 库 成 果 出 版 与 传 播 平 台

邮轮绿皮书

GREEN BOOK OF CRUISE INDUSTRY

中国邮轮产业发展报告（2022）

ANNUAL REPORT ON CHINA'S CRUISE INDUSTRY (2022)

顾　问／吴文学
主　编／汪　泓
副主编／叶欣梁　史健勇　郑炜航
　　　　邱　羚　朱国建

社会科学文献出版社
SOCIAL SCIENCES ACADEMIC PRESS（CHINA）

图书在版编目（CIP）数据

中国邮轮产业发展报告.2022/汪泓主编.--北京：
社会科学文献出版社，2022.11
（邮轮绿皮书）
ISBN 978-7-5228-1119-2

Ⅰ.①中… Ⅱ.①汪… Ⅲ.①旅游船-产业发展-研
究报告-中国-2022 Ⅳ.①F426.474

中国版本图书馆 CIP 数据核字（2022）第 215492 号

邮轮绿皮书
中国邮轮产业发展报告（2022）

顾　　问／吴文学
主　　编／汪　泓
副 主 编／叶欣梁　史健勇　郑炜航　邱　羚　朱国建

出 版 人／王利民
组稿编辑／邓泳红
责任编辑／吴　敏
责任印制／王京美

出　　版／社会科学文献出版社·皮书出版分社（010）59367127
　　　　　地址：北京市北三环中路甲 29 号院华龙大厦　邮编：100029
　　　　　网址：www.ssap.com.cn
发　　行／社会科学文献出版社（010）59367028
印　　装／三河市东方印刷有限公司

规　　格／开本：787mm×1092mm　1/16
　　　　　印张：17.5　字数：261 千字
版　　次／2022 年 11 月第 1 版　2022 年 11 月第 1 次印刷
书　　号／ISBN 978-7-5228-1119-2
定　　价／128.00 元

读者服务电话：4008918866

邮轮绿皮书编委会

主要编撰者简介

汪 泓 中欧国际工商学院院长，上海交通大学博士生导师、教授，上海国际邮轮经济研究中心主任，享受国务院政府特殊津贴专家。长期担任教育部高等学校工商管理专业教学指导委员会副主任委员，曾任教育部高等学校管理科学与工程专业教学指导委员会副主任委员。目前为教育部新世纪优秀人才支持计划资助学者、曙光学者和曙光跟踪学者、上海市领军人才、上海市优秀学术带头人。

汪泓教授率先主动对接国内外邮轮产业大发展，创新性开拓"旅游管理"专业教学内涵，在全国最早开始"邮轮经济"本科和硕士研究生专业并担任学科带头人；由其领衔的"政产学研用五位一体培养国际邮轮紧缺人才创新实践"项目获得2014年国家级教学成果二等奖、上海市教学成果特等奖；注重科研成果直接向生产力转化和推广，很多成果已直接转化为邮轮公司和政府决策依据。先后主持国家社会科学基金重大项目、教育部哲学社会科学重大攻关项目、国家软科学重大项目、国家发改委重大项目10余项以及省部级课题50余项，出版专著和发表论文100余部（篇），多篇被EI、ISTP收录，30余项研究成果分别获得上海市政府决策咨询研究成果一等奖、上海市科技进步一等奖、上海市邓小平理论研究和宣传优秀成果奖、上海市哲学社会科学内部探讨优秀成果奖、上海市教学成果一等奖、上海市教育科研成果一等奖等各类省部级奖项。荣获"2022亚洲邮轮杰出贡献奖"。

曾任中华全国总工会执委、上海工程技术大学校长、上海市总工会副主席、上海管理学科学会会长、上海企业管理协会副会长、上海创意产业协会副会长、上海市科学与艺术协会副理事长、上海国际邮轮经济研究中心主任、中共宝山区委书记等职务。党的十九大代表，上海市第十、十一、十二、十四届人大代表。

摘　要

《中国邮轮产业发展报告（2022）》是由上海国际邮轮经济研究中心、上海工程技术大学和中欧国际工商学院组织邮轮业界和学界专家，根据当前邮轮产业发展最新形势编写的年度报告，是社会科学文献出版社"皮书系列"的重要组成部分。本年度"邮轮绿皮书"是该系列出版物的第9本，由总报告、专题篇、产业篇、发展篇等四个部分的18篇报告组成，体系完善、观点鲜明、数据翔实、内容前瞻。

总报告分析了2021~2022年国际邮轮产业发展形势，通过十大热点解读中国邮轮产业发展新形势、新趋势。其中，全球邮轮产业发展研究包括对后疫情时代各大邮轮公司复航情况、邮轮公司运营状况、邮轮公司格局调整、邮轮公司优化区域航线部署、邮轮建造市场、邮轮港口建设等进行全面概览，并对全球邮轮市场发展新趋势进行研判；中国邮轮产业发展研究，通过对国产大型邮轮建造、邮轮建造自主设计研发、邮轮型船舶设计建造发展、中资邮轮运营管理体系、邮轮港口建设等进行系统分析，提出中国邮轮产业发展在政策、本土邮轮船队、旅游产品创新、邮轮港区综合开发等方面呈现出的新趋势；十大热点主要是对中国邮轮产业发展具有较大影响的重大事件和重要突破进行总结分析，并提出对中国邮轮产业发展的有益启示，更好地推动中国邮轮产业高质量发展。

专题篇主要是对新冠肺炎疫情下中国邮轮经济发展进行专题分析，涵盖中资邮轮海上游试点、邮轮港恢复运营防控规范、本土邮轮发展路径、国际邮轮临时性政策等内容；产业篇主要是对中国邮轮产业链情况进行分析，涵

盖邮轮产业链协同发展、邮轮装备制造发展、"三游"经济发展、邮轮港突发事件应急管理等邮轮产业链上中下游等内容;发展篇主要是对内河游轮与远洋邮轮体验以及中国邮轮旅游发展示范区、上海国际邮轮旅游度假区等进行深入研究,以推动港城联动发展、提升城市形象和增加邮轮经济效益。

当前,新冠肺炎疫情依然是制约邮轮产业发展最重要的因素,但疫情对邮轮行业的影响只是阶段性的,不会改变全球邮轮旅游长期向好的发展趋势。从全球视角和全球范围来看,当前邮轮产业正在加快恢复运营,全球邮轮市场格局重组调整,以满足复航后邮轮市场正常运转的需要,各大邮轮公司逐步恢复常态化运营,为邮轮市场的发展奠定基础。从中国视角来看,中国邮轮市场发展在短期内仍面临严峻挑战,目前国内疫情时有反复,形势依然不容乐观。出入境游尚未重启,邮轮相关企业承受较大压力。此外,部分游客对乘坐邮轮旅游缺乏信心,本土邮轮公司面临运营经验不足、管理及营销策略欠缺等情况。这些都是阻碍邮轮业发展的因素。中国作为全球第二大邮轮客源市场和最大邮轮新兴市场,邮轮产业正顶着疫情的冲击而艰难前进,随着双循环战略、扩大内需等一系列国家战略的深入实施,我国加强邮轮建造的自主设计研发,中资邮轮持续提升自主运营能力,多地正在打造全球海洋中心城市,以更好地推动中国邮轮产业高质量发展,中国也将以全新面貌参与全球邮轮市场,力争在全球邮轮业发展中有更大作为。

本报告的出版是邮轮产业领域企业界、学术界等各方携手努力和合作共赢的显著成果,也得到了各级政府相关部门以及社会各界的鼎力相助,在此谨表衷心感谢!

实现荣耀与梦想的远航

在黑夜中透露出来的曙光，总预示着会迎来一个更加灿烂的黎明；在疫情劫难中承受过淬炼的邮轮产业，也必将会以更具坚毅的韧性，驶向新的远方……

观天下，知大势，懂全局，做自己。

综观全球邮轮产业，正在从疫情的冲击下加快恢复运营；经过疫情防控洗礼和内生动力的培育，正在迎来全新局面。据悉全球已有数百艘邮轮在欧洲、北美等区域复航，亚洲日本、韩国已发布开始接纳邮轮的进出港信息，皇家加勒比、嘉年华、诺唯真等多家大型主体邮轮公司和旗下邮轮船队开始全面复航。疫情直接影响与被压制的全球邮轮消费需求，正逐步强势释放。2022 年是邮轮业走向全面恢复的重要过渡年份，2023 年国际邮轮业将有望全面恢复。国际邮轮协会的报告显示，游客选择邮轮出游的意愿日趋增强，甚至超过疫情前水平，全球邮轮市场逐步焕发出蓬勃生机。

中国是全球第二大邮轮市场和最大的新兴市场，疫情前的五年，国际邮轮公司纷纷深耕我国市场，本土邮轮公司持续发力，邮轮市场规模年均复合增长率达到 22.2%，让国人骄傲，令世人瞩目。突袭而至的新冠肺炎疫情使出入境邮轮旅游停滞，市场陷入"冰封"困境。在全球邮轮市场加速恢复并逐步全面复航的背景下，我国仅五星红旗邮轮"招商伊敦号"在探索国内沿海邮轮旅游，恢复国际邮轮运营依然没有时间表，邮轮市场需求与疫情"精准防控"的矛盾使复航仍面临较大的不确定性。

伴随着"双循环"战略的实施与高质量发展时代的到来，消费服务经

济渐成为城市竞争的核心要素。为此，在加快"中国式现代建设"的当下，邮轮产业攻坚克难的步伐没有停止，对邮轮产业要素配置的追逐也没有放缓。在产业链上游，不断加强邮轮建造的自主设计研发，第一艘国产大型邮轮将于 2023 年交付，第二首国产大型邮轮也已开工，以助推全球海洋经济发展，令人振奋；在产业链中游，中船嘉年华邮轮已揭幕全新企业品牌标识，努力打造中国邮轮旗舰企业，中资邮轮持续提升自主运营能力；在产业链下游，加速建设本土邮轮供应链体系，持续推进港口建设，邮轮港口区域综合开发也在稳步推进中。我国发展邮轮产业时间较短，"邮轮文化"欠缺，加之市场主体、人才积累、产业政策、服务标准等方面均严重不足，亟须加强产业结构调整与转型升级。要继续扩大开放，加强学习借鉴，掌握邮轮产业发展规律，破解消费结构失衡，加快市场主体建设，改进旅行服务生态模式，强化邮轮文化认知，注重邮轮人才培养等，进一步推动邮轮产业高质量发展，全面稳步推进邮轮产业链延伸，不断提高邮轮对我国经济的贡献度。要结合邮轮产业资源特色，明确邮轮产业发展重点，实施差别化措施，逐步形成各具特色、主题鲜明的邮轮产业发展布局，打造更加国际化、更开放的邮轮市场格局。

为全面研判新冠肺炎疫情下我国邮轮产业发展形势，深度分析邮轮产业链发展状况，上海国际邮轮经济研究中心、上海工程技术大学和中欧国际工商学院组织编写了《邮轮绿皮书：中国邮轮产业发展报告》。该报告是根据邮轮产业发展最新形势编写的、国内最具权威的邮轮产业研究报告，是中国邮轮产业发展的风向标，获得了邮轮学术界和企业界的充分肯定，成为政府机构与邮轮市场主体谋划邮轮产业发展和实施战略部署的重要参考。《邮轮绿皮书：中国邮轮产业发展报告（2022）》深入解读后疫情时代中国邮轮经济发展的新形势和新趋势，聚焦中资邮轮海上游航线、邮轮港恢复运营防控规范、邮轮装备制造业发展、"三游"经济发展、邮轮旅游度假区建设等诸多当下我国邮轮产业发展中的热点和前瞻性的问题，对后疫情时代中国邮轮产业发展具有较强的指导意义。

本人作为我国邮轮产业前期发展的谋划参与者、起步发展领导群体中的推动者、长期发展的思考与关注者、邮轮产业全过程发展的鉴证者，有幸作为《邮轮绿皮书：中国邮轮产业发展报告》的编写顾问，在此，我对汪泓教授领衔的研究团队对邮轮产业执着与挚诚表达敬意，对"邮轮绿皮书"所取得的成绩表示祝贺！也对"邮轮绿皮书"背后一直努力奉献的编者及同仁们，表示由衷感谢！"沧海横流，方显出英雄本色"，中国邮轮产业的发展，需要领导者的作为担当，需要从业者的强烈责任树立，需要智者的深厚理论素养贡献，需要全体邮轮人的市场化奉献。希望邮轮界同仁们加倍努力，有力应对疫情对邮轮产业发展带来的不利影响，探索出适应发展要求的路径和模式，尽快推动我国邮轮产业稳步复苏和再次崛起。

面对全面建成了小康社会、实现了第一个百年奋斗目标的伟大时代，我们毫不动摇的相信，在全面推进"中国式现代化"和实现第二个百年奋斗目标的进程中，满足人民群众美好生活需求的邮轮产业，他的前途与中华民族复兴的步伐一样，必然会守正创新继续前行，国家翻开新的篇章，产业开启新的书写，祝愿中国邮轮载着荣耀与梦想远航！

中国国际公共关系协会副会长

原国家旅游局副局长

2022 年 10 月 25 日

目 录 ↖

Ⅰ 总报告

Ⅱ 专题篇

Ⅲ 产业篇

Ⅳ 发展篇

皮书数据库阅读**使用指南**

总 报 告

General Reports

G.1

2021~2022年全球邮轮产业发展研究

——全球邮轮市场加速复苏，邮轮产业稳步发展

汪泓 史健勇 叶欣梁*

摘　要： 随着全球疫情进入阶段性稳定状态，全球复航邮轮数量持续增加，2020年7月至今，全球100多个国家和地区先后重新开放邮轮市场，全球主要邮轮品牌嘉年华邮轮、皇家加勒比游轮、诺唯真游轮等所属邮轮船队全面复航。新冠肺炎疫情推动世界邮轮旅游市场格局调整，部分邮轮被拆解或邮轮品牌被出售，云顶香港宣布破产。全球邮轮市场格局正在重组调整，以满足复航后邮轮市场正常运转的需要，为邮轮市场发展奠定基础。各大邮轮公司积极开展2023年、2024年各大区域邮轮航线部署，为推动邮轮市场振兴提供有力支撑。邮轮建造市场稳

* 汪泓，博士，中欧国际工商学院院长，教授，博士生导师，研究方向：邮轮经济；史健勇，博士，上海工程技术大学党委副书记，教授，博士生导师，研究方向：邮轮经济；叶欣梁，博士，上海工程技术大学管理学院副院长，教授，研究方向：邮轮旅游与可持续发展。

步推进，多家邮轮公司新型邮轮下水，优化邮轮市场运力供给。国际邮轮港口建设持续推进，邮轮公司也更加重视邮轮产品创新，为提升运营和服务能力提供有力保障。邮轮公司更加重视可持续发展，采取替代燃料、创新技术、扩大绿色能源动力邮轮规模，力争在2050年前达成净零排放目标，实现港口零排放。总之，疫情对邮轮行业的影响只是阶段性的，也对全球邮轮产业发展提出了更高的要求，全球邮轮旅游长期向好的发展趋势不会改变，随着邮轮行业的稳步复苏、邮轮产业的重组整合，邮轮市场将焕发出蓬勃生机，邮轮产业将进入新的发展阶段。

关键词： 邮轮市场　邮轮经济　邮轮产业链

邮轮产业兼具脆弱性和恢复弹性、产业关联度强和经济贡献度高等特性。邮轮产业曾是全球旅游业中增长最迅猛、经济贡献最显著的行业之一，随着新冠肺炎疫情全球大流行，邮轮产业全面停滞，成为损失最严重的行业。面对危机邮轮产业积极自救，加快恢复运营。通过有效开展疫情防控和培育内生动力，邮轮产业迎来全新局面。全球范围内已有数百艘邮轮在欧洲、北美以及部分亚太地区复航，嘉年华邮轮、皇家加勒比游轮、诺唯真游轮等主要邮轮公司所属邮轮船队全面复航。邮轮行业复苏的同时，也出现了一些新趋势，全球邮轮市场格局重组调整，以满足复航后邮轮市场正常运转的需要，为邮轮市场的发展奠定基础。后疫情时代邮轮产业的发展需要各国和各大邮轮公司的鼎力合作，而邮轮产业的重组整合，使邮轮市场焕发出蓬勃生机。新冠肺炎疫情对邮轮产业发展造成严重影响，但邮轮产业蓬勃发展的态势并不会改变，当前邮轮产业的沉寂期也是其重构优化、提质增效、转型升级的关键机遇期。

一 后疫情时代全球邮轮市场全面复苏

（一）全球各大邮轮市场加速重启，提振邮轮市场信心

从全球范围来看，后疫情时代"重启"成为全球邮轮业的主题，各国（或地区）的邮轮市场相继按下"启动键"。全球邮轮业自2020年7月起重启，北美、欧洲、亚太等主要区域市场恢复运营，包括美国、加拿大、英国、西班牙、意大利、澳大利亚、沙特阿拉伯和新加坡等在内的全球100多个国家和地区重新开放邮轮市场。2020年3月以来，新加坡禁止所有邮轮停靠其港口，2020年11月恢复"无目的地"邮轮运营。2020年12月，皇家加勒比游轮旗下首艘复航邮轮"海洋量子号"在新加坡恢复运营。皇家加勒比获得"邮轮业复苏贡献大奖"，是邮轮行业唯一获此认可的品牌。2022年5月24日，皇家加勒比游轮"海洋迎风号"在意大利罗马恢复运营，标志着皇家加勒比旗下的26艘邮轮全部复航。2021年5月1日，歌诗达邮轮"翡翠海岸号"在意大利萨沃纳港恢复运营。2022年6月5日，地中海邮轮"音乐号"恢复运营，标志着地中海邮轮旗下的19艘邮轮全部恢复运营。自2021年7月3日起嘉年华邮轮恢复运营，2022年5月2日，"嘉年华光辉号"在西雅图港恢复运营，标志着嘉年华邮轮旗下的23艘邮轮全部恢复运营。2021年7月25日，诺唯真游轮"翡翠号"在雅典比雷埃夫斯港恢复运营，2022年5月，"诺唯真之勇号"在大溪地恢复运营，标志着诺唯真游轮旗下的17艘邮轮全面复航。

全球各国放宽多项入境管制措施，为邮轮全面复航提供有力支撑。2021年5月，为提振受疫情重创的阿拉斯加旅游业，美国政府签署《阿拉斯加旅游业恢复法》，批准外国籍国际邮轮公司运营阿拉斯加沿海航线。2022年2月，美国疾控中心（CDC）把对邮轮旅行的风险警告从等级最高的四级降至三级；3月14日，把对邮轮旅行的风险警告等级从三级降至二级；3月30日，取消针对邮轮旅行的新冠肺炎疫情的防疫指导；7月18日，取消新

冠肺炎疫情邮轮计划。自 2022 年 4 月 17 日起，澳大利亚允许国际邮轮进入境内。2022 年 5 月 24 日，日本启动境外团队游测试，首批游客是来自美国的七人团。自 2022 年 10 月 1 日起，加拿大取消所有疫情下的旅行限制，包括对所有通过陆路、航空或海路进入境内的旅行者的任何检测和检疫/隔离要求，以及强制旅行者通过应用程序提交健康信息或提供疫苗接种证明的要求。2022 年 9 月 19 日，歌诗达邮轮宣布简化邮轮防疫要求，从 10 月 8 日开始允许游客不受限制地参与船上和岸上活动。

国际邮轮协会（CLIA）预计，随着各区域邮轮恢复运营，邮轮游客量 2022 年底将恢复到 2019 年的 101%，2026 年底邮轮游客量将较 2019 年增加 12%。国际邮轮协会的报告显示，旅客选择邮轮旅行的意愿趋于增强，63% 的乘坐过邮轮或是有意向乘坐邮轮的消费者表示，"非常可能"或"可能"在未来两年内乘坐邮轮。而 69% 的从未乘坐过邮轮的消费者表示愿意乘坐邮轮，这一比例超过疫情前水平。"千禧一代"，也就是出生于 1981～1996 年的人，对邮轮旅行最为期待，87% 的"千禧一代"表示将在未来几年内乘坐邮轮；其次是"X 世代"，即出生于 1965～1980 年的人，85% 的"X 世代"表示将在未来几年内乘坐邮轮。

表 1 全球邮轮市场恢复运营情况

区　域	恢复运营情况
北美	2021 年 6 月，北美地区邮轮正式恢复运营，2021 年 7 月 2 日，"海洋自由号"从迈阿密邮轮母港始发
	2021 年 7 月，北美重要的邮轮航线阿拉斯加航线正式重启。2021 年 7 月，"海洋旋律号"从西雅图启航，正式恢复阿拉斯加航线的运营，是首艘返回阿拉斯加的邮轮
	2022 年 3 月，加拿大宣布解除邮轮巡航禁令，皇家加勒比"海洋灿烂号""海洋量子号""海洋赞礼号""海洋旋律号"以西沃德、西雅图和温哥华为母港
欧洲	2020 年 8 月，意大利恢复地中海地区的邮轮运营
	2021 年 5 月，英国对邮轮公司开放水域，意味着国际邮轮公司获批在英国运营本土航线。2021 年 7 月 7 日，皇家加勒比"海洋圣歌号"从英国南安普顿启航前往利物浦、苏格兰和北爱尔兰。2021 年 8 月，英国允许国际邮轮恢复出港

续表

区 域	恢复运营情况
	2021年6月,西班牙邮轮市场正式重启。皇家加勒比"海洋和悦号"于2021年8月从西班牙巴塞罗那启航前往西地中海
	2021年7月,皇家加勒比"海洋珠宝号"首次以塞浦路斯的利马索尔为母港,运营地中海航线
	2021年底,欧洲沿海国家均已开放或有限开放邮轮访问
亚太	2020年10月,新加坡允许邮轮公司提供海上游产品。2020年12月,皇家加勒比"海洋量子号"恢复运营无目的地海上游航线
	2021年5月,中国香港恢复邮轮海上游。2021年10月,皇家加勒比"海洋光谱号"在中国香港恢复运营
	澳大利亚宣布2022年4月17日起恢复国际邮轮航线,2022年10月皇家加勒比"海洋量子号"和"海洋赞礼号"运营布里斯班和悉尼航线

资料来源:国际邮轮协会(CLIA)。

　　疫情影响下被压制的邮轮消费需求逐步释放,2022年是全球邮轮业走向全面恢复的重要过渡年份,2023年邮轮市场有望全面恢复甚至超越疫情前水平。《2022年邮轮行业展望报告》预计,2022年将有2200万名美国人乘坐邮轮出游,为邮轮行业创造超过360亿美元的收入。北美仍是最大客源市场,在整体市场中占比超过五成。加勒比海、巴哈马和百慕大等是最受欢迎的邮轮目的地。2021年,欧洲市场总计接待游客170万人次,仍是继北美市场之后的全球第二大市场,市场增长强劲。邮轮行业在2019年为欧洲经济体创造了576亿欧元的经济效益,提供了约41.4万个就业岗位,平均每位游客在港口城市的消费额达660欧元。

　　虽然受到疫情影响,但作为全球最大的新兴市场和第二大邮轮客源国,中国依然是全球最具潜力的消费市场,蕴含着巨大的增长空间。在海外邮轮市场全面复苏的背景下,中国邮轮市场为复航不断积蓄力量。

(二)邮轮公司受疫情影响损失较大,预计2023年扭亏为盈

　　疫情影响下全球邮轮业依旧面临巨大的压力,作为国际邮轮巨头的嘉年

华、皇家加勒比以及诺唯真无一例外地均出现大幅亏损，且承受着高企的运营成本。在疫情的冲击下，约70%的邮轮相关企业和组织存在被迫休假和裁员的情况。嘉年华2021年第四季度营业收入为12.87亿美元，同比增长3685.29%，净亏损26.2亿美元，上年同期净亏损22.22亿美元；2021年全年营业收入19.08亿美元，同比减少65.87%，净亏损95.01亿美元，上年同期净亏损102.36亿美元；2022年第一季度营业收入达到16.23亿美元，同比增长61倍，净利润亏损18.9亿美元，亏损同比收窄4%，预计2022年全年仍将亏损。

皇家加勒比2021年营业收入为15.32亿美元，同比下跌30.65%，净利润为-52.60亿美元，同比增长9.26%。截至2021年12月31日，公司流动资金为35亿美元，其中包含现金和现金等价物、未提取的循环信贷额度以及7亿美元的364天定期贷款额度。2022年第一季度，皇家加勒比客票收入由2021年的0.21亿美元上升到6.53亿美元，占总收入的61.5%；船上和其他收入为4.07亿美元，占总收入的38.5%；入住率为57.4%；股权投资亏损为0.31亿美元；基本每股亏损4.58美元。分地区来看，北美地区2022年新增收入8.89亿美元，上年同期为零；亚太地区收入3463.3万美元，2021年同期为2988.5万美元；欧洲地区新增收入142.5万美元，上年同期为零；其他地区收入为7963.3万美元，上年同期仅为81万美元。2022年上半年出现净亏损，下半年实现盈利。

受停航影响，2021年诺唯真营收为6.00亿美元，同时邮轮运营开支，包括员工薪水、餐饮及旅行费用、油料、保险、船只维修等，共计16亿美元。2022年第一季度诺唯真控股营收为5.219亿美元，高于上年同期的310万美元，低于市场预期的7.375亿美元，净亏损从上年同期的13.7亿美元收窄至9.8亿美元，调整后净亏损为7.605亿美元，高于上年同期的亏损6.68亿美元，每股亏损1.82美元，高于预期的每股亏损1.53美元。净亏损10亿美元，较上年同期的14亿美元有所收窄。与2021年相比，2022年邮轮运营成本增长266.1%，主要原因是邮轮复航，预计到2027年公司运力将增长50%。

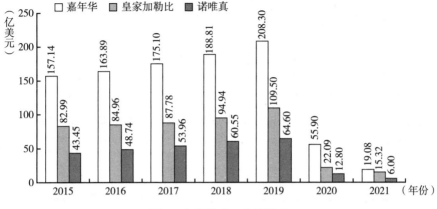

图 1 邮轮运营商营收情况

资料来源：邮轮公司财务报表。

在疫情冲击下，云顶香港被迫暂停邮轮运营并遭受严重亏损，最终宣告破产。2022年1月10日，两家德国造船集团 MV Werften 和 Lloyd Werft 申请破产。2022年1月18日云顶香港有限公司向百慕大最高法院提交清盘呈请，2022年1月27日星梦邮轮向百慕大最高法院提交清盘呈请，水晶邮轮2022年2月关闭办事处并遣散员工。2022年4月，友联船厂有限公司以债权人身份向中国香港高等法院呈请清盘丽星邮轮。水晶邮轮"水晶尚宁号""水晶交响曲号"在巴哈马通过拍卖成交，其中"水晶尚宁号"售价1.03亿美元，"水晶交响曲号"售价2500万美元，这两艘船的买家分别是 CSE Ltd. 和 CSY Ltd.，均以船舶名称命名。

随着国际邮轮市场逐步复苏，邮轮巨头们的财务状况有了大幅改善。2022年是邮轮业走向全面恢复的重要过渡年份，多家邮轮公司对业绩抱有较高预期。从诺唯真、嘉年华、皇家加勒比等集团财报可以看出，亏损持续收窄，业绩明显好转。2022年上半年嘉年华实现营业收入40.24亿美元，同比增长5265%；净亏损37.26亿美元，而上年同期净亏损40.45亿美元。其中，上半年船票收入21.58亿美元，同比增长9283%；船上及其他收入18.66亿美元，同比增长3488%；第三季度营业收入为83.29亿美元，同比

上涨 1241.22%。2022 年第二季度皇家加勒比净亏损 5 亿美元，每股亏损 2.05 美元；第三季度营收 4.57 亿美元，净亏损 14.25 亿美元。

（三）疫情推动邮轮公司格局调整，优化邮轮品牌重组

新冠肺炎疫情全球蔓延，邮轮行业经历百年未遇之大危机，邮轮市场加速洗牌。疫情下，全球邮轮市场格局加速调整，以满足复航后邮轮市场正常运转的需要，为邮轮市场发展奠定基础。嘉年华为增加公司的整体流动性，出售主打豪华小型邮轮的世邦邮轮品牌，涉及 5 艘现役邮轮和 2 艘在建邮轮，购买方为沙特阿拉伯王国的主权财富基金——沙特阿拉伯公共投资基金（PIF）。2020 年 4 月 PIF 购买了嘉年华 8.2% 的股份，持有 4300 多万股股票，目前仍持有嘉年华 5.1% 的股份。中船嘉年华邮轮专为中国市场购置的两艘豪华邮轮"歌诗达大西洋号"和"歌诗达地中海号"在中东闲置两年后重新返回地中海。荷美邮轮出售"马士丹号""维丹号""鹿特丹号""阿姆斯特丹号"。

受疫情影响，云顶邮轮集团被迫破产，旗下丽星邮轮、星梦邮轮、水晶邮轮三大邮轮品牌停止运营，旗下造船厂德国 MV Werften 造船集团宣布破产。2022 年 3 月，新邮轮品牌名胜世界邮轮在新加坡注册成立，是名胜世界的品牌延伸，原星梦邮轮的"云顶梦号"作为名胜世界邮轮首艘邮轮于 2022 年 6 月 15 日在新加坡开启首航。2022 年 7 月，德国政府签署合同，收购 MV Werften 位于罗斯托克的造船厂。随着罗斯托克船厂的成功出售，MV Werften 三家船厂结束邮轮建造业务。2022 年 6 月 14 日，银海邮轮收购"水晶奋进号"，收购价为 2.75 亿美元。2022 年 8 月 31 日，原香港云顶全资公司丽星邮轮亚洲与名胜世界邮轮达成了股份购买协议，名胜世界邮轮收购了丽星邮轮商标以及周边品牌，收购价为 350 万美元。

（四）邮轮公司优化区域航线部署，丰富邮轮产品体系

各大邮轮公司积极开展 2023 年、2024 年各区域邮轮航线部署，丰富邮轮旅游航线，打造一批特色航线，拓展邮轮旅游发展空间，培育邮轮旅游消

费新热点，为推动邮轮市场振兴提供有力支撑。2021年12月，皇家加勒比发布2023年阿拉斯加航线，"海洋幻丽号""海洋赞礼号""海洋量子号""海洋灿烂号"将从西雅图、温哥华和舒华德出发前往阿拉斯加，开启为期8天7晚的精彩冒险旅程。皇家加勒比"海洋光谱号"将重返新加坡，2022年4月11日开启3~4晚的航程，并将在新加坡的航行时间延长到2023年4月。皇家加勒比制订2023~2024年澳大利亚航线部署计划，从2023年10月起两艘16.8万吨量子系列邮轮——"海洋赞礼号"和"海洋量子号"将分别以布里斯班和悉尼为母港；此外，首次将梦幻系列"海洋幻丽号"部署至澳洲市场，运营从悉尼出发前往全新目的地的航线。2023年5~9月，皇家加勒比将"海洋迎风号"首次部署至塞浦路斯母港，带领游客游览希腊群岛的美丽海岸，感受以色列、埃及、土耳其等国家的历史文明。2023年5月起，皇家加勒比旗下9艘邮轮将部署至欧洲，提供35个航线组合搭配，带领游客到访超过25个国家的目的地，包括阿马尔菲海岸、圣地、以色列特拉维夫、冰岛雷克雅未克等。"精致超越号"将提供各种地中海航程，包括为期9晚的法国里维埃拉和意大利航线、为期10晚的希腊群岛航线等，2022年10月重返至美国市场，以埃弗格雷斯港为母港开展加勒比海巡航。

表2　皇家加勒比2023年夏季欧洲航线

船名	始发地	旅游产品
海洋奥德赛号	罗马	从罗马出发的7~9晚航线，到访意大利那不勒斯、希腊群岛、土耳其等目的地。为期12晚的圣地航线，前往塞浦路斯历史悠久的繁华城市利马索尔、土耳其以弗所、以色列耶路撒冷等地
海洋交响号	巴塞罗那和罗马	为期7晚的西地中海航线，游客可以选择从巴塞罗那或罗马出发，前往那不勒斯、西班牙马略卡岛帕尔马、法国普罗旺斯等众多目的地
海洋旋律号	巴塞罗那	以巴塞罗那温暖的海岸为母港，开启为期8晚前往西地中海的航线、为期12晚前往希腊群岛的航线，以及为期5晚前往意大利和法国的航线

船名	始发地	旅游产品
海洋探险者号	威尼斯	首次到访爱琴海和奥运会的发源地希腊奥林匹亚,提供7晚航线,到访希腊群岛、亚得里亚海、黑山的科托尔岛和克里特岛的哈尼亚
海洋光辉号	罗马和威尼斯、雅典和巴塞罗那	从意大利、希腊和西班牙出发,开启前往西地中海、希腊群岛和亚得里亚海的冒险之旅。7晚航线,从罗马航行至希腊雅典、威尼斯、巴塞罗那、罗马
海洋迎风号	以色列海法和塞浦路斯利马索尔	从利马索尔和以色列海法启航,夏季提供7晚前往土耳其、以色列和希腊的航线,途经斯基亚索斯和希腊塞萨洛尼基。9月开始,从海法出发,运营为期4~5晚前往塞浦路斯的希腊群岛的短途航线
海洋圣歌号	英格兰南安普顿	7晚的航线,前往西班牙、法国或挪威峡湾,到访众多全新的目的地,包括挪威的马洛伊和豪格松,以及爱尔兰的科克。11~12晚的长途航线,前往葡萄牙里斯本、西班牙维戈、加那利群岛等
海洋航行者号	哥本哈根和斯德哥尔摩	从哥本哈根、丹麦和斯德哥尔摩启航,开启为期7~11晚前往爱沙尼亚、俄罗斯等北欧国家的组合航线。途经众多知名景点,如俄罗斯圣彼得堡的滴血救世主教堂、芬兰赫尔辛基的苏门林纳岛要塞等
海洋珠宝号	荷兰阿姆斯特丹	往返于荷兰阿姆斯特丹,为游客提供为期12晚前往北极圈、不列颠群岛、冰岛和爱尔兰的航线。其间将到访诸多风景如画的目的地,包括雷克雅未克的蓝湖、英国多佛白崖等

资料来源:皇家加勒比游轮。

公主邮轮积极部署2023~2024年南美洲及南极洲航线,"蓝宝石公主号"推出5条别具特色的航线,探访10个国家及地区的19个目的地,2022年4月6日起预售船票。阿依达邮轮新船"科斯马号"将提供两次在阿拉伯湾的航程,在2023~2024年的冬季航线中将部署两艘邮轮在亚洲航行、三艘邮轮在加勒比海航行。嘉年华的两艘邮轮将离开舰队,"嘉年华神往号"于2022年3月5日至10月10日在Mobile运营。原定于2022年10月15日至2023年9月30日从Mobile出发的"嘉年华感知号"航程已取消,并且将不会重新启动运营。"嘉年华神往号"在 2022 年 10 月 10 日结束最后一次运营后，离开嘉年华舰队。"嘉年华奇迹号"从旧金山出发，是集团 50 年来首次从旧金山启航。"嘉年华纪念号"将于 2023 年 11 月从美国得克萨斯州加尔维斯顿港出发，提供为期 7 天的西加勒比海航线，中途停靠墨西哥的科苏梅尔和哥斯达黎加玛雅，以及洪都拉斯的马霍加尼湾。

根据 MSC 地中海邮轮 2022~2023 年冬季航行计划，21 艘邮轮将前往 85 个国家近 200 个目的地，其中两艘全新邮轮，"MSC 地中海海逸线号"于 2022 年 12 月 11 日从迈阿密开启首航，提供两种不同的 7 晚航程。"MSC 地中海欧罗巴号"将成为该公司的第一艘 LNG 动力船，以多哈为母港，2022 年 12 月 20 日开启首航。"MSC 地中海传奇号"将于 2023 年 4 月从纽约启航，提供 6~11 晚的航线，前往加勒比海、百慕大、新英格兰和加拿大，这是该公司首条全年在美国东北部停靠的航线，并通过增加奥兰多地区迈阿密港和卡纳维拉尔港的航线选择，进一步提升了其在北美市场的影响力。

表 3   地中海邮轮航线布局

区域	邮轮	母港
西地中海	MSC 地中海传奇号	巴塞罗那
	MSC 地中海歌剧号	热那亚
	MSC 地中海管乐号	
	MSC 地中海海岸线号	
	MSC 地中海海平线号	
	MSC 地中海辉煌号	
东地中海	MSC 地中海和谐号	威尼斯/马尔盖腊
	MSC 地中海幻想曲号	的里雅斯特
	MSC 地中海抒情号	比雷埃夫斯
	MSC 地中海音乐号	蒙法尔科内/威尼斯
	MSC 地中海序曲号	威尼斯/马尔盖腊
北欧	MSC 地中海鸿图号	基尔
	MSC 地中海华丽号	汉堡
	MSC 地中海诗歌号	瓦尔内明德
	MSC 地中海珍爱号	基尔
	MSC 地中海华彩号	南安普顿

续表

区域	邮轮	母港
北美	MSC 地中海神曲号	卡纳维拉尔港
	MSC 地中海海际线号	迈阿密
中东	MSC 地中海荣耀号	迪拜

资料来源：地中海邮轮。

2022 年，诺唯真游轮"遁逸号"重返欧洲市场，以罗马奇维塔韦基亚为母港，提供 7~11 晚的航程计划，造访停靠圣托里尼、米科诺斯、那不勒斯和里窝那等港口以及瓦莱塔和墨西拿等地。2023 年 1 月 14 日，"珠宝号"将从巴拿马城出发，提供 11 晚 12 天的巴拿马运河航线，造访包括哥斯达黎加利蒙港、阿鲁巴、库拉索、多米尼加普拉塔港和大特克岛等港口，最后抵达纽约。2023 年 12 月 6 日，"喜悦号"将从巴拿马城出发，提供 10 晚 11 天的巴拿马运河航线，造访哥斯达黎加利蒙港、开曼群岛、洪都拉斯罗阿坦、NCL 伯利兹私属海岛丰收岛、墨西哥的科苏梅尔和 NCL 巴哈马私属海岛大蹬礁，最后抵达迈阿密。诺唯真游轮旗下在建邮轮"领途级"的第二艘"非凡号"将于 2023 年 6 月开启首航，以欧洲多个主要港口城市为母港，提供地中海航线，造访葡萄牙里斯本、意大利威尼斯（的里雅斯特）和罗马（奇维塔韦基亚）以及希腊雅典（比雷埃夫斯）。随后，"非凡号"将于 2023~2024 年开启冬季航程，从波多黎各圣胡安启程。"非凡号"全长约 295 米，吨位 14.25 万总吨，可容纳 3219 名游客。

维京游轮预计到 2022 年底将迎来旗下第二艘探险游轮，新建造的海轮和欧洲内河航线的维京长船，以及为尼罗河、湄公河和密西西比河航线全新打造的河轮将加入维京游轮全球船队。维京游轮将于 2023 年推出 3 条新的纵向环球航线，第一个航线计划于 2023 年 3 月开启，从阿根廷的乌斯怀亚出发，为期 65 天，造访 9 个国家，最终抵达密歇根湖西岸的密尔沃基。

总而言之，新冠肺炎疫情在对整个社会经济发展造成巨大打击的同时，也对环境高度敏感的邮轮旅游产业造成了巨大的负面影响，为此，邮轮公司积极调整市场布局，重组邮轮品牌。近期，欧洲、北美等区域逐步放开邮轮运营，全球 100 多个国家和地区重新开放邮轮市场，各大邮轮公司纷纷部署 2023 年、2024 年邮轮旅游航线，为市场提供了更加高质量的邮轮旅游产品，为邮轮产业发展注入了新的活力，全球邮轮旅游产业迎来新生。

二 后疫情时代全球邮轮产业链持续延伸

（一）邮轮建造市场稳步发展，扩充邮轮市场运力

全球邮轮建造市场稳步发展，成为疫情下全球邮轮市场的新亮点，实现了逆势增长。多家邮轮公司新型邮轮下水，优化了邮轮市场运力供给结构。全球最大邮轮建造企业芬坎蒂尼集团 2021 年收入为 67 亿欧元，净利润 9200 万欧元，亏损 2.45 亿欧元，造船部门收入 57 亿欧元，共交付 19 艘船，其中包括 8 艘邮轮和 2 艘探险船。目前集团手持订单达 115 艘，合同金额 355 亿欧元，将于 2029 年前全部交付，其中 2022 年已交付 7 艘邮轮。2021 年 12 月 21 日，德国迈尔船厂交付为爱达邮轮建造的第二艘 LNG 动力邮轮 "AIDAcosma" 号。"AIDAcosma" 号是迈尔集团建造的第 115 艘邮轮，也是其建造的第三艘 LNG 动力邮轮。2022 年 5 月 30 日，探索之旅（Explora Journeys）旗下首艘邮轮 "探索 1 号" 在芬坎蒂尼船厂顺利起浮。"探索 1 号" 吨位为 6.4 万总吨，最大载客量为 900 人，预计 2023 年 5 月交付运营。探索之旅品牌下共有 4 艘姐妹船在芬坎蒂尼船厂建造，总订单价值超过 20 亿欧元，第二艘邮轮 "探索 2 号" 预计将于 2024 年夏季交付，第三艘船和第四艘船计划分别于 2025 年和 2026 年交付。

皇家加勒比控股和经营的三个全球邮轮品牌分别是皇家加勒比国际游轮、精致邮轮、银海邮轮，同时是途易邮轮和赫伯罗特邮轮的 50% 合资股东。随着 "海洋奇迹号" 和 "精致超越号" 两艘新邮轮的加入，集团船队规模已达 63 艘。2022 年 5 月 8 日，皇家加勒比绿洲系列的第 5 艘、皇家加勒比国际游轮品牌船队的第 26 艘游轮、世界最大的邮轮 "海洋奇迹号" 从

西班牙巴塞罗那港开启首个夏季欧洲航线。"海洋奇迹号"吨位为23.7万总吨，长362米，宽64米，总层高18层甲板，设有2867间客房，最多可接待6988人。皇家加勒比"海洋标志号"吨位25万总吨，首次在邮轮上集成家庭度假三大精华元素——海滩休闲、度假村和主题公园，计划于2024年1月在美国迈阿密开启首航。

2022年4月6日，法国大西洋造船厂交付为精致邮轮建造的第三艘Edge级邮轮"精致超越号"，是精致邮轮系列5艘Edge级邮轮建造计划中的第三艘。2022年7月1日，皇家加勒比国际游轮旗下绿洲系列第六艘邮轮"Utopia of the Seas"号在法国圣纳泽尔大西洋船厂举行龙骨铺设仪式，正式启动船体结构的建造。

表4　全球邮轮建造市场情况

单位：总吨，人

年份	邮轮集团	邮轮	造船	吨位	载客量
2022	水晶邮轮	Diamond Class	云顶MV Werften集团	65000	800
	地中海邮轮	World Class	法国大西洋	200000	5400
	诺唯真游轮	Project Leonardo	芬坎蒂尼	140000	3300
	皇家加勒比游轮	Icon Class 1	迈尔图尔库船厂	200000	5000
	P&O邮轮	Unnamed	德国迈尔船厂	180000	5200
	冠达邮轮	Unnamed	芬坎蒂尼	113000	3000
	维京游轮	Unnamed	芬坎蒂尼	47800	930
	公主邮轮	Royal Class 6	芬坎蒂尼	143700	3980
	精致邮轮	Edge Class 4	法国大西洋	117000	2900
	嘉年华集团	Unnamed	迈尔图尔库船厂	180000	5200
	维珍邮轮	Unnamed	芬坎蒂尼	110000	2800
	迪士尼邮轮	Unnamed	德国迈尔船厂	135000	2500
2023	迪士尼邮轮	Unnamed	德国迈尔船厂	135000	2500
	爱达邮轮	Unnamed	德国迈尔船厂	180000	5400
	途易邮轮	Mein Schiff	迈尔图尔库船厂	111500	2894
	诺唯真游轮	Project Leonardo	芬坎蒂尼	140000	3300
	嘉年华集团/中船	Unnamed	上海外高桥造船	133500	4000
	维京游轮	Unnamed	芬坎蒂尼	47800	930
	地中海邮轮	SeaSideEvo 2	芬坎蒂尼	169380	4560

续表

年份	邮轮集团	邮轮	造船	吨位	载客量
2024	地中海邮轮	World Class 2	法国大西洋	200000	5400
	皇家加勒比游轮	Icon Class 2	迈尔图尔库船厂	200000	5000
	维京游轮	Unnamed	芬坎蒂尼	47800	930
	诺唯真游轮	Project Leonardo	芬坎蒂尼	140000	3300
	嘉年华集团/中船	Unnamed	上海外高桥造船	133500	4000

资料来源：国际邮轮协会（CLIA）。

2022年2月11日，嘉年华集团新船"狂欢节号"在芬兰迈尔船厂出坞浮水，它是嘉年华邮轮 Excel 级船舶中的第二艘，定于2022年秋季交付使用，11月从南安普顿出发驶往母港迈阿密，跨大西洋航行。德国迈尔船厂为嘉年华集团建造的第三艘 Excellence 级 LNG 动力豪华邮轮"Carnival Jubilee"号举行了钢板切割仪式，设计延续了首制船"狂欢节号"和第二艘"Carnival Celebration"号风格，以首个海上过山车 BOLT 为最大亮点。新船全长340米，宽42米，吨位将达到18.28万总吨，使用 LNG 作为动力，能够为超过5200名乘客和2000名船员提供住宿。2022年2月15日，P&O 邮轮旗下"Arvia"号在德国迈尔船厂举行龙骨铺设及硬币放置仪式。2022年2月8日，冠达邮轮宣布将新船命名为"安妮女王号"。它是冠达邮轮历史上的第249艘邮轮，计划于2024年开启首航。目前冠达邮轮旗下已有三艘船，分别是"玛丽女王2号"、"维多利亚女王号"和"伊丽莎白女王号"。

"MSC 地中海海逸线号"命名盛典将于2022年12月7日在曼哈顿邮轮码头举行，并开启其在美国及加勒比地区的处女航季。在意大利芬坎蒂尼造船厂建造的 Explora I 是地中海邮轮新奢侈品牌探索之旅旗下订购的四艘船中的第一艘，2021年6月开始建造，将于2023年5月交付使用。"MSC 地中海神女号"正在法国大西洋船厂建造中，并计划于2023年6月初下水，从德国基尔港出发，在北欧地区开启其处女航季。

2022年3月7日，维京游轮宣布旗下首艘美国内河游轮"Viking

Mississippi"号在路易斯安那州的 Edison Chouest Offshore 公司的 LaShip 船厂完成出坞浮水,于 2022 年 6 月开启首航,在密西西比河上游的圣保罗市和下游的新奥尔良市之间巡游。维京计划 2022 年密西西比航线接待游客超过 7500 人次,2023 年第一个完整航季接待游客超过 17600 人次。2022 年 5 月,意大利芬坎蒂尼集团旗下安科纳船厂为维京游轮建造的第 8 艘远洋邮轮"维京火星号"完工交付,吨位为 47800 总吨,设有 465 间客房,能够搭载 930 名乘客,内部设计由伦敦公司 SMC Design 和洛杉矶 Rottet Studios 负责。2022 年 9 月 27 日,芬坎蒂尼造船厂交付为维京游轮建造的第二艘探险船"Viking Polaris"号,吨位 3.015 万总吨,设有 187 间客舱,载客量为 378 人。

2022 年 2 月,越南 Ha Long 船厂建造的有全新豪华游艇风格的邮轮"Emerald Azzurra"号完工,并交付给 Scenic 集团旗下 Emerald Cruises。该船长约 110 米,配备 50 间套房,可容纳 100 名乘客、64 名船员。这是越南建造的首艘豪华邮轮,"Emerald Azzurra"号在完成首次航行后,将穿越苏伊士运河抵达地中海以及亚得里亚海沿岸完成一系列夏季航行,并在次年冬季返回红海。意大利芬坎蒂尼集团与诺唯真游轮计划签署 6 艘邮轮建造合同,总价值约 40 亿美元(约合人民币 264.32 亿元),相当于每艘造价约 6.67 亿美元。丽思卡尔顿游艇集团宣布了扩大船队规模的计划,将向法国大西洋造船厂订购两艘超奢华邮轮,这也是大西洋造船厂自疫情以来承接的首份新船订单。这两艘新船将分别命名为"Ilma"号和"Luminara"号,均船长 242 米(794 英尺)、吨位 46750 总吨、可容纳乘客 456 人,预计两艘新船将先后于 2024 年和 2025 年交付运营。2022 年 5 月 20 日,天鹅探索邮轮"织女星号"完成海上试航。它是由赫尔辛基造船厂建造,是天鹅探索邮轮的第二艘邮轮。第三艘"黛安娜号"邮轮计划于 2023 年初交付。维珍邮轮"Resilient Lady"号将于 2023 年正式启航,第四艘船命名为"Brilliant Lady"号。

当前全球造船业进入深度调整期,我国要由造船大国向造船强国迈进,邮轮研制是打破国外垄断从而实现海洋船舶工业价值链跃升的必争领域。中国加强邮轮建造的自主设计研发，第一艘国产大型邮轮将于2023年交付，第二艘国产大型邮轮也已开工，力争助推全球海洋经济发展，积极落实海洋强国、制造强国、科技强国发展战略，满足中国人民对美好生活的需求。

（二）加快推进国际邮轮港口建设，提升邮轮接待能力

加快推进国际邮轮港口建设，完善邮轮港口综合服务功能，优化集疏运系统，推动邮轮港口资源要素集聚发展。从全球来看，国际邮轮港口建设日趋绿色化、低碳化、智慧化。邮轮港口是支撑邮轮产业发展的重要基础设施。2022年3月10日，地中海邮轮在迈阿密的大型邮轮码头破土动工，其将成为北美最大的邮轮码头。该码头新航站楼为四层建筑，每天可容纳36000名乘客，可同时停泊3艘邮轮，预计于2023年底完工。皇家加勒比游轮斥资1.25亿美元在美国得克萨斯州加尔维斯顿港建造的邮轮码头即将完工，码头占地面积约15000平方米，引入在线值船和面部识别等前沿技术，可以实现无接触式登船。此外，码头秉承环保设计理念，并获得LEED绿色建筑认证。该码头于2022年秋季正式投入运营，皇家加勒比游轮旗下的吨位22.5万总吨的绿洲系列"海洋魅丽号"将进驻该码头，成为有史以来加尔维斯顿港接待过的最大邮轮，新增400个建筑工作岗位、400个永久性运营工作岗位、14亿美元的地方商业服务收入、560万美元的地方税收收入。

法国勒阿弗尔市将建造三个邮轮码头，项目总投资9000万欧元，除对两个现有设施进行全面翻新外，建造两个新邮轮码头，并安装岸电系统为邮轮供电，新码头建成后可同时停靠三艘带有岸电连接功能的邮轮，建造相关的基础配套设施包括盖舷梯、停车场、景观长廊等，计划于2023~2025年完工，预计2030年该市邮轮游客接待量将达到60万人次。2022年5月，嘉年华集团新停靠港在大巴哈马岛开建，项目包括一个可停靠两艘Excel级邮轮的码头，将于2024年底完工，目前大巴哈马岛南侧正在进行相关开发，建成后将作为通往大巴哈马的门户，为游客提供全新的体验，并给大

巴哈马的居民带来更多的商业机会。孟买将于2024年7月启用国际邮轮码头，项目成本为6520万美元，每年可发送200艘船只和100万人次邮轮乘客。码头总面积41.5万平方英尺，可同时停泊两艘邮轮，配备22部电梯、10部自动扶梯和可容纳300辆汽车的多层停车场。迪拜邮轮港项目是嘉年华集团和迪拜Shamal公司的重要战略合作项目之一，旨在进一步促进当地旅游业发展，并成为该地区海洋旅游产业的佼佼者。迪拜邮轮港坐落于迪拜城市中心、占地超过12万平方米、拥有世界一流的配套设施，是该地区唯一能同时停靠两艘邮轮的港口，两座专门打造的航站楼将为游客和船员提供安全、舒适、无缝衔接的上下船体验。到2023年，包括歌诗达邮轮在内的来自嘉年华集团的总共六个邮轮品牌将陆续造访迪拜邮轮港，完成90次的停靠。

诺唯真游轮将在阿拉斯加惠蒂尔建造邮轮码头和相关交通设施，包括邮轮码头以及连接码头的公路和铁路设施等项目，完工后诺唯真旗下三大品牌诺唯真、大洋和丽晶七海会在此停靠，同时公路和铁路的修建也将方便游客出行。悉尼港将建设岸电航运区，为格里布邮轮码头和白湾邮轮码头配备岸电系统，预计每年可减少14000吨二氧化碳排放，同时白湾邮轮码头将成为南半球第一个配备和使用岸电系统的码头。毕尔巴鄂港务局从欧盟获得超过1400万欧元的融资，将用于在整个港口区域完善岸电基础设施，预计于2025年完工，以便在2026年的邮轮航季投入使用。萨马纳湾港开建的 Bayport 邮轮码头，投资额为2200万美元，由 Consorcio Temarsam 公司负责开发，计划建设一个可容纳5000名乘客的浮动码头，第一阶段工程将于2024年初竣工，可同时停靠三艘邮轮，为10000名乘客提供服务。

总而言之，后疫情时代全球邮轮产业链持续延伸，邮轮建造市场稳步发展，各大邮轮公司增加新型邮轮市场供给，为全球游客提供了更加高质量的邮轮旅游体验，提升了邮轮旅游市场的吸引力。同时，持续推进的国际邮轮港口建设，有助于提升邮轮接待能力，为提升邮轮旅游体验奠定了更加坚实的基础，也为邮轮港口经济效应提升提供了更加有利的条件。

三　全球邮轮市场发展新趋势：创新、绿色可持续

（一）邮轮公司更加重视旅游产品创新，提升服务能力

各大国际邮轮公司积极推动邮轮产品创新，邮轮旅游产品开发成为发展重点，考虑到不同游客群体的娱乐体验需求，精细化、定制化设计了不同类型的邮轮旅游产品，有效提升了各大邮轮公司的运营能力和服务质量。皇家加勒比"海洋奥德赛号"提供海上最大的室内活动场——海上多功能运动馆（SeaPlex），拥有碰碰车、镭射激光对决、数字互动游戏、巨型屏幕、DJ台等设施，建造了适合所有年龄段人群的完美乐园，有甲板冲浪、甲板跳伞、南极球、北极星等众多设施，满足探索者的需求。皇家加勒比国际游轮推出的全新酒店预订系统"Royal Caribbean Hotels"，由知名在线旅游服务网站 Priceline 提供技术支持。该系统的服务将逐步覆盖皇家加勒比在北美洲、南美洲、中美洲、加勒比海、欧洲和亚太地区的出发及到达港口。游客可以通过"Royal Caribbean Hotels"轻松预订登船前和离船后的岸上酒店住宿。系统会根据游客人数、邮轮出发和到达的时间及城市对酒店进行预筛选。游客还可以根据个人喜好进行进一步的条件定制，如酒店星级、便利设施情况、地理位置等。

精致邮轮"巅峰号"配置的魔毯（Magic Carpet）是可以在船侧升降的悬臂式平台，游客可以到达海平面13层以上的高度，在品味鸡尾酒的同时饱览壮阔的海景。2025年1月7日，丽晶七海邮轮"七海水手号"将开启该集团史上最长的环游世界航线，以"远方奇迹"为主题，从迈阿密出发，进行为期5个月的环游世界之旅，探索25个国家和48处联合国教科文组织世界遗产，全程长达36295海里，6月15日正式发售船票，豪华阳台套房最低售价为86999美元/人，主人套房最低售价为249999美元/人。银海邮轮推出的2025年为期136天环球航线，为东京与纽约之间的航线。歌诗达邮轮"威尼斯号"于5月1号开启从伊斯坦布尔到希腊和土耳其的航线，

提供"航空+邮轮"套餐，以及土耳其航空公司的定期航班。

地中海邮轮推出全新的"酒店+邮轮"组合套餐，为游客提供更为丰富且完整的端到端体验，在岸上和船上都能尽情畅享精彩假期，并在2022年夏末覆盖地中海邮轮从迈阿密和奥兰多（卡纳维拉尔港）出发的美国母港航线，2023年夏季航季纽约也将被纳入该项目。"MSC地中海诗歌号"将于2024年1月4~5日从意大利奇维塔韦基亚/罗马和热那亚母港启航，途经31个国家和地区的52个目的地，先后停靠法国、西班牙、意大利、马耳他、塞浦路斯，并在以色列海法停靠过夜后，途经埃及塞得港/亚历山大港，最终抵达开罗。游客可选择于1月6日在法国马赛或1月7日在西班牙巴塞罗那登船。地中海邮轮将"航海家甄选"升级为"航海家尊享"，会员在预订地中海邮轮任意时间出发的任何航线时都将自动享受最低5%的折扣优惠。地中海邮轮专为旗下"MSC地中海传奇级号"定制的七部原创海上旋转木马奇幻秀，是由地中海邮轮全新打造的精彩演出品牌，包含七部全新定制的剧目，每一部将精湛的杂技表演、舞蹈和音乐完美融合，并在顶尖的沉浸式旋转木马剧场倾情上演，为游客带去极致感官盛宴。

大洋邮轮"因锡亚号"推出的2024年180天环球航线在2022年3月2日开售后的30分钟内售罄，比2021年9月创下的纪录快出近12%。庞洛邮轮与史密森尼探路者合作推出"2023年联名在地文化体验航线"，计划合作21个航次，涵盖历史文化、天文地理、音乐艺术等主题内容，并提供接触史密森尼探路者专家的机会。蓝色世界航行邮轮公司提前开放了原定于2023年推出的住宅型邮轮的预约登记，其中复式套房面积为111.5平方米，最低售价352万美元；单间套房面积为79平方米，最低售价247万美元。自2022年5月起，雅高集团接管"伊丽莎白女王2号"的运营事务后，其将以崭新的面貌加入雅高旗下的美憬阁酒店品牌，有望成为美憬阁和迪拜城的全新度假地标。载客量为930人的小型邮轮"维京海王星号"计划于2022年11月在地中海地区开启其处女航季，随后在2023~2024开启从美国劳德代尔堡至英国伦敦的环球航线，整个航程为期138天，将前往28个国家和57个港口，包含11个城市的过夜行程。名胜世界邮轮将马来西亚吉隆坡（巴生港）作为"云顶梦"号的母港，成为全球首家将吉隆坡作为邮轮母港的公司，采取形成以新加坡和吉隆坡为双母港的运行方式，游客可以选择从新加坡出发，也可以选择从吉隆坡出发，还可以选择单程票，无须回到出发的母港。

（二）绿色能源动力邮轮规模扩大，促进绿色发展

国际邮轮公司更加重视绿色、可持续发展，采取替代燃料和创新技术，扩大绿色能源动力邮轮规模，加大对绿色邮轮的投入。地中海邮轮舰队中的首艘液化天然气动力邮轮"MSC World Europa"号搭载了固体氧化物燃料电池、选择性催化还原系统以及性能更加卓越的岸电设施，成为全球最大的液化天然气动力邮轮。2022年5月，通用电气电能转换业务部（GE Power Conversion）与Ceres公司、英国劳氏船级社以及地中海邮轮合作，将多兆瓦固体氧化物燃料电池系统集成到大型邮轮中。该系统的优势在于集成了新能源和更智能的数字和控制技术，同时能够使用不同类型的新型清洁燃料，通过更清洁的电力系统和数字能源管理，助力邮轮和港口的净零运营。到2022年底，地中海邮轮旗下的21艘船舶中的11艘都将搭载岸电设施。2022年7月21日，爱达邮轮"AIDAprima"号在鹿特丹港加注了荷兰船用生物燃料供应商GoodFuels提供的可持续生物燃料。地中海邮轮旗下首批液化天然气动力邮轮"欧罗巴号"和"神女号"计划分别于2022年和2023年交付。

2022年4月，皇家加勒比国际游轮旗下首艘液化天然气动力邮轮"海洋标志号"在芬兰梅耶图尔库船厂举行了龙骨铺设仪式。"标志"系列是皇家加勒比国际游轮以液化天然气为动力的首个系列，而"海洋标志号"是该系列三艘游轮中的首艘游轮。除了液化天然气这一清洁能源的应用外，"海洋标志号"将同时采用岸电连接技术、废热回收系统等先进的船舶环保技术。"海洋标志号"于2021年启动建造，计划于2023年启航。2022年4月，皇家加勒比国际游轮在法国圣纳泽尔大西洋船厂举行盛大的造船开工典礼，正式启动建造第六艘绿洲系列邮轮，成为绿洲系列首艘液化天然气动力邮轮，是皇家加勒比国际游轮迈向清洁能源时代的重要举措。2022年6月

14 日，德国途易邮轮和芬兰 Meyer Turku 船厂共同为 TUI 的最新一艘邮轮"Mein Schiff 7"举行钢板切割仪式。它将成为全球首艘可以使用甲醇燃料的大型邮轮，既可以使用甲醇，也可使用生物甲醇。

2022 年 2 月，德国迈尔船厂为迪士尼邮轮建造的首艘 LNG 动力邮轮"Disney Wish"号顺利出坞。"Disney Wish"号吨位 144000 总吨，拥有 1250间客舱，是迪士尼邮轮 3 艘 Triton 级 LNG 动力邮轮中的第一艘，原计划于2022 年 6 月 9 日从卡纳维拉尔港开启首航，但由于船厂建造周期延误，该船的交付时间也相应推迟，首航时间改为 7 月 14 日。2025 年前嘉年华集团预计将拥有 11 艘新型 LNG 动力船舶，运力将占船队总运力的 20%。预计2027 年国际邮轮协会成员舰队将有 26 艘 LNG 动力邮轮（占全球运力的16%）、231 艘配备先进废水处理系统的邮轮（占全球运力的 81%）、174 艘具有岸电连接功能的邮轮（占全球运力的 66%）、176 艘安装废气净化系统的邮轮（占全球运力的 81%）。

（三）邮轮公司确定碳中和目标，重视可持续发展

低碳、绿色、环保将是未来邮轮业的发展方向，"双碳"目标下行业将面临更多机遇与挑战，各大邮轮公司努力到 2050 年前实现净零排放目标，包括港口零排放。从船只建造到新科技应用、从船上体验到岸上游览、从码头建设到与目的地共建，邮轮行业不断扩大"绿色角力场"。皇家加勒比和嘉年华集团与总部位于丹麦哥本哈根的非营利性的独立研发中心零碳航运中心签署了合作协议，共同致力于为航运业零碳技术的发展做出贡献。皇家加勒比集团的 ESG（环境、社会和治理）战略框架覆盖保护社区与环境、提供难忘的游轮度假体验、倡导员工全面发展、成为首选雇主品牌、推进净零排放技术革新、负责任的企业治理等内容。皇家加勒比集团提出 2050 年前实现净零排放目标，将引入燃料电池混合技术，实现港口零排放，通过使用替代燃料和创新技术来保持公司新造船项目与时俱进，确保新的船系比上一代效能提高 20%，研发废弃物管理技术。目前，集团旗下所有邮轮配置的设备均能保证船上废弃物无须再填埋处理。集团优化岸电连接的整体部署，

保证岸电接驳设施与可用的当地港电网的对接等。2022年5月，皇家加勒比集团宣布与世界自然基金会（WWF）的战略合作将延长五年，双方将重点围绕减少碳排放、企业的可持续发展、可持续商品采购和可持续旅游、消除一次性塑料和废弃物管理等内容确定宏大且可衡量的可持续性目标。持续提升运营的可持续性，包括温室气体排放、海洋哺乳动物保护、海鲜采购、减少塑料和食物废弃等。通过有针对性的公益项目保护海洋，参与全球由科学驱动的海洋议题以及面向消费者的教育和筹资等活动。将可持续发展理念融入岸上项目，提高经营者的可持续发展能力。嘉年华集团旗下九个邮轮品牌船队安装了近600台食物垃圾生物消化器，利用有益微生物的混合物有效分解食物垃圾，有效避免食物浪费。

2022年7月，嘉年华集团发布2021年度可持续发展报告，聚焦公司六大重点领域，包括气候行动，循环经济，可持续旅游，健康与福祉，多元化、公平和包容，保护生物多样性等议题。除此之外，集团还承诺将大幅减少碳排，到2050年实现船舶碳中和的运营目标。嘉年华集团首席执行官阿诺德·唐纳德表示，得益于整个船舶和岸上团队的奉献和支持，集团已在重点可持续发展领域取得了巨大的进展，下一步，嘉年华集团还将为实现碳减排目标而不断努力。歌诗达邮轮为实现可持续发展，推出邮轮度假与目的地高尔夫运动相结合的新体验项目、"海岸护卫者"计划，并与意大利百年咖啡品牌合作，共促可持续发展。

地中海航运集团旗下邮轮业务板块将在两个北欧港口实现岸电连接，"华彩号"和"诗歌号"将在英国南安普顿和德国罗斯托克-瓦尔内明德首次实现岸电连接。这两艘邮轮将持续使用岸电设施。地中海邮轮舰队中已有14艘邮轮配备了混合废气净化系统，能够有效减少高达98%的硫氧化物排放，到2022年底5艘全新的邮轮还将配备能够将氮氧化物转化为无害的氮和水的选择性催化还原技术。

2022年5月，太平洋西北地区的港口和邮轮公司等宣布计划创建世界上第一个海上"绿色航运走廊"，参与的邮轮公司有嘉年华集团及其所属邮轮品牌（公主邮轮、荷美邮轮、嘉年华邮轮、世邦邮轮和冠达邮轮），诺维

真游轮控股公司及其旗下邮轮品牌（诺维真游轮、大洋邮轮和丽晶七海邮轮），皇家加勒比集团旗下皇家加勒比国际游轮、精致邮轮和银海邮轮，以及国际邮轮协会。芬兰邮轮建造商迈尔图尔库船厂启动了 NEcOLEAP 项目，力争建造一艘气候中和邮轮，希望通过广泛的合作伙伴网络为开发碳中和邮轮提供相关技术解决方案。迈尔图尔库船厂的目标是利用该项目为船厂争取到重要的邮轮订单，到 2025 年探索开发碳中和邮轮，到 2030 年采用碳中和造船技术。2022 年 6 月 8 日，巴塞罗那港当局计划开征防污染税，以控制邮轮的碳排放。

总而言之，创新、绿色、可持续成为全球邮轮市场发展的新趋势，各大国际邮轮公司纷纷开展邮轮产品创新，如完善"酒店+邮轮"组合套餐、为游客带来更为丰富且完整的端到端体验、利用新兴科技提升服务水平。邮轮公司加大对绿色邮轮的投入，如建造 LNG 动力邮轮、使用固体氧化物燃料电池、配置选择性催化还原系统以及性能更加卓越的岸电设施等成为各大邮轮公司推动绿色发展的重要举措，并且部分邮轮公司明确到 2025 年开发碳中和邮轮，到 2030 年采用碳中和造船技术、2050 年实现净零排放目标，为全球邮轮产业绿色、可持续发展提供更加强有力的支撑。

参考文献

汪泓主编《中国邮轮产业发展报告（2021）》，社会科学文献出版社，2021。

汪泓主编《中国邮轮产业发展报告（2020）》，社会科学文献出版社，2020。

汪泓主编《中国邮轮产业发展报告（2019）》，社会科学文献出版社，2019。

汪泓主编《中国邮轮产业发展报告（2018）》，社会科学文献出版社，2018。

汪泓主编《中国邮轮产业发展报告（2017）》，社会科学文献出版社，2017。

李绪茂、王成金、李弢、张毓琬：《疫情影响下全球邮轮网络格局与重构》，《中国生态旅游》2022 年第 1 期。

陆静怡、戴明远：《全球四大邮轮公司 2021 财年运营情况对比分析》，《中国港口》2022 年第 9 期。

李韵依：《"人类卫生健康共同体"视域下邮轮疫情防控的法律应对》，《广东社会科学》2022年第2期。

周淑怡、叶欣梁、孙瑞红:《当"灰犀牛"遇到"黑天鹅"——网民对邮轮旅游负面事件的风险感知变化》,《中国生态旅游》2022年第1期。

李超:《疫情常态化防控阶段邮轮行业发展及天津邮轮产业发展建议》,《中国港口》2022年第6期。

徐珏慧:《中国邮轮业发展形势研判及沿海邮轮产品发展思考》,《中国港口》2022年第6期。

侯晓敏、孙小龙:《中国邮轮旅游研究进展与热点演变——基于CiteSpace知识图谱分析》,《中国发展》2022年第3期。

G.2
2021~2022年中国邮轮产业发展研究

——邮轮产业链培育持续推进，邮轮复航蓄势待发

汪泓　史健勇　叶欣梁*

摘　要： 受新冠肺炎疫情影响，邮轮产业在过去的两年中经历了前所未有的挑战，在全国疫情防控形势向好的背景下，邮轮旅游全面恢复，虽然邮轮市场存在很大的不确定性，仅五星红旗邮轮"招商伊顿号"运营国内沿海航线，其余外资邮轮全部暂停，至今仍没有恢复，但我国邮轮产业链培育持续推进，特别是在产业链上游有了较大进展。构建本土邮轮生态体系，实现邮轮产业向高端突破，首艘国产大型邮轮建造实现一个又一个节点性突破，已进入关键内装阶段，第二艘国产大型邮轮建造已于2022年8月8日正式开工，加快推动高端海洋装备核心配套的自主可控，加强邮轮型船舶设计建造能力。同时，中资邮轮持续提升自主运营能力，"憧憬号"等邮轮不断完善邮轮防疫安全体系，中船嘉年华邮轮正式对外揭幕全新的企业品牌标识，努力打造具有全业务运营能力的中国邮轮旗舰企业。经过疫情空窗的孕育期，中资邮轮公司将以全新的面貌参与邮轮市场竞争。国际邮轮公司依然对中国市场充满信心，持续在中国市场布局大船、新船，中国邮轮市场竞争格局加速演变。

关键词： 邮轮产业链　邮轮制造　市场格局

---

* 汪泓，博士，中欧国际工商学院院长，教授，博士生导师，研究方向：邮轮经济；史健勇，博士，上海工程技术大学党委副书记，教授，博士生导师，研究方向：邮轮经济；叶欣梁，博士，上海工程技术大学管理学院副院长，教授，研究方向：邮轮旅游与可持续发展。

疫情下我国邮轮产业发展并未停滞，内河游轮和近海旅游稳步恢复，面对危机邮轮港口和船员积极开展自救，国有资本等进入邮轮市场，资本结构和产业结构发生了巨大变化。得益于中国经济蓬勃发展和旺盛的消费需求，邮轮旅游作为终端消费推动了旅行社业、邮轮港口、母港城市、邮轮船供、邮轮制造等诸多领域发展。中国成为全球第二大邮轮客源市场和第一大新兴市场。疫情对正在积蓄后发优势力量、加快实现跨越发展的中国邮轮产业造成巨大冲击，自 2020 年 1 月 27 日起全线停航，迄今已近三年，数十个邮轮港口停业，上万名邮轮船员转行，整体损失不可计量。我国邮轮业的全面复苏，不仅面临公共卫生危机下的管理挑战，还面临全球价值链攀升下产业链提质增效和"双碳"约束下绿色发展的转型升级挑战。中国作为刚刚加入的新兴力量，要发挥好在应对疫情等突发情况中展现出的制度优势，发挥好总体资产较轻、调整发展方向灵活的后发优势，重塑邮轮生态，推动结构优化，促进新能源、新装备、新技术等的应用，不断提升邮轮产业的全要素生产率、经济贡献度等。

一　中国邮轮产业复苏具备良好发展基础

（一）新冠肺炎疫情影响下中国经济逆势增长

国际环境更趋复杂严峻和疫情冲击明显超预期，我国经济发展也受到影响。疫情的影响是外在的、短期的，我国经济稳中向好的趋势没有改变，高质量发展、转型升级的趋势没有改变，科技力量不断壮大，产业链韧性持续增强，2021 年全年国内生产总值达到 114.35 万亿元，稳居全球第二大经济体地位，同比增长约 8%，两年平均增长约 5%。中国、美国经济总量占全球的比重分别超过 18% 和 23%，中国经济社会发展大局稳定。我国人均GDP 达到 80976 元，按年平均汇率折算约为 12551 美元，超过世界平均水平。

我国经济结构持续优化，第一产业增加值 8.3 万亿元，同比增长 7.1%，

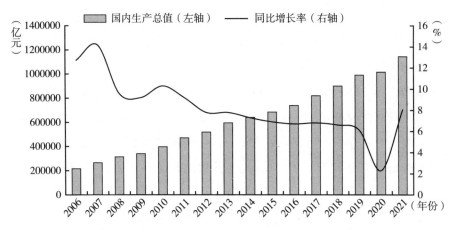

图1 2006~2021年中国国内生产总值及同比增长率

资料来源：国家统计局统计公报。

占比达到 7.3%；第二产业增加值 45.09 万亿元，同比增长 8.2%，占比为 39.4%；第三产业增加值 60.96 万亿元，同比增长 8.2%，占比为 53.3%。全年社会消费品零售总额 44.08 万亿元，同比增长 12.5%。按经营地统计，城镇消费品零售额 38.15 万亿元，同比增长 12.5%；乡村消费品零售额 5.926 万亿元，同比增长 12.1%。按消费类型统计，商品零售额 39.39 万亿元，同比增长 11.8%；餐饮收入额 4.69 万亿元，同比增长 18.6%。

（二）居民收入水平增长稳健，旅游消费基础良好

中国是全球最大的消费市场，中等收入群体持续扩大。2021 年，全国居民人均可支配收入 3.51 万元，同比增长 9.1%，扣除价格因素，实际增长 8.1%；全国居民人均可支配收入中位数达到近 3 万元，同比增长 8.8%；城镇居民人均可支配收入 4.741 万元，同比增长 8.2%，扣除价格因素，实际同比增长 7.1%；城镇居民人均可支配收入中位数 4.35 万元，同比增长 7.7%；农村居民人均可支配收入 1.893 万元，同比增长 10.5%，扣除价格因素，实际同比增长 9.7%；农村居民人均可支配收入中位数 1.69 万元，同比增长 11.2%。2021 年，全国居民人均消费支出 2.41 万元，同比增长

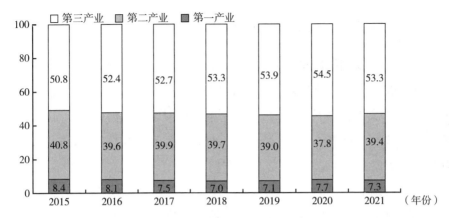

图2　2015~2021年中国三次产业结构

资料来源：国家统计局统计公报。

13.6%，扣除价格因素，实际同比增长12.6%。其中，人均服务性消费支出为1.06万元，同比增长17.8%，占比为44.2%。按常住地分，城镇居民人均消费支出3.03万元，同比增长12.2%，扣除价格因素，实际同比增长11.1%；农村居民人均消费支出1.592万元，同比增长16.1%，扣除价格因素，实际同比增长15.3%。全国居民恩格尔系数为29.8%，其中城镇为28.6%，农村为32.7%。

图3　2016~2021年中国居民人均可支配收入及增长情况

资料来源：国家统计局统计公报。

（三）我国游客需求依然十分旺盛

2021年，我国国内旅游人数达到32.46亿人次，同比增长12.8%。其中，城镇旅游人数为23.42亿人次，同比增长13.4%；农村旅游人数为9.04亿人次，同比增长11.1%。2021年，我国国内旅游收入（旅游总消费）达到2.92万亿元，同比增长31.0%，恢复到2019年水平的51.0%。其中，城镇旅游收入2.36万亿元，同比增长31.6%；农村旅游收入0.55万亿元，同比增长28.4%（见表1）。人均每次旅游消费899.3元，同比增长16.2%。其中，城镇人均每次旅游消费1009.5元，同比增长16.0%；农村人均每次旅游消费613.56元，同比增长15.7%。

表1　2021年中国国内旅游情况

指　　标	绝对值	同比增长（%）
国内旅游人数（亿人次）	32.46	12.8
其中：城镇旅游人数	23.42	13.4
农村旅游人数	9.04	11.1
国内旅游收入（万亿元）	2.92	31.0
其中：城镇旅游收入	2.36	31.6
农村旅游收入	0.55	28.4

资料来源：文化和旅游部。

尽管疫情反复，但消费者邮轮旅游需求的增长势头仍然强劲。作为全球第二大邮轮客源国和最大的新兴市场，中国是全球最早因疫情防控而叫停邮轮运营市场的，实现了"零输入、零输出、零感染"。全球邮轮市场加速恢复，而中国邮轮市场依然处于停摆状态，但中国邮轮产业复苏具备良好的经济基础和市场基础。疫情前，国际邮轮公司高度重视中国邮轮市场，加强对中国市场的运力部署。受疫情影响，中国邮轮市场停滞，但是国际邮轮公司对中国市场仍然充满信心。

二　中国邮轮经济产业链持续稳步推进

（一）国产大型邮轮建造实现新突破，努力摘取皇冠明珠

推动国产大型邮轮建造，完善产业链，从而推动邮轮旅游高质量发展。国产大型邮轮实现两艘同建，中国船舶工业在"摘取皇冠上最耀眼明珠"的征程上向前迈出了坚实的一步，助力中国船舶建造登上新高地，实现高质量转型升级，同时对我国建设海洋强国、制造强国、科技强国产生深远的影响。2021年11月18日，国产首制大型邮轮H1508内装公共区域JA02-中庭正式开工。11月22日，作为起浮前水下工程的重点项目，国内最大功率吊舱式推进器完成安装工作。2021年12月20日，国产首制大型邮轮H1508项目全船生产设计图纸全部完成，出图率达到100%，为大型邮轮顺利建造提供了重要的技术保障。2022年2月24日，首制大型邮轮H1508预制舱室生产车间开工。大型邮轮预制舱室生产车间总面积约1.2万平方米。舱室作为邮轮建造的关键组成部分，数量多、难度大、界面广，对生产计划、结构精度、舾装完整性及施工准确性等都有极高的要求。提前在工厂完成预制舱室建造后再登船安装是目前国际上邮轮建造的主流方式，"先预制舱室，再推舱上船"可有效提高施工效率、提升施工质量，并且大幅降低船上材料堆放风险。目前生产流水线已经组建并调试完成，舱室生产材料和工作人员皆已就位，即将正式进入生产阶段。2022年2月28日，首制大型邮轮H1508首批预制舱室顺利推舱。H1508全船共有2826间舱室，其中预制舱室有1000余间，全船预制率约50%，预制舱室推舱工作将持续到2022年底。2022年2月28日，外高桥造船在国产首制大型邮轮12甲板举行了天幕吊装仪式。邮轮天幕为露天泳池区域提供风雨遮蔽，采用电动折叠滑移式结构，遮蔽面积457.6平方米，4片结构总重量达23.8吨。邮轮天幕具有开口尺寸大、结构易变形的特点，外高桥从玻璃安装、轨道焊接到附件安装，攻克了物流、形变等诸多难题，具有里程碑意义。集控室于2022年6月20

日获得背景工程区域完工证书，并通过船东船检报验，开始转入内装封板施工阶段。2022 年 7 月 1 日，国产大型邮轮建造从舾装安装阶段全面进入设备功能调试阶段。

2022 年 3 月 8 日，国产首制大型邮轮 H1508 调试节点取得突破，中控系统上电激活，标志着 H1508 船"中枢系统"正向系统完工快速推进。首制大型邮轮项目正在向内装工程施工和完工调试阶段稳步推进。随着现场设备及系统安装结束，全船 136 个系统及 2 万余套设备将陆续被激活，各系统调试的工作节奏逐步加快，为首制大型邮轮的顺利交付打下了坚实的基础。2022 年 3 月 14 日，国产首制大型邮轮 JA14 船员餐厅 STAFFMESS 公共区域第一块围壁板预封板开工。作为实船公共区域内装的样板间，STAFFMESS 顺利封板对后续公共区域内装和背景工程开展而言具有重要的指导意义。随着首制邮轮项目背景工作的逐步移交，内装工程将进入建造的高峰期。2022 年 5 月 30 日，首制大型邮轮 H1508 船应急发电机实现动车，标志着邮轮项目调试工作进入新阶段，为后续主发动车奠定了坚定的基础。同日，邮轮项目部组织各相关部门召开了邮轮项目生产动员会，会上宣读《H1508 邮轮工作专班制度》，要求成立邮轮项目阳台门窗玻璃安装、救生艇登乘区舾装安装、邮轮关键项目工作三个专班。2022 年 6 月 11 日，大型邮轮 H1508 船迎来生产节点——中压电缆耐压试验，标志着大型邮轮机舱主发电机动车工作进入冲刺阶段。虽然中国制造业门类齐全，但是也要客观认识到制造水平较低，未来产业发展需要形成系统集成能力，以支撑产业走得更远。7 月 20 日，外高桥造船建造中国首制大型邮轮 H1508 JA28 包驾驶室（WHEEL HOUSE）区域围壁板安装正式开工。2022 年 8 月 8 日开工建造的国产大型邮轮二号船，吨位约 14.2 万总吨，总长 341 米，型宽 37.2 米，设计吃水 8.17 米，最大吃水 8.4 米，最高航速 22.7 节，拥有客房 2144 间。

（二）我国加强邮轮建造自主设计研发，奋力抢占技术高地

我国加强邮轮建造的自主设计研发，不断提升邮轮建造能力，重点攻克国际主流大中型邮轮建造技术，兼顾极地邮轮等专业化小型邮轮，提升邮轮

表2　中国国产大型邮轮建造重要节点

时间	重要节点
2021年11月18日	国产首制大型邮轮H1508内装公共区域JA02-中庭正式开工
2021年11月22日	国内最大功率吊舱式推进器完成安装工作
2021年12月20日	国产首制大型邮轮H1508项目全船生产设计图纸全部完成
2022年2月24日	首制大型邮轮H1508预制舱室生产车间开工
2022年2月28日	首制大型邮轮H1508首批预制舱室顺利推舱
2022年3月8日	国产首制大型邮轮H1508调试节点取得突破,中控系统上电激活
2022年3月14日	国产首制大型邮轮JA14船员餐厅STAFFMESS公共区域第一块围壁板预封板开工
2022年5月30日	首制大型邮轮H1508船应急发电机实现动车
2022年6月20日	集控室获得背景工程区域完工证书,并通过船东船检报验
2022年7月1日	国产大型邮轮建造从舾装安装阶段全面进入设备功能调试阶段
2022年7月20日	大型邮轮JA28包驾驶室(WHEEL HOUSE)区域围壁板安装正式开工
2022年8月8日	大型邮轮二号船开工

资料来源:上海外高桥造船有限公司。

总体设计与总装建造技术水平,不断增强邮轮系统集成和核心装备研发能力。中船邮轮自主开发的15万吨级邮轮获得意大利船级社原则性(AIP)认可证书,是我国首艘拥有完全自主知识产权的大型豪华邮轮,打破了国外在该领域长期的技术封锁,我国大型邮轮自主设计进入新时代。中船邮轮与中国船级社签署了《8万总吨级康养邮轮船型联合开发及认可框架协议》,将在船型联合开发、AIP认可、基本设计认可等方面展开合作,共同突破核心关键技术,建造拥有自主知识产权的康养邮轮。中船青岛北海造船有限公司与中船工业贸易有限公司作为联合卖方,与嘉年华集团、皇家加勒比国际游轮共同签订一艘12万吨举力浮船坞和一艘9.35万吨举力浮船坞的建造合同,计划于2024年交付,扩大位于巴哈马自由港的大巴哈马船厂的产能。

2022年2月,广东广船国际海洋科技研究院有限公司在广州南沙成立,主攻高端海洋装备核心配套技术自主可控,瞄准绿色环保船舶、智能船舶、极地船舶、高端客滚船、中型豪华邮轮、大型半潜船、科考船、深海养殖工厂等领域。今创船舶与瑞典帝尔博格设计公司(Tillberg Design of Sweden,

TDoS）签署战略合作协议，打造中国邮轮内装设计品牌，推动双方在邮轮内装设计与总包、上游产业投资、码头及配套等领域形成专业化的产业布局，创造一个北欧与中国合作的特色设计品牌——"今创—帝尔博格"，并利用 TDoS 在欧洲邮轮领域的影响力推动中国邮轮产业从建造到运营的全产业链培育。2022 年 5 月，舟山中远海运重工完成"鼓浪屿号"豪华邮轮修理工程，维修范围包括新增岸电改造、新加压载水系统等，是其继 2020 年 4 月在舟山中远海运重工完成升级改造后的第二次进厂修理，是舟山中远海运重工承修的第 8 艘次豪华邮轮修理项目。2022 年 7 月，江苏省人民政府印发《关于进一步提升全省船舶与海工装备产业竞争力的若干政策措施》，提出加快布局 20 万吨级大型豪华邮轮，到 2025 年培育 1 家豪华邮轮制造企业。

（三）我国加快邮轮型船舶设计建造发展，提升市场竞争能力

中国船舶工业已初步掌握大型邮轮设计建造的关键核心技术，向大型邮轮系列化、绿色化、智慧化建造迈出了重要的一步，同时，不断瞄准绿色、低碳、智能前沿技术方向，辐射带动邮轮型船舶设计产业链上下游协同发展，促进中国邮轮市场实现高质量发展。2021 年 12 月，新一代高端长江邮轮"长江叁号"交船仪式在招商工业海门基地举行。该邮轮由海门基地制造，总长 149.99 米，型宽 23 米，型深 4.7 米，设计吃水 3 米，设计航速 25 公里/小时，最大载客 600 人，按照最高绿色船舶等级与智能能效入级标志要求设计建造，达到零排放标准，采用全回转舵桨电力推进方式，主要服务于长江流域重庆至武汉航线的观光旅游。2022 年 3 月，由厦船重工所承建的第一艘高端邮轮型客滚船"维京荣耀号"在北欧正式投入运营。"维京荣耀号"按照目前欧洲豪华邮轮标准建造，总长 222.6 米，型宽 35 米，型高 46.8 米，航速 22.1 节，共设有 1124 间居住舱室，可搭载 2800 名乘客和 200 名船员，各项技术世界领先，是一艘集运输、旅游、休闲、商务、购物等功能于一体的新一代邮轮型客滚船，被誉为全球最智能、环保的船舶。

2022 年 4 月，招商工业海门基地为美国 SunStone Ships 公司建造的极地

探险邮轮 6 号船 "Ocean Albatros" 号艏部 108A 分段与舯部分段成功贴合，标志着 CMHI-196-6 项目顺利迎来主船体贯通节点，是该系列船中工期最短的一艘。2022 年 5 月 24 日，招商工业威海金陵船厂通过 "云交付" 方式，提前交付为船东 Stena 建造的第七艘 E-flexer 系列高端客滚船 "Stena Estelle" 号。招商工业海门基地建造的探险邮轮 "Sylvia Earle" 号将于 2022 年 11 月 4~20 日前往南佐治亚岛和马尔维纳斯群岛的野生动物保护区开启为期 17 天的首航。2022 年 9 月，极地探险邮轮 6 号船（CMHI-196-6 项目）下水。2022 年 3 月，招商工业南京金陵船厂为德国 TT-Line 公司建造的绿色高端客滚船提前 25 天交付，该双燃料客滚船外形优美、内饰高端、技术领先，达到 DNV 船级社最高舒适度等级。该船总长 229.4 米，型宽 31 米，型深 15.35 米（至主甲板），设计航速 22.4 节，共设有 12 层甲板，客房 245 间，可搭载 800 名乘客和 66 名船员。该船为 LNG 动力船，与以常规燃料油为驱动的船舶相比，在保持相同的航速条件下，废气排放量能减少 50% 以上。

（四）中资邮轮持续完善运营管理体系，提升自主运营能力

中国船级社福州分社颁出 2022 年首张具有防疫安全入级附加标志的邮轮入级证书，为三亚国际邮轮发展有限公司旗下 "憧憬号" 邮轮颁发了具有二级防疫安全（EPC2）和远程医疗辅助功能（TAS）附加标志的入级证书。这也表明该邮轮的防疫管理体系、卫生保障条件、防控新冠肺炎疫情能力等均满足《船舶防疫安全指南》2 级防疫安全和远程医疗辅助功能附加标志的相关要求。

2022 年 1 月，深圳海事局为全国首家五星旗豪华邮轮公司招商局维京游轮有限公司现场颁发国际航运公司 "符合证明"，这是全国首份五星旗邮轮公司 "符合证明"，标志着国内首次实现邮轮自主安全管理，助力粤港澳大湾区在疫情防控常态化下实现邮轮产业安全发展。2022 年 3 月，招商蛇口宣布旗下招商局维京游轮有限公司通过了深圳海事局国内安全符合证明审核，获得国内首张五星旗豪华邮轮临时 DOC。这是继取得国际 DOC 后，招

商局维京游轮有限公司成为中国首家获得国际、国内双重安全管理资质的公司。中旅邮轮获得重要资质，揭开邮轮自运营序幕。2022年4月20日，英国劳氏船级社按照其审核计划，依据国际安全管理规则（ISM CODE）在线为中国旅游集团和中远海运集团合资设立的星旅远洋国际邮轮有限公司开展了临时审核，涉及公司背景、安全管理体系文件、体系运行条件和岸基管理能力等各个方面。在进行了认真、客观、公正的审核后，审核员对星旅远洋国际邮轮有限公司的体系文件及专业能力给予了高度肯定，并依程序代表船旗国为星旅远洋国际邮轮有限公司颁发了邮轮管理的临时符合证明（DOC）。受百慕大船旗国委托，英国劳氏船级社对星旅远洋邮轮船舶管理、酒店管理、港口运营、商务管理、采购、IT和船员管理等纳入体系的各部门、各环节开展全面审核，2022年9月29日，百慕大根据劳氏船级社审核报告结果向星旅远洋邮轮签发5年期符合证明（国际邮轮管理符合资质）。2022年10月14日，百慕大根据劳氏船级社审核报告结果向星旅远洋邮轮所管理的"鼓浪屿号"签发5年期船舶安全管理证书、船舶保安证书、船舶劳工证书，星旅远洋邮轮已完全具备自主管理资质。

（五）我国加强邮轮港口建设，完善邮轮港口布局

全国邮轮母港有上海吴淞口国际邮轮港、天津国际邮轮母港等港口，初步形成辐射北亚、东南亚等区域的五大邮轮港口群；港口服务能级显著增强，为本土邮轮沿海游发展提供了良好的支撑。北部湾国际邮轮母港北海邮轮码头设计客运量为100万人次/年，投资约7.23亿元，可满足3小时通关2500人次的要求，目前，外侧的一个5万吨级邮轮泊位（水工预留10万吨级）、内侧的一个2万吨级泊位以及港区道路已交工验收。2022年6月1日，完成组织和业务重构后的厦门国际邮轮母港集团正式揭牌。集团将统筹管理厦门轮渡公司、和平码头公司、厦门湾公司、碧海红帆公司、象屿发展公司等5家投资企业，并设立两岸供应链事业部，业务涵盖国际邮轮产业链、海上客运交通、海上旅游、文旅文创、园区开发运营、对台货运、跨境供应链等业务。2022年6月9日，舟山市普陀交投集团旗下的舟山群岛国际邮轮港有

限公司携手国网（舟山）综合能源服务有限公司、浙江启明电力集团有限公司电建分公司签署舟山国际邮轮港岸电项目合作建设协议。莆田市规划推进湄洲岛国际邮轮码头建设项目，总投资约 5.5 亿元，建设 10 万 GT 邮轮泊位 1 个（水工结构按可靠泊 15 万 GT 邮轮设计）及相应的配套设施。

2022 年 5 月，重庆两江新区寸滩国际新城邮轮母港港口建设工程启动，将原有的 7 个集装箱泊位、2 个滚装泊位改造为 6 个 570 客位邮轮泊位和 4 个 500 客位两江游船泊位，并首创登、离船系统，预计 3 年内完成建设，聚焦"邮轮+"产业链和新消费，打造"船、港、城、游、购、娱"一体化发展的全球内河邮轮大港。重庆寸滩国际邮轮中心占地 6.6 公顷，计容建筑面积 6.5 万平方米，其中客运枢纽占地面积 1.5 万平方米，商业面积 5 万平方米。邮轮母港 TOD 项目是寸滩国际新城重要的交通和商业商务综合体，占地 2 公顷，计容建筑规模 10 万平方米，其中商业面积为 3 万平方米，商务办公面积为 7 万平方米。2022 年 9 月，青岛国际邮轮港区 TEU 集装箱部落试运营启动，建筑面积 6100 平方米，以钢结构和集装箱组合建筑的方式搭建，打造国内消费服务配套最齐全的集装箱结构创意商业综合体。

表 3　2022 年中国邮轮港发展新格局

区域	邮轮港口	邮轮泊位	定位
东北	大连港国际邮轮中心	2 个 15 万吨泊位	母港
华北	天津国际邮轮母港	4 个泊位	母港
	秦皇岛邮轮母港	—	—
	唐山曹妃甸邮轮母港	—	—
	青岛邮轮母港	3 个泊位	母港
	烟台港	1 个泊位	母港
	威海港国际客运中心	5 个客滚、客运泊位	始发港
	连云港国际客运站	1 个泊位	母港
	南通狼山国际邮轮港	—	—
	南京栖霞山邮轮母港	国际邮轮泊位 2 个，万吨级江轮泊位 2 个	—
	上海吴淞口国际邮轮港	2 个 22.5 万吨泊位和 2 个 15 万吨泊位	母港
	上海港国际客运中心	3 个 7 万吨级泊位	访问港
	舟山群岛国际邮轮港	1 个 10 万吨（兼靠 15 万吨）泊位	始发港

续表

区域	邮轮港口	邮轮泊位	定位
华东	温州国际邮轮港	1个5万吨级兼靠10万吨级泊位	始发港
	台州国际邮轮港	—	始发港
华中	武汉邮轮母港	—	母港
东南	厦门国际邮轮中心	1个14万吨泊位	母港
	福州国际邮轮港	1个20万吨泊位、1个15万吨泊位	始发港
	平潭国际邮轮港	1个15万吨邮轮泊位	始发港
	莆田湄洲岛邮轮港	—	始发港
西南	重庆寸滩邮轮母港	4个1.7万吨泊位	母港
华南	广州南沙国际邮轮母港	1个10万吨泊位和1个22.5万吨泊位	母港
	广州港国际邮轮母港	1个泊位	母港
	深圳招商蛇口国际邮轮母港	1个22万吨泊位和1个10万吨泊位	母港
	湛江国际邮轮港	1个3万吨泊位和1个7万吨泊位	始发港
	黄埔国际邮轮港	—	—
	广西北海国际邮轮母港	1个5万吨级泊位和2个2万吨级泊位	母港
	防城港北部湾邮轮母港	—	始发港
	海口秀英港	计划1个10万吨泊位	始发港
	南海明珠国际邮轮港	1个22.5万吨级泊位和1个15万吨级泊位	母港
	三亚凤凰岛国际邮轮港	8万吨级码头1个	母港
	海南海花岛邮轮港	—	—
	海南儋州国际邮轮港	—	—

（六）我国举办邮轮产业论坛，共话邮轮新形势

2021年10月22日，上海吴淞口国际邮轮港举行"2021吴淞口论坛"，正式发布《上海国际邮轮旅游度假区总体规划》，规划总面积约12.48平方公里，涉及岸线13.5公里，力争形成"四港一心、两带三园、五大组团"的功能布局，建成集邮轮、游船、游艇（帆船）及水上运动于一体的市场主体。同时，中国旅游车船协会邮轮游船游艇分会成立，填补了中国水上旅游领域全国性行业组织的空白，助力中国水上休闲度假旅游产业高质量发展，促进我国"三游"产业蓬勃发展。2021年11月11日，

由海南省旅文厅、省社科联、三亚市政府、海南热带海洋学院联合主办的首届海岛旅游和邮轮游艇发展学术研讨会在三亚举办，研讨会围绕"服务海岛旅游和邮轮游艇旅游发展　创新海南自贸港下海岛旅游和邮轮游艇发展模式"主题，通过线上线下方式，共同探索海岛旅游和邮轮游艇旅游的发展之路。

2021年11月28日，"2021中国邮轮经济发展高峰会议"在中欧国际工商学院（上海校区）隆重开幕，以"双循环格局下中国邮轮经济发展新趋势"为主题，紧跟当下邮轮产业发展新需求，依托新环境、新形势和新机遇，打造全球和中国邮轮产业发展关键阶段的新风标和引航灯。上海国际邮轮经济研究中心联合上海市人民政府发展研究中心共同发布2021年上海市人民政府决策咨询研究邮轮经济专项课题成果，包括《中国邮轮产业发展报告（2021）》《中国和亚洲邮轮经济发展景气指数》等。上海又产生了全国唯一邮轮领域的社科基金项目：上海工程技术大学研究团队《后疫情时代我国邮轮产业重启与转型升级研究：韧性提升与治理创新》，为后疫情时代邮轮产业重启提供智力支撑。2022年6月，上海工程技术大学旅游管理（邮轮经济）专业获批国家级一流本科专业建设试点。2021年11月，上海工程技术大学申报的《上海邮轮旅游服务贸易运行指引（2019）》获得文化和旅游优秀研究成果二等奖。

2022年8月18~20日，第十五届中国邮轮产业发展大会在广州南沙举办，以"后疫情时代邮轮市场布局"为主题，重点讨论后疫情时代邮轮产业高质量发展的方向。国际邮轮协会与中国交通运输协会邮轮游艇分会签署了战略合作备忘录，实现双方协会会员资格互认，并共同致力于开展邮轮旅游培训合作。

中国邮轮经济虽然受疫情影响，但产业链培育持续推进，国产大型邮轮建造实现新突破，2022年8月8日开工建造的国产大型邮轮二号船，是拥有完全自主知识产权的大型邮轮，中国大型邮轮自主设计进入新时代，中资邮轮持续完善运营管理体系，提升自主运营能力，加强邮轮港口建设，完善邮轮港口布局。

三　中国邮轮产业发展呈现新趋势

（一）完善邮轮产业政策，明确发展新方向

我国邮轮产业政策不断完善，出台的一揽子利好政策从邮轮运营、港口建设、产品设计等方面为邮轮产业的发展指明了方向。在政策利好下，国内邮轮市场亟待复苏，本土邮轮发展和内地母港建设迎来新的机遇。邮轮产业对中国发展高端制造、邮轮经济而言具有重要的意义，逐步壮大的中资邮轮对邮轮产业发展具有重要的推动作用。2021 年 11 月 18 日，交通运输部正式印发《综合运输服务"十四五"发展规划》，支持邮轮企业依法开辟国际邮轮航线，落实邮轮港服务标准，研究制定国际邮轮运输服务评价规范，稳步推进海南邮轮港口邮轮海上游航线试点，支持本土邮轮发展，积极支持五星红旗邮轮运营。研发长江游轮运输标准船型，支持国产中大型邮轮建造的研发设计。《水运"十四五"发展规划》提出，协同推动大型邮轮等船舶建造的关键核心技术攻关，逐步实现邮轮靠港全部使用岸电。《现代综合交通枢纽体系"十四五"发展规划》提出，鼓励发展邮轮经济等新业态，不断扩功能、增动能、提效能，努力形成新的经济增长点。

《"十四五"现代综合交通运输体系发展规划》提出，提升旅客出行服务品质，积极培育邮轮市场，促进邮轮服务升级，推动游艇、游船、房车旅游发展；推动先进交通装备应用，提升大型邮轮等研发能力。《"十四五"旅游业发展规划》提出，完善邮轮游艇旅游等发展政策，推进海洋旅游、内河旅游等业态发展。推进邮轮旅游基础设施建设，推进上海、天津、深圳、青岛、大连、厦门、福州等地的邮轮旅游发展，建设三亚国际邮轮母港。完善邮轮游艇码头旅游服务设施功能，推进邮轮装备技术和自主创新能力提升，加强邮轮装备研发应用和产业化发展。推进外籍（境外）人员来华邮轮旅游便利化和通关便利化。2022 年 1 月，国家发改委、商务部发布的《关于深圳建设中国特色社会主义先行示范区放宽市场准入若干特别措施的意见》提出，优化邮轮行业发展市场准入环境，支持深圳优化粤港澳大湾区巡游航线、出入境码头审批等邮轮游艇行业发展市场准入环境。支持在深圳前海注册的符合条件的邮轮公司申请从事除台湾地区以外的出境旅游业务。

《福建省"十四五"海洋强省建设专项规划》提出，推动邮轮设计、制造、服务全产业链发展，建设厦门邮轮生产基地和游艇帆船国际展销中心，加强邮轮港布局，做强厦门邮轮母港，推动福州松下、平潭金井、莆田东吴港区等国际邮轮始发港建设。加快福州中国邮轮旅游发展实验区建设，培育形成邮轮经济功能集聚区。完善邮轮旅游产品体系，丰富日本、东南亚航线，打造福建海洋文化主题航线，结合岸上精品文旅项目，形成多彩邮轮旅游目的地。完善国际邮轮物资供应、口岸联检、船舶维护等服务体系。深挖邮轮旅游市场潜力，拓展省内客源，吸纳周边省份客源，吸引入境邮轮客源。高水平拓展海洋开放合作空间，深化闽台海洋融合发展，探索闽台海洋融合发展新途径，做大做强厦门对台邮轮始港，推动福州邮轮旅游发展实验区、平潭对台邮轮挂靠港建设，促进平潭离岛免税政策落实。2021年12月21日，福建省人民政府发布的《中共福建省委 福建省人民政府关于支持厦门建设高质量发展引领示范区的意见》提出，建设厦门国际特色海洋中心城市，深化厦门国家海洋经济发展示范区建设，支持建设厦门东南国际航运中心，建设国际集装箱干线枢纽和邮轮母港。

《海南国际设计岛产业发展规划》提出，加强邮轮游艇外观及内装美学设计，统筹装潢与暖通、照明、结构、防火等技术，优化设计，打造整体美观、安全、舒适、绿色的邮轮游艇。借助海南建设区域邮轮物资集散中心的契机，围绕多样化消费需求，强化室内器皿和救生设备等船供物资产品设计，提升产品的多样性和安全性。2022年7月，《上海国际邮轮旅游度假区建设三年行动计划（2022—2024年）》正式发布，明确了指导思想、基本原则、发展目标、主要任务、保障措施等五方面内容，涵盖上海国际邮轮旅游度假区建设八大类50项重点任务。

2022年8月17日，工业和信息化部、国家发改委、财政部、交通运输

部、文化和旅游部等五部门联合发布《关于加快邮轮游艇装备及产业发展的实施意见》，明确提出稳步推进国产大型邮轮工程、提升邮轮研发设计建造能力、加强配套供应链建设等重要措施。2022年9月27日，工业和信息化部、国家发展改革委、财政部、生态环境部、交通运输部联合发布《关于加快内河船舶绿色智能发展的实施意见》，提出到2025年液化天然气（LNG）、电池、甲醇、氢燃料等绿色动力关键技术取得突破，船舶装备智能技术水平明显提升，内河船舶绿色智能标准规范体系基本形成。

（二）我国壮大本土邮轮船队，形成新格局

2021年11月，中船邮轮产业生态体系的龙头企业中船嘉年华（上海）邮轮有限公司落户上海宝山，开展邮轮运营能力建设，推动邮轮产业链正向循环，推动中国成为全球领先的邮轮市场，做大做强本土邮轮品牌，打造具有全业务运营能力的中国邮轮旗舰企业。2021年11月3日，中船嘉年华邮轮有限公司对外揭幕企业品牌标识，意在传递源自海洋、向阳而行、探索无垠的理念，展现其引领中国邮轮产业新时代的发展愿景，以视觉形象开启全新旅程。

表4　中船嘉年华邮轮企业品牌标识

理念		理念意义
理念一	源自海洋	海洋是摇篮，孕育着无限的梦想。中船嘉年华邮轮以对海洋的热爱与向往为初心，立足于业界翘楚的邮轮建造及运营经验，秉承精工匠心，打磨坚实船基；弘扬航海之道，将邮轮体验无限升华，拉开中国邮轮产业的新序幕
理念二	向阳而行	阳光是理想与信念，引领方向。中船嘉年华邮轮以创新精神掌舵，让变革的长风生生不息；用智能科技护航，将生活理想一一落地；以艺术的眼光逐梦而行，只为人们在旅行中能感受到生活的艺术、艺术的生活，用心书写中国人自己的邮轮故事
理念三	探索无垠	远洋，没有边界；探索，没有止境。中船嘉年华邮轮以强大卓越的中国邮轮舰队为经，以优势资源与专业实力为纬，丈量无垠的世界航线版图，绘画壮阔的邮轮行业蓝图，始终航行在时代前沿

资料来源：中船嘉年华邮轮有限公司。

中船嘉年华邮轮有限公司以打造具备市场营销、商务运营、海事运营、酒店和产品管理、新造船管理等全运营能力的邮轮旗舰企业为目标，通过邮轮运营与建造，构建中国邮轮生态体系，组建具备航线规划、收益管理、市场营销、财务管控、新造船管理等核心能力的邮轮运营团队。目前，中船嘉年华邮轮有限公司的船队已向上海外高桥造船有限公司订造2+4艘13万吨级Vista级的大型邮轮，船舶总长323.6米，型宽37.2米，最大吃水8.55米，最大航速22.6节，最多可容纳乘客5246人，拥有客房2125间，计划于2023年交付使用。第二艘国产新造大型邮轮已经进入设计建造阶段。

表5　中国本土邮轮公司基本情况（民营企业）

单位：%

本土邮轮公司	邮轮运营公司	投资方	持股比
海航邮轮有限公司	海航邮轮有限公司	海航酒店（集团）有限公司	88.75
		海航旅游管理控股有限公司	11.25
天海邮轮公司	上海大昂天海邮轮旅游有限公司	携程旅行网、皇家加勒比游轮、天海邮轮、磐石基金	—
渤海邮轮有限公司	渤海邮轮管理有限公司	渤海轮渡股份有限公司	—
钻石邮轮国际公司	精致钻石邮轮管理（上海）有限公司	上海辉煌旅游发展有限公司等	—
上海蓝梦国际邮轮股份有限公司	上海蓝梦国际邮轮股份有限公司	福建国航远洋运输（集团）股份有限公司	80
		福建中运投资有限公司	20

表6　中国本土邮轮公司基本情况（国资国企）

单位：%

本土邮轮公司	邮轮运营公司	股东单位	持股比
星旅远洋国际邮轮有限公司	星旅远洋国际邮轮（厦门）有限公司	中国旅游集团有限公司	—
		中国远洋海运集团有限公司	—
中船嘉年华邮轮有限公司	中船嘉年华（上海）邮轮有限公司	中船邮轮科技发展有限公司	60
		嘉年华（英国）有限公司	40
三亚国际邮轮发展有限公司	三亚国际邮轮发展有限公司	中交海洋投资控股有限公司	100
招商局维京游轮有限公司	招商局维京游轮有限公司	招商局邮轮有限公司	90
		维京游轮公司	10

全球邮轮市场竞争加剧，未来一段时间外资邮轮仍是中国邮轮市场的主力军，本土邮轮公司存在经验不足、运营管理及营销策略欠缺等问题。在疫情防控形势向好的背景下，积极推动邮轮复航，基于国内大循环战略定位，在相关航线上探索创新。邮轮公司完善防疫政策，解决船员换班、船供等问题，同时练好内功，创新产品模式和销售模式。卓越服务是产业发展的驱动力，邮轮经济高质量发展需要重塑、创新服务模式，使卓越服务在邮轮经济中体现其价值。在疫情防控常态化下，邮轮行业相关从业者需要抓住空窗时期提升满足客户需求的产品服务和运营能力。

表7　中国本土邮轮船队发展情况

单位：万总吨，人

邮轮名称	所属公司	吨位	载客量	船旗国	状态
海娜号	海航邮轮有限公司	4.70	1965	巴拿马	退役
新世纪号	天海邮轮有限公司	7.15	1814	马耳他	出售
钻石辉煌号	钻石国际邮轮公司	2.45	927	巴哈马	出售
中华泰山号	渤海邮轮有限公司	2.45	927	利比里亚	在营
蓝梦之星号	上海蓝梦国际邮轮股份有限公司	2.45	927	巴哈马	在营
大西洋号	中船嘉年华邮轮有限公司	8.56	2680	意大利	在营
地中海号		8.56	2680	意大利	在营
鼓浪屿号	星旅远洋国际邮轮有限公司	6.98	1880	百慕大	在营
憧憬号	三亚国际邮轮发展有限公司	7.74	2016	百慕大	在营
世纪和谐号	重庆冠达世纪游轮有限公司	7.03	2634	巴拿马	拆解
招商伊敦号	招商局维京游轮有限公司	4.78	954	中国	在营

（三）探索"邮轮+"发展模式，加强旅游产品创新

2022年2月20日，我国第一艘五星红旗邮轮"招商伊敦号"在深圳开启3天2晚的海上巡游，是继2021年10月"招商伊敦号"从蛇口始发完成8天7晚"魅力南海之旅"之后的新尝试。以"招商伊敦号"为主的"微游轮"，成为一种新模式。4月27日开启的"微度假"特别航线——"鹏城周边海上游"，为深圳及周边省内旅客提供了休闲度假产品。2022年5

月，招商局邮轮有限公司与深圳春满园饮食管理服务集团合作，着力提供海上美好生活方式，倡导海上微度假，共同打造"海上会客厅"春满园大湾区店。2022年6月16日，"招商伊敦号"从深圳蛇口邮轮母港出发前往阳江海陵岛，带领游客探索国内沿海城市及岛屿的人文亮点，提供海陆相结合的4~5天"微度假"及8天较深度的人文之旅。2022年6月30日，招商局维京游轮有限公司推出的暑期新航线"5日滨海双城之旅（深圳—厦门—深圳）"首个航次正式开启，是跨越广东、福建两省的全新"微度假"海上之旅。2022年5月19日，中国船舶黄埔文冲与三亚国际邮轮发展有限公司、中国船舶708所签订《水上平台综合体项目三方合作框架协议》，建设三亚首个水上平台综合体，打造三亚海洋旅游示范区。蛇口邮轮母港推出"海上看湾区"，"五一"小长假期间接待游客逾6万人次。武汉长江轮船有限公司投资运营的"长江荣耀号"打造了新型游轮演绎剧目沉浸式婚礼秀剧游《我们结婚吧》，并在武汉首届婚纱时装秀重磅亮相。该船长度68米，宽度20米，共有4层甲板，全船甲板面积约为4283平方米，可载客800人，可提供婚礼庆典、商务庆典、主题活动等服务。为共建深港半小时经济圈，加强粤港澳大湾区与世界各地的连接，招商蛇口邮轮母港与国泰航空合作共创"港口即机场"模式。

（四）推动邮轮港区综合开发，强化港城联动

《青岛市历史城区保护更新三年攻坚行动方案（2022—2024年）》提出，在邮轮港区启动14个项目建设，2024年实现竣工建筑面积约43万平方米，在建项目约35万平方米，形成邮轮旅游、金融贸易、智慧创新、商务文化四大产业，打造国际航运贸易金融创新中心承载区。山东港口将推出半岛仙境海岸游、近海游、工业游。构建"邮轮+康养+文旅"产业发展新格局，开拓新的免税业态，创建山东港口文体赛事品牌，经营好集装箱部落，打造邮轮文旅特色村镇样板，培育国内知名的邮轮旅游、滨海文旅综合服务商。2022年7月5日，青岛国际邮轮节启动仪式正式举行，以"邮活力·邮精彩"为主题，青岛国际邮轮港区服务管理局、山东港口邮轮文旅

集团与国内 6 家邮轮公司现场签约。

2022 年 3 月 31 日，中交·国际邮轮广场商业启动暨首批商家入驻签约仪式举行。中交国际邮轮母港综合体总建筑面积为 76 万平方米，已建成 22.5 万吨级和 10 万吨级两个邮轮泊位，年通关最高可达 75 万人次。该项目以邮轮旅游、高端商贸为两大主导产业，打造集大型邮轮码头、主题酒店、写字楼等于一体的大型城市综合体。广州南沙国际邮轮码头工程获评由交通运输部、应急管理部、中华全国总工会联合组织的公路水运建设"平安工程"冠名项目。厦门"海上世界"项目由厦门国有资本运营有限责任公司旗下邮轮母港公司、招商蛇口共同打造，是厦门最大城市综合体，聚集国际邮轮母港、智慧商务办公集群、沉浸式主题商业、国际品牌高端酒店、滨海文娱等多种业态，总投资达 167 亿元。

2022 年 3 月 3 日，上海海上搜救中心宝山分中心揭牌，是继崇明、金山之后上海市第三家地市（区）级搜救机构，搜救区包括 122 平方公里的长江黄金水道宝山段，以及以宝山母亲河蕴藻浜为代表的 57.76 公里长的 6 条区管内河航道。该中心的成立标志着宝山区水上搜救工作开启新篇章，为建设上海国际航运中心和上海国际邮轮旅游度假区，以及宝山"三游"产业发展提供了安全保障。

疫情对我国邮轮产业造成严重影响，在欧美邮轮市场加速复苏、我国邮轮市场依然全面暂停的情况下，我国在邮轮游船游艇装备设计建造、产业供应链建设、基础设施建设、消费市场培育等方面的巨大差距更加凸显。需要进一步促进我国邮轮装备产业发展，更好地满足人民对美好生活的需要，推动交通强国、造船强国建设。

四　对策建议

（一）加快建立健全邮轮疫情防控体系

加快建立统一的邮轮疫情防控标准体系，同时，港口所在地政府应建立部门间协作机制。建立邮轮疫情联防联控联动机制，坚持人物同防、多病共防，落实人员、物资、场地保障，确保"早发现、早报告、早隔离、早治疗"。邮轮港属地政府应发挥应急处置指挥协调机制作用，提升国际邮轮公共卫生管理能力，建立邮轮口岸传染病和疫情监测体系，成立联合评估工作组对邮轮防疫方案和设施进行评估，为应急处置工作提供专业指导和技术支持。邮轮公司作为市场运营主体，要根据邮轮结构特点和卫生防疫工作情况，制定疫情防控工作标准。

（二）提升邮轮设计建造能力

提升整体合力，加快推动国产大型邮轮建造，建立完善的邮轮制造配套制度，加大国产邮轮建造基地建设投入，打造领先的邮轮制造产业集群。推进国际级、国家级邮轮相关协会组织、科研院所、检测认证平台、邮轮设计平台、交易服务机构等功能性平台的集聚，建成邮轮设计制造服务平台。推动国内外优质邮轮功能性平台集聚，形成邮轮与其他智能制造的联动发展，打造国家邮轮核心技术研究基地与产业化服务基地，建立健全国产大型邮轮建造本土配套体系。通过全方位的邮轮产业导入升级，完善邮轮产业供应链系统，打造集邮轮研发生产装配功能、软件信息支持功能、辅助配套功能于一体的邮轮配套产业生态体系。

（三）完善中资邮轮发展政策

在本土邮轮发展中还存在诸多瓶颈，邮轮相关政策缺失，制约邮轮产业链延伸，需要完善邮轮购置税费、船员配置等方面的政策，如在船员配置方面，要求本土邮轮如货船一样中国籍船员比例在七成以上，这对于服务国际化的邮轮旅游而言，限制了本土邮轮旅游服务的多样化发展；在娱乐产品方面，不允许本土邮轮经营博彩项目，但公海博彩业是国际邮轮公司娱乐项目的重要盈利点；邮轮购置需要强大的资本实力，我国目前尚未有支持邮轮购置的专项金融政策，限制了本土邮轮公司的船队扩张。

（四）支持中资邮轮探索航线创新

中资邮轮通过运营东北亚航线、东南亚航线、海上游航线、"一带一路"航线等，形成国内外立体航线组合，增加了邮轮收益和品牌价值。本土邮轮公司应在维持日韩等常规航线的基础上，配合港口开发，适时推出新航线，实现海空联动。邮轮新航线的开辟应主要围绕南沙、海南、青岛、舟山等进行布局，并逐步布局更多的国内港口航线。以近海邮轮为依托，以旅游客群需求为基础，从始发港出发，串联海南岛沿海最具特色的旅游资源，形成系列旅游产品，增加海南岛旅游产品的市场影响力。

（五）建立健全邮轮发展配套体系

加快推动邮轮配套服务设施建设，进一步完善功能布局，形成旅客等候—商业休闲—口岸通关—交通组织四者相互依存的能动关系。以邮轮产业为依托，促进水上旅游发展，借助区位优势和自然条件发展游艇、游船产业，形成"三游"产业集群。延伸邮轮旅游配套产业链，与地区服务业联动发展，构建新地区中心，完善地区配套设施，挖掘土地使用潜力，提升使用效率，促进地区可持续发展。

参考文献

汪泓主编《中国邮轮产业发展报告（2021）》，社会科学文献出版社，2021。
汪泓主编《中国邮轮产业发展报告（2020）》，社会科学文献出版社，2020。
汪泓主编《中国邮轮产业发展报告（2019）》，社会科学文献出版社，2019。
汪泓主编《中国邮轮产业发展报告（2018）》，社会科学文献出版社，2018。
汪泓主编《中国邮轮产业发展报告（2017）》，社会科学文献出版社，2017。
孙瑞红、周淑怡、叶欣梁：《双循环格局下我国邮轮客源市场空间格局与分级开发：基于引力模型的修正与应用》，《世界地理研究》2022年10月15日。
崔濛、司南、孙利：《总布置对豪华邮轮外观设计的约束性研究》，《中国舰船研究》2022年第2期。

易国伟、陈刚、刘佩、冯妮、李华军：《国产首制大型邮轮总装能力建设与产业发展研究》，《中国工程科学》2022年第2期。

陆静怡、戴明远：《全球四大邮轮公司2021财年运营情况对比分析》，《中国港口》2022年第9期。

董子忱：《我国邮轮港口的地位与作用》，《中国港口》2022年第9期。

蔡静雯、乐炎、沈士明、郭剑英：《"智慧旅游"驱动下邮轮旅游信息化发展与机制优化》，《中国水运（下半月）》2022年第9期。

丁刘华、叶欣梁、孙瑞红：《邮轮旅游形象感知研究——以皇家加勒比和歌诗达负面在线评论为例》，载《2022世界交通运输大会（WTC 2022）论文集》，2022。

G.3
2021~2022年中国邮轮产业发展十大热点

叶欣梁　邱　羚　王前锋*

摘　要： 中国作为全球邮轮产业发展中的新兴力量，应发挥好在应对疫情等突发情况中展现出的制度优势，发挥好中国总体资产较轻、调整发展方向灵活的后发优势，努力在全球邮轮行业发展中争取更大话语权。2021~2022年中国邮轮产业发展热点涉及国产大型邮轮建造、邮轮建造的自主设计研发、中资邮轮企业品牌、自主运营能力提升、沿海邮轮旅游、邮轮港口新布局形成、邮轮母港区综合开发、邮轮港及中资邮轮参与疫情防控、邮轮产业规划、邮轮论坛举办等，具体包括：国产大型邮轮建造进入新阶段，助力中国邮轮产业发展；我国加强邮轮建造的自主设计研发，开启中国邮轮自主设计新时代；中船嘉年华邮轮揭幕全新企业品牌标识，努力打造中国邮轮旗舰企业；中资邮轮持续提升自主运营能力，揭开我国邮轮自运营新序幕；招商局维京游轮探索发展新模式，引领中国沿海邮轮旅游新发展；我国邮轮港口新布局形成，有力支撑我国邮轮产业发展；邮轮母港区综合开发加快，引领区港联动新发展；邮轮港及中资邮轮参与疫情防控，体现中国邮轮界的担当作为；邮轮产业规划持续完善，引领邮轮产业新发展；各类邮轮论坛相继举办，共话国际邮轮产业发展新形势。

---

* 叶欣梁，博士，上海工程技术大学管理学院副院长，教授，研究方向：邮轮旅游与可持续发展；邱羚，博士，上海国际邮轮经济研究中心副主任，教授，研究方向：战略管理、人力资源管理、邮轮经济、文化创意；王前锋，博士，上海工程技术大学管理学院讲师，研究方向：战略创新管理、邮轮航运管理。

关键词： 邮轮产业链　本土邮轮　邮轮制造

虽受到疫情严重影响，但是中国邮轮产业发展依然持续推进，国产大型邮轮建造进入新阶段，中船嘉年华邮轮揭幕全新企业品牌标识，招商局维京游轮探索发展新模式，我国加强邮轮建造的自主设计研发，中资邮轮持续提升自主运营能力，我国邮轮母港区综合开发加快。在中国邮轮产业发展进程中，具有显著标志性和里程碑意义的热点事件引起邮轮界的广泛关注，对中国邮轮产业发展产生深远影响。

为研判中国邮轮产业热点事件所带来的影响和启示，上海国际邮轮经济研究中心与邮轮业界和学界展开深入研讨，以典型性较强、影响力较大、影响较深远等为基本原则，筛选出十大事件，以期更好地引领中国邮轮产业高质量发展。

热点一：国产大型邮轮建造进入新阶段，助力中国邮轮产业链加快培育

（一）热点事件

2021 年 10 月 19 日，首艘国产新造大型邮轮实现全船贯通。2021 年 11 月 18 日，国产首制大型邮轮 H1508 内装公共区域 JA02-中庭正式开工。11 月 22 日，作为起浮前水下工程的重点项目，国内最大功率吊舱式推进器完成安装工作。2021 年 12 月 20 日，国产首制大型邮轮 H1508 项目全船生产设计图纸全部完成，出图率达到 100%，为大型邮轮顺利建造提供了重要的技术保障。2022 年 2 月 24 日，首制大型邮轮 H1508 预制舱室生产车间开工。2022 年 2 月 28 日，首制大型邮轮 H1508 首批预制舱室顺利推舱。2022 年 2 月 28 日，外高桥造船在国产首制大型邮轮 12 甲板举行了天幕吊装仪式。2022 年 3 月 8 日，国产首制大型邮轮 H1508 调试节点实现突破，中控

系统上电激活，标志着 H1508 船"中枢系统"正向系统完工快速推进。2022 年 5 月 30 日，首制大型邮轮 H1508 船应急发电机实现动车，标志着邮轮项目调试工作进入新阶段，为后续主发动车奠定了基础。集控室于 2022 年 6 月 20 日获得背景工程区域完工证书，并通过船东船检报验，开始转入内装封板施工新阶段。2022 年 8 月 8 日开工建造的国产大型邮轮二号船，吨位约 14.2 万总吨，总长 341 米，型宽 37.2 米。

（二）事件点评

我国首艘国产大型邮轮在上海外高桥造船厂开工建造，但邮轮建造核心零部件技术缺乏，尚未形成成熟的邮轮配套服务，首艘邮轮建造技术与配套主要依赖外方。随着首制邮轮项目背景工程的逐步移交，国产大型邮轮内装工程将迎来建造的高峰。虽然中国制造业门类齐全，但是也要客观认识到制造水平较低，未来产业发展需要形成系统集成能力，以支撑产业走得更远。中国首制大型邮轮在设计、工艺、生产准备、总装建造等阶段所取得的一系列重大科研成果，标志着从结构和舾装建造的"上半场"全面转段进入内装和系统完工调试的"深水区"，为实现 2023 年正式交付并投入运营的总目标奠定了良好的基础。

（三）重要启示

大型邮轮是名副其实的巨系统工程。大型邮轮的设计建造是落实海洋强国、制造强国、科技强国发展战略，以及满足中国人民对美好生活需求的重要举措。首艘国产新造大型邮轮吨位为 13.55 万总吨，基于嘉年华集团全球广泛成功使用的 Vista 级平台，预计于 2023 年交付使用。中船嘉年华邮轮与上海外高桥造船厂合作建造国产大型邮轮。第二艘国产大型邮轮也已正式进入设计和建造阶段，有利于推动中国邮轮产业实现可持续发展，加快大型邮轮研发建造，为中国发展成为全球邮轮强国提供有力支撑。邮轮建造产业集群主要分布在欧洲，我国尚未掌握邮轮修造的自主知识产权，缺少本土化的邮轮建造功能性平台，核心建造部件自主研发及供应链管理能力不足，国产设备配套价值占比不足9%，船厂需要高价进口大量的关键设备，为此，需要加快完善本土邮轮供应链体系。

热点二：我国加强邮轮建造自主设计研发，开启中国邮轮自主设计新时代

（一）热点事件

2021年12月9日，中船邮轮公司自主研发的15万总吨级大型邮轮获得意大利船级社原则性（AIP）认可证书，这是我国首次拥有完全自主知识产权的大型豪华邮轮，打破了国外在该领域长期的技术封锁。该大型邮轮长为329.4米、型宽为38.4米，阳台房比例、乘客空间比、乘客船员比、航速、载重量、乘客公共区域面积等技术指标均达到国际同类主流船型的先进水平。2022年1月12日，中船邮轮与中国船级社签署《8万总吨级康养邮轮船型联合开发及认可框架协议》，将在船型联合开发、AIP认可、基本设计认可等领域展开合作，共同突破核心关键技术，开发具有自主知识产权的康养邮轮。

（二）事件点评

当前，邮轮研发设计、建造、供应链建设等产业链关键环节均被欧美国家所垄断，我国在邮轮设计建造领域起步较晚，大型邮轮建造的关键核心技术缺乏，技术沉淀较少。我国首次自主设计的大型邮轮进一步考虑了中国邮轮乘客的需求，扩充自助餐厅面积、增加连通房和家庭房比例等，兼顾防疫安排，加速各个系统设备的国产化替代。中船邮轮是全面发展邮轮产业、承担中国"邮轮梦"的平台总包公司。中船邮轮在研发设计端和运营端分别与世界一流的芬坎蒂尼集团和嘉年华集团在中国香港设立中方控股合资企业，在邮轮设计建造和运营方面开展全面合作，积极打造中国邮轮生态体系，在邮轮设计建造、关键材料设备本土化、邮轮运营配套等方面加大投资。

（三）重要启示

世界邮轮建造大型化趋势日渐凸显，国际上主流邮轮大多为 10 万吨级以上，最大邮轮的吨位约为 23 万总吨。大型邮轮的研发设计长期被欧洲少数企业所垄断，这次 15 万总吨级大型邮轮获得 AIP，是我国逐步掌握国产大型邮轮工程主动权的起步。建造国产大型邮轮是推动我国船舶工业转型升级、提升船舶工业技术和管理水平、实现工业强国和制造强国的重要途径。应实施大型邮轮建造工程，逐步建立覆盖邮轮研发设计、邮轮运营和关键配套等的产业链体系，打造邮轮产业发展生态体系。应强化基础理论研究、关键技术攻关和跨领域技术创新集成，掌握邮轮产业关键核心技术，形成大型邮轮自主研发建造与配套服务能力。本土邮轮品牌购置的邮轮吨位基本是 10 万总吨以下的，缺乏强有力的本土邮轮船队，需要支持我国本土邮轮企业购置或研制中大型邮轮，以便更好地参与全球邮轮市场竞争。

热点三：中船嘉年华邮轮揭幕全新企业品牌标识，努力打造中国邮轮旗舰企业

（一）热点事件

2021 年 11 月 3 日，中船嘉年华邮轮有限公司正式对外揭幕了全新的企业品牌标识。全新登场的企业品牌标识意在传递"源自海洋""向阳而行""探索无垠"三大理念，同时展现其引领中国邮轮产业新时代的发展愿景，以视觉形象开启全新旅程。中船嘉年华邮轮全新企业品牌标识将"海浪"与"旗帜"相连，让阳光与海洋在色彩的融汇间共舞，借由简约而生动的设计演绎，传递中船嘉年华邮轮的航海使命；富有节奏感的线条延展，则仿佛打通时间与空间的维度，印证历史传承，预见未来版图；灵动而独特的符号，如变换的音浪，带来摩登多元的冲击；如奋进的海浪，挑战广袤无垠的

世界；又如飞舞的旗帜，伫立不可撼动的信念，彰显中船嘉年华邮轮绘就无限的发展决心。

（二）事件点评

疫情前，国际邮轮公司高度重视中国邮轮市场，加强对中国市场的运力部署。虽然受疫情影响中国邮轮市场停滞，但国际邮轮公司仍看好中国市场。由全球最大造船企业中船集团与嘉年华集团共同成立的中船嘉年华邮轮有限公司，以打造具备新造船管理、海事运营、市场营销、商务运营、酒店和产品管理等全运营能力的中国邮轮旗舰企业为目标。目前，中船嘉年华邮轮向上海外高桥造船有限公司订造了2+4艘13.55万吨Vista级的大型邮轮，将通过邮轮运营和建造，构建中国邮轮的生态体系，引领中国邮轮产业踏进新时代、迎来新起点。中船嘉年华邮轮努力打造旗下豪华邮轮船队、改变邮轮市场格局、树立邮轮产业的"中国标杆"。

（三）重要启示

打造本土邮轮品牌对于中国邮轮产业发展而言具有重要的战略意义，需要加大对本土邮轮品牌的支持和扶持力度，组建本土邮轮船队是掌握未来邮轮产业发展主导权的基础。相较于国际邮轮，我国"中华泰山号""钻石辉煌号""海娜号"等本土邮轮企业的品牌管理能力较弱，难以形成区别于国际邮轮公司的强有力的品牌竞争优势。全新企业品牌标识蕴含了中船嘉年华邮轮的企业理念，也承载着企业对中国邮轮产业、对旅业合作伙伴，以及对中国游客的郑重承诺，显示出中船嘉年华邮轮将扎根中国市场，持续为游客带来品质卓越、灵感迸发的豪华邮轮度假体验；同时前瞻行业趋势，深挖专业能力，打造不断升级的创新产品，探索未知蓝图，成就全方位变革，引领中国邮轮产业新时代的发展。中船嘉年华邮轮以对海洋的热爱与向往为初心，拉开中国邮轮产业的新序幕。本土邮轮品牌要加强品牌管理，更强调国际化，明确更高层面的品牌管理定位，加大品牌管理投入，与国外旅行社和旅游电商网站合作加强宣传推广，利用各种媒体的宣传，提升本土邮轮品牌的国际知名度。

热点四：中资邮轮持续提升自主运营能力，
揭开我国邮轮自运营新序幕

（一）热点事件

2021 年 7 月 1 日，中国船级社福州分社颁出 2021 年首张具有防疫安全入级附加标志的邮轮入级证书，为三亚国际邮轮发展有限公司旗下"憧憬号"颁发了具有二级防疫安全（EPC2）和远程医疗辅助功能（TAS）附加标志的入级证书。2022 年 1 月 29 日，深圳海事局为全国首家五星旗邮轮公司招商局维京游轮有限公司现场颁发国际航运公司"符合证明"。这是全国签发的首份五星旗邮轮公司"符合证明"，标志着国内首次实现邮轮自主安全管理。2022 年 3 月 14 日，旗下招商局维京游轮有限公司通过了深圳海事局国内安全符合证明审核，获得国内首张五星旗豪华邮轮临时 DOC。2022 年 4 月 20 日，英国劳氏船级社为星旅远洋国际邮轮有限公司颁发了邮轮管理的临时符合证明（即 DOC）。

（二）事件点评

从长期来看，拥有邮轮就拥有了市场的主导权，也是我国邮轮产业行稳致远的关键。三亚国际邮轮发展有限公司旗下"憧憬号"获得中国船级社签发的具有防疫安全入级附加标志的邮轮入级证书，表明该邮轮的防疫管理体系、卫生保障条件、新冠肺炎疫情应对能力等均满足《船舶防疫安全指南》2 级防疫安全和远程医疗辅助功能附加标志的相关要求。招商局维京游轮有限公司是我国首家获得国际国内双重安全管理资质的邮轮公司。招商局维京游轮有限公司是全国签发的首份五星旗邮轮航运公司"符合证明"，标志着国内首次实现豪华邮轮自主安全管理，有助于粤港澳大湾区在后疫情时代邮轮产业的安全发展。星旅远洋国际邮轮有限公司基于安全管理体系、体系运行条件和岸基管理能力等建立了较为完善的体系。

（三）重要启示

豪华邮轮自主安全管理是推动中国本土邮轮品牌船队发展的重要基础。在新冠肺炎疫情下，加强邮轮安全管理、提升邮轮运营应对疫情的能力，是推动邮轮恢复运营的重要方面。我国本土邮轮品牌围绕防疫管理体系、卫生保障条件、新冠肺炎疫情应对能力、安全管理体系、体系运行条件和岸基管理能力等方面不断增强自身能力，初步实现了豪华邮轮自主安全管理，对进一步增强本土邮轮的国际影响力和竞争力具有良好的促进作用。邮轮产业是资本、技术、人才"三密集"产业，对人才的要求很高，我国缺乏邮轮研发设计、邮轮港口运营管理、邮轮公司运营管理等方面的人才，要创新培养模式，打造邮轮高端与复合人才集聚地。

热点五：招商局维京游轮探索发展新模式，引领中国沿海邮轮旅游新发展

（一）热点事件

招商局维京游轮推出行业内首个"中国海岸人文之旅"——"8日东南海岸文化之旅"。除了较小众但充满惊喜的目的地（如温州洞头岛）之外，招商局维京游轮还推出了富有人文特色的岸上游览及船上体验项目，提供探索厦门、舟山等热门目的地的全新方式（受疫情影响而取消）。招商局维京游轮提供了一种防疫措施完善、安全舒适的旅行选择——海上"微度假"，航线包括跨越广东及福建两省的"5日滨海双城之旅"（深圳—厦门—深圳）、广东省内游"4日鹏城周边海岛之旅"（深圳往返，途经阳江海陵岛）。2022年6月30日，招商局维京游轮推出的暑期新航线"5日滨海双城之旅（深圳—厦门—深圳）"的首个航次正式开启，是跨越广东、福建两省的全新"微度假"海上之旅。

（二）事件点评

作为推出行业内首个"中国海岸人文之旅"的邮轮品牌，"招商伊敦号"是中国第一艘悬挂五星红旗的豪华邮轮，是一个以目的地体验为核心的游轮品牌，以舒适的方式带领游客探游各个目的地，体验当地的人文特色。作为吨位 47800 总吨、第一艘以中国为母港的中小型豪华邮轮，招商局维京游轮旗下的"招商伊敦号"可以更加灵活地深入目的港腹地停泊靠岸，让游客拥有更多时间探索目的地。为期 8 天的"东南海岸文化之旅"成为国内首个探索东南海岸人文特色的邮轮产品，展示了招商局维京游轮深耕"文游"，不断满足中国消费者多层次、多样化旅游需求的不懈努力。在疫情防控常态化的背景下，"鹏城周边海上游"航线作为新探索，让国内旅客又多了一种三四天周边游的产品选择。

（三）重要启示

"微度假"逐步成为旅游业未来重要的模式。"坚持以文塑旅、以旅彰文，推动文化和旅游深度融合"将是国内旅游业今后发展的重要原则之一。当下，人民群众旅游消费需求向高品质、多样化转变，从注重观光向兼顾观光与休闲度假转变。随着疫情防控常态化，消费者的潜在需求不断释放，对旅游文化产品的要求也越来越高。为满足消费者多样化、个性化的需求，招商局维京游轮通过定制化的产品和服务，打造深度人文之旅，为游客提供"不虚此行"的沉浸式文游体验，推动国内邮轮旅游逐渐与国际接轨，促进邮轮产业高质量发展。应支持本土邮轮运营近海航线，可与舟山群岛、山东半岛、北部湾、粤港澳大湾区等进行合作，开辟环中国海航线，如三亚—南沙—舟山—青岛航线等。

热点六：我国邮轮港口建设形成新布局，
有力支撑我国邮轮产业发展

（一）热点事件

北部湾国际邮轮母港计划于 2022 年年内试航。北海邮轮码头项目设计客运量为 100 万人次/年，投资约 7.23 亿元，可为国内外游客提供候船、通关、换乘、旅游等多项服务，可以满足 3 小时通关 2500 人次的要求。目前，外侧的一个 5 万吨级邮轮泊位（水工预留 10 万吨级）、内侧的一个 2 万吨级泊位以及港区道路已交工验收，客运中心、候船风雨廊、航标工程等项目已完工。2022 年 6 月 1 日，经过组织和业务重构后的厦门国际邮轮母港集团正式揭牌，业务涵盖国际邮轮产业链、海上客运交通、海上旅游、文旅文创、园区开发运营、对台货运及跨境供应链等，努力实现港口、邮轮、文化、旅游等共同发展。莆田市规划推进的湄洲岛国际邮轮码头项目，总投资约 5.5 亿元，建设规模为 10 万 GT 邮轮泊位 1 个（水工结构按可靠泊 15 万 GT 邮轮设计）及相应的配套设施。

（二）事件点评

我国要构建接待能力较强、功能完备、便捷安全的邮轮港口体系。我国邮轮母港的建设，应以国际化的邮轮母港服务业集聚区为目标，以"船、港、城、游、购、娱"一体化推进母港建设，打造国际邮轮旅游目的地，构建国际邮轮综合服务支撑体系，推动建成国际滨海旅游度假胜地。同时，以邮轮母港为带动，配套建设高端酒店、商业休闲、餐饮娱乐、港航服务和生活居住等设施，集聚发展邮轮、水上客运、水上休闲运动、科技文化、酒店商业等五大产业，形成沿海沿江城市转型升级发展的新产业体系。依托邮轮港，高标准建设生态优美、环境宜人的邮轮旅游度假区是未来邮轮产业发展的新方向。

（三）重要启示

邮轮码头是邮轮经济发展中的重要基础设施，为沿海沿江城市转型发展提供了良好的条件。国际邮轮母港的建设，将推动构建集旅游地产、母港经济、邮轮产业链于一体的高端旅游服务生态圈，形成以邮轮母港为主体的向海文旅经济增长极，发挥文旅经济的乘数效应，推动港口服务、物流贸易、现代旅游等相关产业的高效运转，从整体上提升沿海城市产业层次和竞争

力。拓展邮轮港口服务功能，加强港城融合，提升购物、餐饮、娱乐、休闲、船员休息等配套服务能力，促进旅游发展，为游客提供良好的旅游、休闲环境。强化国内外邮轮旅游合作，进一步拓展国内外邮轮游客来源，放大邮轮港辐射范围，提升国外游客比例。

热点七：邮轮母港区综合开发加快，引领区港联动发展新方向

（一）热点事件

青岛国际邮轮母港区启动更新建设，聚焦航运、贸易、金融、科创、文旅等要素，规划布局了 14 个重点项目，"世界之眼"是青岛国际邮轮母港区的标志性建筑物、区域重要的地标商业中心和旅游集散中心，建成后将面向旅游、商务、休闲客群，引入跨境免税集合店、精品零售、时尚轻奢、沉浸式餐饮等业态。2022 年 3 月 31 日，中交国际邮轮广场商业启动暨首批商家入驻签约仪式举行。中交国际邮轮母港综合体总建筑面积为 76 万平方米，以邮轮旅游、高端商贸为两大主导产业，将打造集大型邮轮码头、主题酒店、写字楼等于一体的大型城市综合体。厦门"海上世界"项目由厦门邮轮母港集团、招商蛇口共同打造，是厦门最大的城市综合体，聚集国际邮轮母港、智慧商务办公集群、沉浸式主题商业、国际品牌高端酒店、滨海文娱等多种业态，总投资达 167 亿元。

（二）事件点评

以邮轮港为核心，推动邮轮港区的开发是增强区港联动的重要方向。强化邮轮的文化内涵和旅游地标功能，促进邮轮产业和文化资源、旅游资源的融合互动，推动邮轮产业和其他服务业的联动发展，全面凸显邮轮母港文化优势和生态优势，为邮轮旅客、周边居民提供独具特色的文化休闲场所，带动周边城市区域的开发。邮轮城区开发以邮轮产业为核心，推动产业升级和

功能转型。延伸邮轮产业的上下游，完善邮轮配套产业，主要包括邮轮运营相关的金融服务、商务办公，与港口服务相关的码头运营、邮轮供给、研发培训、文化会展、交通运输，与旅游商贸相关的商贸服务、宾馆、旅游休闲等。私属岛屿是国际邮轮公司在陆地外扩展品牌、提升吸引力的重要渠道，邮轮公司通常会采用直接购买或租赁私属岛屿进行经营管理的方式，全球有十多家邮轮公司开展了私属岛屿资源开发，我国亟须在邮轮主题岛屿开发方面进行探索。

（三）重要启示

邮轮母港区域开发以邮轮产业为依托，可以拉动水上旅游产业发展，借助区位优势和自然条件发展游艇、游船产业，形成"三游"产业集群。延伸邮轮旅游配套产业链，与地区服务业联动发展，打造新的地区中心，完善设施配套，挖掘土地使用潜力，提升使用效率，形成集公共服务、商业办公、文化娱乐、旅游休闲等多种功能于一体的绿色滨江新区，促进地区的可持续发展，建成产业转型与功能提升的核心地区。建立全球邮轮船供交易平台，打造亚洲邮轮船供服务中心。同时，吸引国际邮轮公司建立地区总部。推动"港旅城一体化"，充分利用海上邮轮游船空间、近岸水上运动空间、水岸休闲度假空间，开展水上运动项目、水上游览项目、岸线休闲活动，实现水岸联动。我国本土邮轮公司尚未涉足私属岛屿开发，可以通过购买或租赁私属岛屿充当海外运营基地，直接对其进行经营管理，同时，可以通过增加餐饮等商业配套或租用设备来增加这些岛屿的活动附加费，增加本土邮轮运营收益，扩大品牌的国际影响力。

热点八：邮轮港及中资邮轮参与疫情防控，体现中国邮轮的发展担当作为

（一）热点事件

2022年4月1日，吴淞口国际邮轮港方舱医院开始启用，2022年5月

28 日，正式休舱，是宝山第一家启用、最后一家休舱的区级方舱医院。吴淞口国际邮轮港方舱医院由东方之睛航站楼、T2 航站楼改造而成，设计床位 1324 张，主要收治无症状感染者与轻症患者。截至 5 月 28 日休舱，累计收治患者 5542 人，单日最高入舱人数达到 400 人，单日最高出舱人数达到 500 余人。2022 年 4 月 26 日，上海蓝梦国际邮轮股份有限公司"蓝梦之星号"邮轮靠泊上海港，作为上海港作业人员临时集中居住点之一，助力解决了码头单位居住条件有限、外部资源紧张的气泡式管理难题，近 400 名港口重点岗位作业人员得以快速安全入住。

（二）事件点评

邮轮港作为重要的基础设施，具有基础设施良好、封闭性较强的优势。面对突袭而至的新冠肺炎疫情，上海吴淞口国际邮轮港化身方舱医院，在特殊时期承担特别任务，担负起不同于以往的社会责任。"蓝梦之星号"邮轮采取气泡式管理模式，加强船舶停靠的安全管理，严格落实邮轮靠泊期间安全管理机制，强化闭环管理，实行船岸分区管控，加强靠泊区域视频监控，在上海港气泡管理中扮演着重要角色，为上海港复工复产提供了有力的支撑。随着全球疫情防控取得明显成效，全球邮轮业加速复苏，皇家加勒比国际游轮、嘉年华邮轮、诺唯真游轮等主要邮轮公司旗下的邮轮船队全部复航，但中国邮轮复航依然存在不确定性。

（三）重要启示

邮轮及港口作为满足人们对美好生活的需要的重要载体，发挥着重要的作用，面对突袭而至的新冠肺炎疫情，显示出有力的担当作为。上海吴淞口国际邮轮港方舱医院积极为患者营造一个温馨如家的集中治疗环境，开展"听风万里长江、观海百年吴淞"系列活动，为疫情防控提供强有力的支撑。"蓝梦之星号"作为中资邮轮，在停航期间，为上海复工复产提供了有力支撑，并经受住了疫情的考验，为下一步邮轮复航奠定了良好的基础。目前国家层面并未出台邮轮疫情防控专项指南，各大邮轮公司根据自身情况制定了疫情防控方案，但尚未形成系统的邮轮疫情防控标准体系。当前全球疫情持续蔓延，国内也出现零星确诊病例，邮轮复航存在不确定性，需要予以关注。

热点九：邮轮产业规划政策持续完善，引领邮轮产业发展新方向

（一）热点事件

2021 年 11 月，交通运输部印发《综合运输服务"十四五"发展规划》，提出支持邮轮企业依法开辟国际邮轮航线，落实邮轮港服务标准，研究制定国际邮轮运输服务评价规范，推进海南邮轮港口邮轮海上游航线试点，支持本土邮轮发展、五星红旗邮轮运营。2022 年 1 月 20 日，国务院印发《"十四五"旅游业发展规划》提出，完善发展邮轮游艇旅游等政策，有序推进邮轮旅游基础设施建设，推进上海、天津、深圳、青岛、大连、厦门、福州等地邮轮旅游发展，建设三亚国际邮轮母港。2022 年 1 月，国家发改委、商务部印发关于深圳建设中国特色社会主义先行示范区放宽市场准入若干特别措施的意见，提出优化邮轮游艇市场准入环境。《福建省"十四五"海洋强省建设专项规划》提出，推动邮轮游艇设计、制造、服务全产业链发展，支持厦门建设邮轮生产基地和游艇帆船国际展销中心，支持福州、漳州等地建设游艇工业园。2022 年 7 月，《上海国际邮轮旅游度假区建设三年行动计划（2022—2024 年）》正式发布。2022 年 8 月 17 日，工业和信息化部等五部门联合发布《关于加快邮轮游艇装备及产业发展的实施意见》，明确提出稳步推进国产大型邮轮建造工程、提升邮轮研发设计建造能力、加强配套供应链建设等重要措施。

（二）事件点评

随着我国邮轮旅游的快速发展，邮轮产业显然已成为我国旅游业中的黄

金产业以及海洋经济中的重要战略性产业。为积极推动和促进我国邮轮产业更好更快发展，从国家到沿海各地均不断出台各项邮轮及邮轮相关政策。邮轮产业具有较强的驱动力，随着中国邮轮产业的快速发展，要进一步深化改革，培育壮大邮轮市场主体，为邮轮产业链延伸提供更加强有力的支撑。各级部门推出的扶持邮轮产业发展的政策意见、规划及措施，为我国邮轮产业发展提供了更加强有力的支撑，进一步优化了我国邮轮产业发展环境，明确了我国邮轮产业发展方向，引领了我国邮轮产业发展，构建了新路径、创造了新模式和建立了新发展机制，为促进我国邮轮产业发展提供了更加良好的环境。

（三）重要启示

邮轮涉及制造、基础设施、口岸服务等，需要政策上给予支撑。为推动邮轮产业发展，提升邮轮产业能级，中央以及各地出台了市场培育、口岸服务、产业规划等系列政策，在顶层设计上对邮轮产业发展起到引导作用，提供了更加有力的支撑和保障，引领了邮轮产业的创新发展。下一步，要推进邮轮产业规划的具体落实，为我国邮轮产业发展更好地赋能，提升我国邮轮产业发展能级。邮轮产业在我国正处于起步阶段，加上我国金融市场尚不成熟，针对邮轮市场发展的研究基本未涉及金融领域，应发挥政府财政投入的引导作用，吸引跨行业、多领域资本，成立邮轮产业发展基金，运用金融手段、依靠各类金融衍生品为邮轮经济发展服务，建立多元化投融资体系。我国各地大力推动邮轮游船游艇产业发展，国家和地方层面也出台了诸多政策，沿海各地投入了大量资金加快基础设施建设，但针对产业发展的评估机制不够健全，需要予以关注。

热点十：各类邮轮论坛纷纷举办，
共话国际邮轮产业发展新形势

（一）热点事件

2022年10月22日，吴淞口论坛在上海吴淞口国际邮轮港 T1 航站楼户外空间举行，以"潮起三江、聚力三游"为主题，正式发布《上海国际邮轮旅游度假区总体规划》，上海市文化和旅游局、宝山区签署《赋能长江门户　助力宝山转型战略合作框架协议》，中国旅游车船协会邮轮游船游艇分会揭牌成立，"吴淞口论坛"品牌对外发布。2021年11月11日，由海南省旅文厅、省社科联、三亚市政府、海南热带海洋学院联合主办的首届海岛旅游和邮轮游艇发展学术研讨会在三亚举办，研讨会主题为"服务海岛旅游和邮轮游艇旅游发展　创新海南自贸港下海岛旅游和邮轮游艇发展模式"。2021年11月28日，"2021中国邮轮经济发展高峰会议"在中欧国际工商学院（上海校区）隆重开幕，主题为"双循环格局下中国邮轮经济发展新趋势"。2022年8月18~20日，第十五届中国邮轮产业发展大会在广州南沙举办，以"后疫情时代邮轮市场布局"为主题，重点讨论后疫情时代邮轮产业高质量发展的方向。

（二）事件点评

作为中国首个聚焦"三游"产业发展的论坛，吴淞口论坛与亚太邮轮大会共同成为上海宝山推动中国"三游"产业发展的高端合作交流平台。吴淞口论坛聚焦"三游"产业发展，为我国水上旅游领域的资源整合、经验借鉴搭建信息沟通、共谋发展的平台，推动水上旅游行业国内大循环。在自贸港政策的支持下，海南邮轮旅游发展迎来新的机遇。中国邮轮经济发展高峰会议成为引领中国邮轮经济发展的重要平台。应搭建邮轮研发设计、邮轮供应链体系、邮轮产业政策理论、邮轮产业规划等方面的研究平台，举办国际邮轮论坛，打造"国际化、开放式、高水平"的决策咨询平台。

（三）重要启示

在疫情下，我国邮轮经济发展需要注入新的活力，需要给予市场更多的信心，在国内大循环为主的战略驱动下，邮轮产业内生发展动力愈发强劲，举办的各类会议论坛都紧跟当下邮轮产业发展新需求，依托新环境、新形势和新机遇，成为全球和中国邮轮产业发展中的新风标和引航灯。中国邮轮各类会议论坛要立足全球视野、中国国情，深入研判中国邮轮经济发展的新路径、新模式和新框架，为中国邮轮产业提供有力的指引。要举办高水平国际邮轮学术研究交流活动，推进国际邮轮产业发展模式变革，为邮轮制造企业、邮轮运营公司、政府部门政策制定提供决策依据和智力支持。我国要大力推动邮轮游船游艇产业发展，进一步提升装备设计制造展示和产业发展等相关方面的展会影响力、号召力和引领力，搭建更为丰富的国际合作交流平台。

参考文献

汪泓主编《中国邮轮产业发展报告（2021）》，社会科学文献出版社，2021。
汪泓主编《中国邮轮产业发展报告（2020）》，社会科学文献出版社，2020。
汪泓主编《中国邮轮产业发展报告（2019）》，社会科学文献出版社，2019。
汪泓主编《中国邮轮产业发展报告（2018）》，社会科学文献出版社，2018。
汪泓主编《中国邮轮产业发展报告（2016）》，社会科学文献出版社，2017。
叶欣梁、梅俊青：《中国邮轮经济运行分析与发展预测》，上海交通大学出版社，2018。
吕杰锋、周依鸣、王莫紫荆：《基于系统聚类法的邮轮外观品牌形象现状研究》，《中国舰船研究》2022 年第 2 期。
周淑怡、叶欣梁、孙瑞红：《当"灰犀牛"遇到"黑天鹅"——网民对邮轮旅游负面事件的风险感知变化》，《中国生态旅游》2022 年第 1 期。
李绪茂、王成金、李弢、张毓琬：《疫情影响下全球邮轮网络格局与重构》，《中国生态旅游》2022 年第 1 期。
王一飞、张乾坤、李英伟：《大型邮轮船体结构总纵强度设计流程》，《船舶工程》2022 年第 5 期。
孙家鹏、张敏健：《豪华邮轮设计相关技术及发展趋势综述》，《中国舰船研究》2022 年第 2 期。
郭佳泰：《重振市场信心 积极探索"中国邮轮模式"》，《中国船舶报》2022 年 3 月 11 日。

专题篇
Special Topics

G.4
中资邮轮海上游航线试点研究

史健勇　叶欣梁　邹琳*

摘　要： 邮轮海上游航线是在经批准的水域范围内航行，并返回始发邮轮港口，其间不经停其他邮轮港口的航线。在我国构建以国内大循环为主体、国内国际双循环相互促进的新发展格局下，应积极探索邮轮经济高质量发展的新途径，更好地满足人民日益增长的美好生活需要。通过邮轮海上游航线试点，恢复邮轮市场信心，助力邮轮行业推出邮轮消费新产品，构建邮轮运营新模式，拓展邮轮发展新空间，激发国内消费潜力和邮轮产业发展活力。探索建立邮轮公共卫生安全中国标准，健全常态化疫情防控下邮轮运营安全保障体系。探索"全过程、全链条、全覆盖"闭环可控安全的邮轮运营模式，实施中资邮轮海上游航线试点。

---

* 史健勇，博士，上海工程技术大学党委副书记，教授，博士生导师，研究方向：邮轮经济；叶欣梁，博士，上海工程技术大学管理学院副院长，教授，研究方向：邮轮旅游与可持续发展；邹琳，博士，上海工程技术大学管理学院讲师，研究方向：邮轮经济。

关键词： 中资邮轮 "海上游" 邮轮产品

加快服务贸易发展模式创新，推动疫情防控常态化下邮轮业健康发展，丰富邮轮航线，激发国内消费潜力和邮轮产业发展活力。2018 年 4 月《中共中央 国务院关于支持海南全面深化改革开放的指导意见》提出，支持三亚等邮轮港口开展公海游航线试点。2019 年 4 月《交通运输部关于推进海南三亚等邮轮港口海上游航线试点的意见》提出，基于海南海域情况及海南国际邮轮发展状况，在五星红旗邮轮投入运营前，在海南三亚、海口邮轮港开展中资方便旗邮轮无目的地航线试点。2019 年 7 月，海南省人民政府出台《海南省人民政府办公厅关于印发海南邮轮港口海上游航线试点实施方案的通知》。2021 年 4 月，商务部印发《上海市服务业扩大开放综合试点总体方案》，提出将中资邮轮运输经营者开展中资非五星红旗邮轮海上游运输业务的许可下放至上海市交通运输主管部门。2021 年 7 月 12 日，海南省人民政府办公厅出台《海南邮轮港口中资方便旗邮轮海上游航线试点管理办法（试行）》，明确实施主体、申请条件等要求。

表 1 中国邮轮海上游试点相关政策文件

时间	出台单位	政策名称
2018 年 4 月	中共中央、国务院	《中共中央 国务院关于支持海南全面深化改革开放的指导意见》
2020 年 4 月	全国人民代表大会常务委员会	《全国人民代表大会常务委员会关于授权国务院在中国（海南）自由贸易试验区暂时调整适用有关法律规定的决定》
2020 年 6 月	国务院	《国务院关于在中国（海南）自由贸易试验区暂时调整实施有关行政法规规定的通知》
2018 年 9 月	交通运输部等	《关于促进我国邮轮经济发展的若干意见》
2019 年 4 月	交通运输部	《交通运输部关于推进海南三亚等邮轮港口海上游航线试点的意见》
2021 年 4 月	商务部	《上海市服务业扩大开放综合试点总体方案》

时间	出台单位	政策名称
2019 年 7 月	海南省人民政府办公厅	《海南省人民政府办公厅关于印发海南邮轮港口海上游航线试点实施方案的通知》
2021 年 7 月	海南省人民政府办公厅	《海南邮轮港口中资方便旗邮轮海上游航线试点管理办法（试行)》

一　邮轮海上游航线运营管理

（一）市场运营主体

《海南邮轮港口中资方便旗邮轮海上游航线试点管理办法（试行）》提出，在五星红旗邮轮投入运营前，中资方便旗邮轮运输经营人申请开展海上游航线试点业务的应具备企业法人资格，内地资本出资比例不低于 51%；投入开展海上游航线试点业务的方便旗邮轮适航、船龄不超过 30 年，符合国家和海南省船舶大气污染物排放控制区要求。中资邮轮开展海上游可以先期在中资邮轮运输经营人及其拥有或者光租的非五星红旗邮轮开展试点。中资邮轮运输经营人是内地资本的出资比例不少于 51%，从事邮轮运输业务的企业法人。

表 2　海南申请海上游需要提交的材料

序号	申请材料
1	海上游航线业务申请书
2	经公证认证的商业登记文件
3	拟开展邮轮海上游航线试点业务的方便旗邮轮的《国籍证书》《入级证书》《船舶安全管理证书》《国际船舶保安证书》《客船安全证书》及附件 P
4	申请人《符合证明》，若委托船舶管理公司代管,提供符合法律法规规定的船舶管理公司《符合证明》及安全委托管理协议
5	如果航线投船为光租船舶,提供光租合同

序号	申请材料
6	已投保保险额度不低于《中华人民共和国海商法》规定赔偿责任限额的旅客人身伤害责任保险合同
7	邮轮船票样式
8	拟停靠码头的《港口经营许可证》和《港口设施保安符合证书》

（二）航线产品设计

《海南邮轮港口中资方便旗邮轮海上游航线试点管理办法（试行）》提出，登轮旅客应凭有效身份证件及本航次邮轮票务信息证明申办登轮许可，符合条件的，出入境边防检查机关应签发登轮许可，提供快速便捷服务。在国内其他邮轮港口，如上海邮轮港口开展试点，登轮证件可以为中国护照，航线天数为 3 天 2 晚、4 天 3 晚，航线计划为上海—海上（距离中国领海基线 12 海里之外区域）—上海，其间不停靠其他港口。在开展商业性航次运营前，先期试行公益航次，进行疫情防控安全性测试及应急预案演练。旅客登轮应持有 3 日内核酸检测阴性证明，体温检测合格、"健康码"绿码、通信大数据行程卡绿卡以及国际旅行健康证明方可登轮。

（三）船票销售管理

邮轮海上游航线销售渠道为邮轮公司直销平台或者邮轮船票公共服务平台。前期销售对象为邮轮港所在地旅客，逐步放开至全国低风险地区旅客。旅客须持 3 日内核酸检测阴性证明、绿色健康码、通信大数据行程卡绿卡、国际旅行健康证明，在体温检测正常情况下凭船票方可登轮。在载客率要求方面，试点期间停售内舱房，载客率不超过额定载客量的 50%。在船票退改方面，如预售的航次因疫情未能成行，无条件办理退改签。如因其他不可抗力因素未能成行，则按邮轮取消延误综合险的条款规定进行理赔。

二　邮轮港及邮轮疫情防控措施

（一）邮轮港口疫情防控措施

邮轮港口划分应急处置功能区，开辟专门的防疫应急通道，落实隔离场所。落实防控物资配备，配置符合要求的体温检测设备；根据《港口及一线人员新冠肺炎疫情防控工作指南》配备必要的、能满足一周运管需求的防疫物资。开展防疫知识专项培训，组织员工进行防护设备、消毒用品使用、应急情况处置等防疫知识技能专项培训。港区空调系统首选自然通风。保证港区空调系统供风安全、有充足的新风输入、排风直接排到室外。关闭空调时关闭回风通道。港区公用设施和公共区域每天消毒两次，消毒时尽量避开作业时间。使用含氯消毒液喷洒或酒精消毒液擦拭相关设备和多人触碰区域。加强废弃物的分类管理，对固体废弃物、液体废弃物等即时消毒处理并按规定分类处置。对医疗废弃物的处置，遵循《医疗废物管理条例》以及《医疗卫生机构医疗废物管理办法》的要求，规范使用双层黄色医疗废物收集袋封装后按照流程进行处置。港区停车场实行车辆预约进港、分类管理、分区停放。港区内采用视频滚动播放或张贴宣传画等方式开展防控健康宣教。

（二）邮轮公司疫情防控措施

邮轮上设置隔离区和隔离房间，配备隔离和检疫设施，空调系统由独立空气处理单元支持。配备两个航次所需医用物资，包括医用口罩、手套、防护服、护目镜以及消毒用品等；根据最新版国家关于新冠肺炎诊疗方案，配备相应的预防和治疗药品。在靠泊作业时做好防护物资补给工作。配备红外测温设备，做好测温记录保存及设备使用状态的维护工作。配备专业医生和专业护士；配备隔离病房、快速新冠测试工具、氧气发生器等。按"一人一设备"，全员配置密切接触追踪设备，可快速筛查并导出密切接触者信

息，所有人员信息记录至少保留 30 天。每个航次开航前，按照口岸查验单位要求对邮轮进行严格消毒，取得《交通工具出境卫生检疫证书》。

空调通风系统为风机盘管加新风系统，对空调系统定期消毒，排风口处设立警告标志。开航前，对所有公共区域进行深度清洁和全面消毒。航行中，公共区域每天消毒 2 次；电梯间按钮、扶手、门把手等高频接触的物体表面每两小时消毒 1 次；剧院、餐厅、酒吧等功能区域在使用前和关闭后彻底清洁和消毒；提供旅客使用的轮椅等公用物品，做到"一客一消毒"。开航前，对所有客房进行深度清洁和全面消毒；航行中，每日早晚两次清洁并消毒舱房、阳台和洗手间等区域；对使用过的布草进行高温消毒。加强废弃物的分类管理，即时消毒处理并按规定分类处置。船上产生的医疗垃圾放入专门的袋中收集并处理。设置专用的个人防护用品丢弃垃圾桶，依照医疗废弃物处理。所有新上船船员严格执行肺炎防控办要求，并完成登船前健康申报，确保船员健康。

（三）旅客登船疫情防控措施

实施旅客信息报告和健康申报制度，严格执行邮轮船票制度，邮轮公司须及时、准确、完整地申报旅客和船员信息。预约分批管理，严格实行预约进港、分批抵港制度，加强人流控制。旅客须凭 3 日内核酸检测阴性证明、绿色健康码、通信大数据行程卡绿卡、国际旅行健康证明，经体温检测正常后方可进入航站楼，按规定流程完成通关手续。在港期间，旅客须全程佩戴口罩，保持 1 米以上间距。使用厢式电梯时，人数不超过额定载客数的50%。旅客在自助值船机上完成健康申报和免责声明。旅客办理通关手续后，按照指定的登船动线，保持安全距离，经邮轮公司的体温检测后登船。

（四）旅客船上疫情防控措施

旅客全程佩戴密切接触追踪设备，每日至少两次监测体温和健康状况，保持 1 米以上的社交距离，除在餐厅、客舱及甲板外须佩戴口罩。通过海报、电子屏和宣传单页等方式加强防疫知识宣传。按疫情防控要求调整安全演习集结方案，强化演习前客舱安全宣传，确保旅客全员分批高效参与，减少集合点停留时间。旅客分批用餐、间隔就座，餐厅上座率小于50%，取消自助就餐服务，鼓励旅客客房订餐。剧院管理分批预约入场，强化错峰管理，增加演出场次，旅客间隔就座，上座率小于50%。商店管理控制店内客流，提醒旅客保持安全距离。前台管理方面，鼓励旅客线上结账、电话问询，控制前台客流密度。其他室内场所管理方面，健身中心、儿童俱乐部、酒吧、美容美发等场所实行预约入场，人流控制在50%以内，每个区域设有现场员工进行管理。分批离船，加强人流控制。分批有序离船，提高离船效率，旅客须全程佩戴口罩，保持1米以上间距。港区防控方面，严格执行健康申报制度，对离船旅客进行体温检测，对高于37℃的下船旅客进行复测，及时隔离并按规定处置复测腋下体温≥37℃或有呼吸道症状的旅客。鼓励旅客随身携带行李。旅客在港区指定区域乘坐相应交通工具快速有序离港。

（五）船供管理疫情防控措施

邮轮在港运营期间物供补给参照国际航行船舶的管理规则操作，食品补给限本地采购。食品、物资等补给作业，备品备件的起卸添加作业，均需严格执行申报、消毒制度。对邮轮已有的进口冷链食品实行集中封存管理。确需补给进口冷链食品，按照《公路、水路进口冷链食品物流新冠病毒防控和消毒技术指南》的要求执行。

三 邮轮海上游应急管理措施

（一）出境应急处置措施

经海关现场排查，判定为异常症状者的，劝阻旅客出境，并报告应急处置指挥部，由当地卫健委派专用负压救护车转送至定点医院。根据相关规定，在最短时间内寻找密切接触者，并按要求进行流行病学调查。

（二）航行中应急处置措施

邮轮公司加强航行途中的巡查，对船员、旅客进行传染病症状监测并及时上报有发热等传染病症状的病例。发现异常症状者，立刻执行应急处置预案，按防疫要求将异常症状者转移至船上专用隔离区域单独隔离诊治；通过追踪设备的信息排查等措施，确定密切接触者名单，按防疫要求将密切接触者转移至船上专用隔离区域实施隔离；全船广播要求旅客返回各自舱房，终止公共区域设施运营；严控人员进出污染区域，船员穿戴防护服开展消毒工作。使用船上医疗中心的快速新冠测试工具对异常症状者及密切接触者进行初步排查；根据国家关于新冠肺炎诊疗方案最新版，对异常症状者开展初步医治；抵港前将医疗记录、快速检测记录、流行病学调查表及护照复印件、密切接触者名单等提交海关。邮轮入境时由海关登临检疫进行排查。如判定事件为突发公共卫生事件的，立即上报应急处置指挥部，由应急处置指挥部视情况处置。

（三）入境应急处置措施

入境通道中发现异常症状者，海关立即通知邮轮港口和邮轮公司停止上下人员及装卸行李物品，同时上报应急处置指挥部。立即启动密切接触者排查，确定密切接触者名单。经判定事件为突发公共卫生事件的，由应急处置指挥部视情况处置。异常症状者及密切接触者的入境、转诊、隔离等工作，按照口岸联检单位及卫健委的工作程序执行。邮轮港口、邮轮公司按照职责分工对工作区域、公共区域及物品做好消毒处理，并按规定处理医疗垃圾。在应急处置指挥部的统一指挥下，做好舆情监控和应对，防止出现负面影响；组织相关职能部门对公共卫生事件的调查处置情况、病人救治情况、所采取措施的效果等进行综合评估，并分析存在的问题，总结有益的经验，提出改进建议；邮轮公司负责做好旅客安抚、纠纷处置等工作。

参考文献

汪泓主编《中国邮轮产业发展报告（2021）》，社会科学文献出版社，2021。

汪泓主编《中国邮轮产业发展报告（2020）》，社会科学文献出版社，2020。

汪泓主编《中国邮轮产业发展报告（2019）》，社会科学文献出版社，2019。

汪泓主编《中国邮轮产业发展报告（2018）》，社会科学文献出版社，2018。

汪泓主编《中国邮轮产业发展报告（2017）》，社会科学文献出版社，2017。

蔡静雯、乐炎、沈士明、郭剑英：《"智慧旅游"驱动下邮轮旅游信息化发展与机制优化》，《中国水运（下半月）》2022年第9期。

孙家庆、房朝阳：《后疫情时代统筹推进深圳邮轮产业安全与发展研究》，《世界海运》2022年第8期。

李倩彧、孙瑞红：《双循环视角下我国邮轮旅游产业效率研究》，《物流科技》2022年第11期。

李超：《疫情常态化防控阶段邮轮行业发展及天津邮轮产业发展建议》，《中国港口》2022年第6期。

王仁鑫：《国内外邮轮旅游研究前沿——基于CNKI和Web of Science的统计分析》，《中国水运》2022年第2期。

黄龙、陈建勇、郭智威：《基于层次—模糊综合分析的大型豪华邮轮防横倾系统评估》，《舰船科学技术》2022年第2期。

张颖超：《探索海南邮轮旅游运营模式》，《中国社会科学报》2022年1月4日。

G.5

疫情防控常态化下邮轮港
恢复运营防控规范研究

叶欣梁　李霞　胡田*

摘　要：　邮轮运输是邮轮经济的核心，在疫情防控常态化下，推动邮轮港恢复运营成为促进邮轮产业复苏的重要内容。立足于打造以国内大循环为主体、国内国际双循环相互促进的新发展格局，以及扩大内需的战略基点，推动邮轮有序恢复运营，有助于充分发掘我国邮轮旅游消费市场潜力，推动本土邮轮船队发展壮大，构建中国邮轮自主设计、建造及运营管理、维修、服务等产业生态体系，推动邮轮产业高质量发展。我国邮轮港构建了稳固有效的联防联控联动机制，经受住了新冠肺炎疫情的考验，开展了国际邮轮合同期满中国籍船员离船入境，初步构建了完善的母港及邮轮综合防疫体系。通过推动邮轮港口恢复运营，提振邮轮市场信心，促进邮轮产业高质量发展。

关键词：　邮轮港　邮轮运输　邮轮旅游

　　我国邮轮港在疫情下防控措施得力。在疫情防控常态化下，邮轮港应根据邮轮运营特点逐步恢复运营，全面总结国内外邮轮港疫情防控实践经验，结合疫情防控要求，坚持疫情防控原则，筑牢安全底线，构建立体式、全链

---

　　* 叶欣梁，博士，上海工程技术大学管理学院副院长，教授，研究方向：邮轮旅游与可持续发展；李霞，博士，上海工程技术大学管理学院讲师，研究方向：邮轮经济；胡田，博士，上海工程技术大学管理学院讲师，研究方向：邮轮经济。

条、闭环式的邮轮疫情防控体系。推动恢复邮轮港口运营，推出邮轮消费新产品，构建邮轮运营新模式，拓展邮轮发展新空间，激发国内消费潜力和邮轮产业发展活力。探索建立邮轮公共卫生安全中国标准，健全疫情防控常态化下邮轮运营安全保障体系。严格执行"外防输入、内防反弹"防控策略，落实"及时发现、快速处置、精准管控"疫情常态化防控要求，建立科学、规范、高效的联防联控机制，全方位、全流程、全环节制定和落实措施，强化"人物同防"，抓紧抓实抓细疫情防控工作，梳理完善邮轮港口旅客、货物、环境的疫情防控规程，加强港口从业人员特别是一线工作人员的自身防护，严格防范新冠肺炎疫情传播和扩散，为邮轮恢复运营提供有力的支撑。

一 邮轮客运管理规范

（一）旅客防疫要求

旅客应符合疫情防控出行规定，进入航站楼佩戴口罩，服从港区防控管理，对拒不配合的人员，阻止其登、离船并向公安部门报告。旅客应按照港口所在地政府部门、口岸查验单位等要求进行信息报告和健康申报。严格实施预约进港、分批抵港制度，排队等候区域设置间隔标识，保持人员之间安全社交距离。为旅客设立测温筛查通道，对全体旅客实施体温检测。设置临时医学观察点，便于实施对异常症状者临时隔离留观。配备免洗手消毒液，便于旅客及工作人员手部消毒。

（二）旅客出境管控

出境旅客凭船票、有效核酸证明，持"健康码"绿码、通信大数据行程卡绿卡和国际旅行健康证明，经测温及防爆检测进入航站楼，办理登船通关手续后方可登船。通关前发现异常症状者，由港口应急处置人员带至临时医学观察点，由医护人员按规定进行处置。通关时发现异常症状者，经医学

排查后需要进一步诊治的，由相关责任主体单位立即闭环运送至指定医院进行诊治。旅客出境流程：到港—行李托运—测温、测爆、验码—港口安检—办票—公安查验—海关检疫、旅检—边检查验—登船。

（三）旅客入境管控

入境旅客下船后在海关测温区测温，符合海关检疫条件者离港；不符合检疫条件者，由相关责任主体单位立即闭环运送至指定医院进行诊治。旅客入境流程：离船—海关检疫—边检查验—行李提取—海关旅检—离港。

二　邮轮船供管理规范

（一）船供作业管控要求

根据海关疫情防控要求开展邮轮物资补给装卸，切实做到人员、货物、物品、环境、设备、车辆同防。国内船供物资作业应提前如实向海关申报，经许可后，相关人员和车辆信息应提前如实向边检和公安机关申报。作业期间应按要求加强对装卸设备及作业区域的消毒及清洁。国际船供物资作业应提前如实向海关申报，经许可后，相关人员和车辆信息应提前如实向边检和公安机关申报。作业期间应按要求加强对货物外立面喷洒消毒，加强对装卸设备及作业区域消毒清洁。

（二）现场作业人员防控措施

国内船供物资现场工作人员在作业全过程中必须佩戴医用一次性防护口罩，佩戴乳胶手套，如有必要同时佩戴劳动防护手套。上岗及离岗前必须进行一次体温检测。每天进行一次核酸检测。现场供应商应采取相同防护措施。

国际船供物资现场工作人员在作业全过程中必须身着防护服、佩戴医用一次性防护口罩和防护面屏或护目镜、佩戴乳胶手套，如有必要同时佩戴劳动防护手套。上岗及离岗前必须进行一次体温检测。每天进行一次核酸检测。现场供应商应采取相同的防护措施。

（三）作业区域消毒管控措施

对生产作业场地、员工休息室、卫生间作业期间每 4 小时进行一次消毒，在作业完成后进行全面消毒。所有消毒做好台账记录。

三　邮轮靠泊期间防疫管理

（一）邮轮靠泊期间分类管控

根据疫情防控的风险等级，邮轮在港靠泊期间分为 3 种类型：首次靠泊至符合防疫要求期间、常态化停靠期间及恢复运营期间，实施差异化防控措施。

表 1　不同时期邮轮靠泊疫情防控要求

类　别	防控要求
首次靠泊至符合防疫要求期间	符合疫情防控要求，每次靠泊须经批准，方可开展船员换班、船舶供应、船舶检验以及伤病船员紧急救助处置等活动。除船员换班外，禁止其他船员和岸基工作人员上下船。严格执行船员换班作业工作流程，严格落实船岸人员不直接接触等防控措施，认真执行港口设施保安计划，加强人员、车辆和船港界面管理
	如该邮轮需常态化停靠，须对在船船员进行两次核酸检测，对全船进行表面物采样检测，并进行全船消杀。检测结果发生异常时立即向区防控办报告，启动应急预案
常态化停靠期间	经批准方可进行邮轮常态化停靠，其间，可以开展船舶供应、船舶检验以及伤病船员紧急救助处置等活动。船员换班作业严格执行"一事一批"的程序，除船员换班外，禁止其他船员上下船。岸基工作人员上下船须严格按照防疫要求做好个人防护
恢复运营期间	经批准，可以开展特定航线邮轮旅游及船员换班、船舶供应、船舶检验以及伤病船员紧急救助处置等活动。船员、旅客、工作人员在港期间按防疫要求做好个人防护

（二）船员在港管理

邮轮在港期间，船员可分为在船船员和换班船员。根据防疫要求，除恢复运营期间以外，原则上在船船员在邮轮靠港期间不上/下船。特殊需要上/下船工作的船员，参考工作人员上/下船管理要求执行。船员在船期间管理参照相应邮轮公司管理要求。船员换班作业应向口岸单位申报，经肺炎防控办批准后方可实施。在船员访客专用通道办理出入境手续，并配合海关做好船员信息申报、体温检测和核酸检测等工作。除恢复运营期间以外，原则上换班船员须佩戴 N95/KN95 防护口罩及医用橡胶手套，并对随身行李进行消杀。船员如出现发热、乏力、干咳等症状，立即报告并停止作业，按应急处置程序进行处置。工作人员上/下船前须提前申报，提供有效核酸检测证明，配合海关做好人员信息申报、体温检测等工作，经船员访客通道上下船。海关、边检、海事等口岸单位人员按照防疫要求执行。

（三）港口工作人员管理

港口工作人员指邮轮港公司、口岸查验单位、长航公安、邮轮公司、代理、地接社、供应商等相关单位工作人员。邮轮港公司工作人员按照岗位服务特性不同，分为登船桥操作员、装卸设备操作员、系缆工、装卸工、客服人员、安保人员、保洁人员、应急处置人员、后勤保障人员等。在常态化停靠期间，除口岸查验单位因工作需要以外，其他工作人员不得登船、不得与船员直接接触。因工作需要必须与船员近距离接触的，尽量选择在室外空间，做好个人防护，保持安全社交距离；人员要相对固定、实施备案管理，并按规定定期进行核酸检测。所有工作人员上岗时应穿戴岗位特性所需的防护用具，工作期间保持安全社交距离。

表 2　邮轮港恢复运营期间工作人员防疫要求

岗位类别	N95/KN95 防护口罩	医用防护口罩	护目镜/面罩	一次性防护服	隔离服	医用橡胶手套	一次性鞋套	一次性条形帽
登船桥操作员		√				√		
装卸设备操作员		√				√		
系缆工		√				√		
装卸工（国内物资）		√				√		
装卸工（国际物资）	√		√		√	√	√	√
客服人员		√				√		
安保人员		√				√		
保洁人员		√				√		
应急处置人员	√		√	√	√	√		√
后勤保障人员		√				√		

四　港区公共卫生管理

（一）环境卫生管理要求

加强航站楼环境通风，安检大厅、通关大厅、候船大厅、会议室、办公区等空间区域配置酒精、免洗手消毒剂等用品，定时开窗通风，保持室内空气流通，通风频率每日不少于 3 次，每次不少于 30 分钟。做好记录、形成台账。正确使用空调，首选自然通风。如使用空调应保证空调系统供风安全，保证充足的新风输入，所有排风直接排到室外。未使用空调时应关闭回风通道。保持环境整洁卫生，及时清扫转运垃圾。配合有关单位做好国际航行船舶生活垃圾的转运和处理。

（二）消毒管控要求

所有消毒工作参照《公共场所新冠病毒感染的肺炎卫生防护指南》等

有关要求执行,根据需要进行预防性清洁消毒,对于旅客聚集重点区域每天至少两次环境消毒。高频接触物体表面(电梯间按钮、扶手、门把手、服务台、座椅、栏杆、电子触摸屏等)增加消毒频次,每两小时消毒 1 次,用含有效氯 250mg/L~500mg/L 的消毒剂进行喷洒或擦拭,也可使用消毒湿巾进行擦拭。切勿将含氯消毒液和酒精消毒液混用。为旅客和工作人员配备免洗手消毒液。提供旅客使用的轮椅等物品,做到"一客一消毒"。

每日运营结束后,对客运工作现场、垃圾桶等区域及设施进行湿式清扫,并进行全方位消毒,保持干净卫生。对重点区域办票柜台、行李托运提取区、安检区等进行消毒处理。

港区接送旅客的短驳车应在每次使用后都进行消毒,消毒主体责任由车辆使用单位负责,方法及消毒剂选择可参见《公共交通工具消毒操作技术指南》。如条件允许,短驳车应开窗低速行驶,保持自然通风。通过增加班次,尽量保证乘客间隔,避免人员聚集。每日停运后进行预防性消毒,采用擦拭或喷洒消毒法对吊环、扶手、座椅等旅客高频接触物表进行重点消毒,轮胎、外表面如无明确污染,均无须消毒。如搭载过疑似病例、确诊病例、无症状感染者或环境核酸阳性、密切接触者应由第三方公司进行终末消毒。

对登船桥桥厢、行李笼、行李推车等服务设备应在作业完成后进行全面消毒;对托板、箱、网罩、绑带等集装器应在作业完成后进行全面消毒;对叉车、邮轮岸边装卸车等装卸设备应在作业完成后进行全面消毒;所有作业设施设备的消毒应做好台账记录。

消毒作业尽量避开作业时间,并对清洁消毒情况进行公示。每个区域使用的保洁用具要分开,做到专区专用、专物专用,避免交叉污染。喷洒消毒液期间,喷洒区域要保证相对密闭,以达到消毒效果,喷洒消毒液 20 分钟后,安排人员开窗通风,至少 10 分钟后,空间区域恢复正常使用。

(三)港区废弃物处置

加强废弃物的分类管理,对固体废弃物、液体废弃物、可疑症状者/密切接触者/疑似病例/确诊病例的生活垃圾、粪便等进行即时消毒处理并按规定分类处置。设置专用的个人防护用品丢弃垃圾桶，并按规定处理，高风险岗位人员重复使用的防护用品应统一收集并进行规范消毒处理。医疗废弃物主要包括相关从业人员配备并废弃的口罩、手套、防护服、防护面罩、头/面罩、鞋套等防护用品，以及进口作业环节中产生的货物外包装、塑料薄膜等垃圾。邮轮作业现场须设置医疗废弃物专用收集容器。各责任主体单位对医疗废弃物实行定点统一收集，并聘请第三方专业机构对医疗废弃物进行集中无害处置。

在邮轮港恢复运营的过程中，邮轮港负责保障现场设施设备完好运行，负责对旅客做好宣传通告，协助组织现场处置和控制、维护港区秩序、关闭或开启各出入口通道；调度现场人力物资、协助病人转运隔离、配合海关提供相应的医疗急救服务；负责公共区域消毒处理；根据相关部门要求提供人员信息及安置人员等。属地政府部门要组织协调各相关部门，保持沟通有效，形成工作合力。协调解决突发事件应急处置所需的医疗设备、救治药品、医疗器械、专业防护用品等物资的供应及人力资源问题，落实密切接触者及一般观察者的集中医学观察场所。同时卫生、海关、边检等部门做好各项保障工作，为邮轮港恢复运营提供支持。

参考文献

汪泓主编《中国邮轮产业发展报告（2021）》，社会科学文献出版社，2021。

汪泓主编《中国邮轮产业发展报告（2020）》，社会科学文献出版社，2020。

汪泓主编《中国邮轮产业发展报告（2019）》，社会科学文献出版社，2019。

汪泓主编《中国邮轮产业发展报告（2018）》，社会科学文献出版社，2018。

汪泓主编《中国邮轮产业发展报告（2017）》，社会科学文献出版社，2017。

董子忱：《我国邮轮港口的地位与作用》，《中国港口》2022年第9期。

周浩：《中国邮轮产业2021年回顾与2022年展望》，《中国港口》2022年第2期。

张瑞珍：《从新冠肺炎疫情防控看我国邮轮卫生安全监管》，《水运管理》2022年第2期。

苏翔、徐叶薇：《中国消费者豪华邮轮需求偏好识别研究》，《经营与管理》2021年

第 12 期。

孙晓东、林冰洁：《中国邮轮产业有形之手：政策创新与产业演化》，《旅游科学》2021 年第 6 期。

李珊英：《基于网络文本分析的邮轮产品感知形象研究》，《旅游纵览》2021 年第 23 期。

孙新春、孙妍：《环南海国家邮轮产业合作路径研究》，《特区经济》2021 年第 10 期。

疫情下中国本土邮轮发展路径研究

沈大东*

摘　要： 2020 年突袭而至的新冠肺炎疫情严重影响到我国本土邮轮旅游发展，全球邮轮发展也陷入停滞状态。至今，人们尚未研制出能够有效预防新冠病毒的疫苗或药物，使得全球疫情大流行仍看不到结束的迹象。因此，疫情下，我国本土邮轮发展需要寻找新的出路，尽可能改变长期停滞的状态。为此，本文通过分析疫情下我国本土邮轮旅游发展现状，提出可能的本土邮轮发展路径，试图谋求本土邮轮新发展。

关键词： 本土邮轮　船队　出境邮轮游

突袭而至的新冠肺炎疫情快速蔓延全球。截至 2022 年，全球仍然笼罩在疫情的阴霾下，全球经济遭遇了继 2008 年国际金融危机之后的又一次沉重打击，对于全球邮轮旅游而言同样如此，2020 年钻石公主号邮轮上出现游客集中式感染新冠病毒，并一度成为恐怖邮轮的代名词，随后全球邮轮公司纷纷宣布停航，邮轮市场陷入停摆。

2006 年，我国邮轮旅游市场随着外资品牌的纷纷进驻而正式宣告开启，疫情前我国邮轮旅游市场年均复合增长率达到两位数。经过十余年的发展，我国培育了邮轮旅游市场、健全了邮轮旅游市场规范。但疫情致使我国邮轮旅游市场的发展被中断，至今我国仍未恢复国内邮轮旅游的出境游。同时，

---

* 沈大东，上海汇世邮轮管理有限公司总经理，研究方向：邮轮经济。

疫情对于我国刚刚起步的本土邮轮而言，更是一次致命的打击。在疫情大流行背景下，我国邮轮旅游急需寻找新的发展路径，试图能够在疫情防控常态化下逐步开展有序运营，使产业恢复正常的运转。

一 疫情下中国邮轮旅游发展现状分析

（一）邮轮船队运营情况

疫情大流行以来，全球邮轮船队基本上处于停航状态。我国出境邮轮游产品迅速停航。在我国运营的邮轮以外资品牌为主，疫情后，我国便暂停了沿海出境邮轮游产品，我国邮轮旅游市场仍处于停滞状态。

当前外资品牌的邮轮船队正在步入全面复航的快车道，并率先在发达国家实现了正常化运营。我国疫情防控毫不动摇地坚持"动态清零"总方针，采取"外防输入，内防反弹"的政策，出境邮轮游至今仍未恢复，外资品牌的邮轮难以返回中国大陆市场。我国本土邮轮尽管在疫情期间购置了几艘邮轮，但由于悬挂外国旗，受到我国沿海运输条例的限制，无法进入我国沿海客运旅游市场，本土邮轮船队除"招商伊顿号"之外均处于停航的状态。短期内能否恢复运营一直是业内共同关心的话题。而"招商伊顿号"由于悬挂五星红旗，成为国内第一艘能够运营沿海客运旅游市场的本土邮轮，但疫情反复，使得"招商伊顿号"的运营同样陷入困境。

（二）邮轮消费市场情况

疫情下，我国全面暂停了国内出境邮轮游产品。2020 年初到 2021 年，国内邮轮运营全面停滞，邮轮旅游市场也同步停滞。2021 年我国本土邮轮船队中，招商局维京游轮公司通过购买邮轮并改挂中国五星红旗成为国内首艘五星红旗邮轮。"招商伊顿号"邮轮改为中国船籍之后，可以进入我国沿海客运旅游市场。根据我国《海商法》《国际海运条例》《国内水路运输管理条例》等的规定，外籍邮轮无法在我国沿海客运旅游市场开展运营活动。

因此，对于我国其他悬挂方便旗的外籍本土邮轮公司而言，难以获得沿海运输权从而进入沿海客运旅游市场。

疫情全球大流行以来，能够高效预防新冠病毒的疫苗尚未被研发出来，且同样不存在其他更高效的预防办法，使得人们的消费及出游意愿减弱。总体来看，疫情下国内邮轮旅游市场几乎处于停滞状态。招商局维京游轮公司于2021年购入邮轮并改挂中国国旗，随后开启了在我国沿海的运输航线，但其间由于疫情反复，"招商伊顿号"的运营之路也充满坎坷。疫情下我国邮轮旅游市场的发展充满不确定性。

二　疫情下中国本土邮轮旅游发展路径分析

（一）中国本土邮轮船队情况

2006年我国开启邮轮母港元年至今，邮轮旅游市场不断发展，外资邮轮品牌纷纷进驻并从事出境邮轮游产品的经营业务。与此同时，我国本土邮轮产业开始萌芽并成长，产业链上中下游逐步形成。

邮轮旅游在我国属于新兴市场、朝阳产业，得到来自国家层面的重视和支持。在我国十几年的邮轮旅游发展过程中，中方资本也开始涉足邮轮旅游产业各环节，尤其是邮轮运营环节。最早中方资本海航集团购入二手邮轮海娜号开启国内出境邮轮游产品的运营，随后携程凭借强大的旅游分销平台和获客优势进入邮轮旅游行业，并购置二手邮轮新世纪号用于运营国际航线。而后招商局和中船等大型央企积极布局国内邮轮旅游产业。

由表1可以看出，我国本土邮轮船队存续8艘，退役1艘，出售1艘。除了中船嘉年华拥有两艘邮轮以外，其他本土邮轮公司均拥有1艘邮轮，且基本上采取单船运营模式，相较于外资的新船、大船、多船运营模式而言竞争力要弱很多。同时，我国本土邮轮船队中，只有中船嘉年华拥有两艘吨位相对大的邮轮，达到8万多总吨，但是相对于外资品牌在我国投放的大吨位邮轮，如15万总吨以上的，中船嘉年华的这两艘邮轮的吨位也只有其一半

左右。整体来看，我国本土邮轮船队呈现小吨位、老旧船、设计风格略显过时等特点。

表1 中国本土邮轮船队情况

单位：万总吨，人

序号	邮轮名称	所属公司	吨位	载客量	船旗国	状态
1	海娜号	海航邮轮有限公司	4.70	1965	巴拿马	退役
2	新世纪号	天海邮轮有限公司	7.15	1814	马耳他	出售
3	中华泰山号	渤海邮轮有限公司	2.45	927	利比里亚	存续
4	蓝梦之星号	上海蓝梦国际邮轮股份有限公司	2.45	927	巴哈马	存续
5	大西洋号	中船嘉年华邮轮有限公司	8.56	2680	意大利	存续
6	地中海号		8.56	2680	意大利	存续
7	鼓浪屿号	星旅远洋国际邮轮有限公司	6.98	1880	百慕大	存续
8	憧憬号	三亚国际邮轮发展有限公司	7.74	2222	百慕大	存续
9	世纪和谐号	重庆冠达世纪游轮有限公司	7.03	2643	巴拿马	存续
10	招商伊敦号	招商局维京游轮有限公司	4.78	930	中国	存续

资料来源：根据公开资料整理。

从表2可以看出，我国本土邮轮船队从入场到买船再到运营等经历了一系列的发展历程，其中既有民资资本的入场，也有国资资本的入场，同样也有国资与外资的合资或民资与外资的合资，抑或民资与国资的合资等形式。从发展趋势看，中方资本始终没有放弃邮轮市场，预估未来将会有更多的资本进入国内邮轮市场，共同推动我国邮轮产业的发展。

表2 中国本土邮轮相关发展事件

序号	资本性质	邮轮公司	时间	事件
1	民资	海航旅业	2011年底	海航集团从美国嘉年华集团购入"海娜号"
			2012年11月	成立海航旅业邮轮游艇管理有限公司,是中资最早入场的一家邮轮公司
			2013年1月	海航旅业麾下"海娜号"于三亚开启首航
			2013年9月	"海娜号"经历韩国扣押风波
			2015年	海航旅业的邮轮业务陷入停滞
			2016年	"海娜号"邮轮被出售

续表

序号	资本性质	邮轮公司	时间节点	发展历程
2	民资外资合资	携程集团	2013年12月	携程联合磐石资本等机构组建了中国第一家本土豪华邮轮公司——天海邮轮有限公司
			2014年9月	携程宣布其控股Skyseas公司下属全资子公司Exquisite公司与皇家加勒比游轮公司签约购入精致世纪号邮轮,并改名为"新世纪号",正式进军邮轮业
			2014年11月	皇家加勒比游轮公司入股
			2015年5月	天海"新世纪号"在上海吴淞口国际码头开启首航之旅
			2018年9月	天海邮轮宣布正式结束在中国市场的运营
3	国资	渤海邮轮	2014年2月	渤海轮渡在中国香港设立全资子公司"渤海邮轮有限公司",通过中国香港子公司从意大利歌诗达邮轮公司购买了"Costa Voyager"号邮轮,并更名为"中华泰山号",这是中国第一艘全资、自主经营、自主管理的豪华邮轮
			2014年8月至今	于烟台开启首航并运营发展存续至今
4	民资国资外资合资	太湖国旅	2015年7月	太湖国旅联合投资机构共同组建钻石邮轮国际公司
			2016年9月	"钻石辉煌号"邮轮从青岛开启首航
			2019年3月	"钻石辉煌号"被上海海事法院扣押并进行拍卖
5	国资	三亚国际邮轮	2015年12月	中交海投与中国港中旅集团合资设立三亚国际邮轮发展有限公司
			2017年8月	中国港中旅集团退出全部股权,中旅集团进入
			2018年2月	中旅集团退出全部股权,中交海投100%控股三亚国际邮轮发展有限公司
			2020年11月	三亚国际邮轮发展有限公司从公主邮轮公司购入"奥利安娜号"豪华邮轮,改名"憧憬号"
			2021年3月至今	"憧憬号"豪华邮轮驶入凤凰岛邮轮母港,靠泊在3号码头,并发展存续至今
6	民资国资合资	蓝梦邮轮	2016年8月	福建中运投资集团投资成立上海蓝梦国际邮轮股份有限公司
			2020年4月	购入被拍卖的"钻石辉煌号"并改名为"蓝梦之星号"
			2021年7月	青岛市北建设投资集团、舟山普陀交通投资发展集团与上海蓝梦国际邮轮股份有限公司签署增资扩股协议
			2021年8月至今	蓝梦之星首靠舟山群岛国际邮轮码头,至今尚未正式运营

序号	资本性质	邮轮公司	时间节点	发展历程
7	国资外资合资	中船嘉年华	2018 年 3 月	中船集团和嘉年华集团合资在中国香港成立中船嘉年华邮轮有限公司,双方持股比例分别为 60% 和 40%
			2018 年 11 月	中船集团与嘉年华集团签署了两艘在运营邮轮的购买合同,由中船嘉年华邮轮有限公司向嘉年华集团收购"歌诗达大西洋号"和"歌诗达地中海号"。同时宣布签署新船订单合同,在上海外高桥造船有限公司全新建造两艘 135500 吨位的 Vista 级邮轮,第一艘邮轮计划于 2023 年交付
			2019 年 8 月	中船嘉年华邮轮有限公司全资子公司中船嘉年华(上海)邮轮有限公司成立,落户上海宝山
			2020 年 1 月	中船嘉年华第一艘邮轮"大西洋号"在上海吴淞口交付
			2021 年 4 月	中船嘉年华第二艘邮轮"地中海号"交付
8	国资	星旅远洋邮轮	2018 年 5 月	中国旅游集团与中远海运集团合资成立星旅远洋国际邮轮有限公司
			2019 年 6 月	星旅邮轮成立全资子公司星旅远洋国际邮轮(厦门)有限公司
			2019 年 9 月至今	星旅远洋旗下首艘邮轮"鼓浪屿号"举行命名仪式,并开启首航,发展存续至今
9	国资外资合资	招商局维京游轮	2020 年 12 月	招商局集团联合维京游轮成立招商局维京游轮
			2021 年 4 月	"维京太阳号"邮轮在蛇口海关办理进境通关手续,正式入境靠泊蛇口邮轮母港,后续完成中国国籍注册,成为中国第一艘悬挂五星红旗的豪华邮轮
			2021 年 6 月至今	"维京太阳号"更名为"招商伊敦号",在深圳蛇口邮轮母港开启首航,并发展存续至今
10	民资	重庆冠达世纪	2020 年 10 月至今	购入嘉年华公司的"魅力号",更名为"世纪和谐号",并发展存续至今

资料来源:汇世邮轮公司。

（二）疫情下中国本土邮轮发展路径分析

1. 发展指导思想

我国本土邮轮旅游发展面临着强势且几乎处于垄断地位的外资邮轮品牌，为此需要强化统一认识，共谋发展。我国本土邮轮目前只有 8 艘，均为二手小旧邮轮，且分布在不同本土邮轮企业中，相较于外资邮轮品牌旗下多艘邮轮同时运营，能够发挥规模优势而言，我国本土邮轮小且分散，不利于形成一支强有力的邮轮队伍，各自单船独立运营，难以形成规模优势，尤其是在我国本土邮轮企业处于起步阶段，更需要统一规划布局，增强本土邮轮船队的整体抗风险能力和韧性。

因此，在疫情下，我国本土邮轮需统一认识，共谋发展，尽量避免本土邮轮的"单打独斗"。

2. 发展具体路径

（1）构建邮轮供应链体系

邮轮产业具有较大的经济价值，尤其是邮轮产业链上游的设计建造行业，更能拉动和带动相关配套产业发展，辐射产业范围广，建造一艘邮轮所需的零部件数量高达 2000 万~3000 万个，比制造大飞机所需要的零部件数量还要多，可见邮轮建造难度之大，延伸的产业链条之长。与欧美等发达国家的邮轮设计建造产业相比，我国邮轮设计建造产业几乎处于空白状态，这对我国构建本土邮轮供应链体系而言很不利。全球豪华邮轮新造船订单基本上被欧洲几家邮轮造船厂所垄断，且其邮轮建造所需零部件的本土化率均在90%以上，为当地与邮轮相关的配套行业带来了较好的经济效益和社会效益。相反，目前我国本土邮轮产业发展还处于初级阶段，邮轮配套供应链体系尚未建立，与欧美成熟的邮轮供应链相比存在较大的差距。因此，在本土豪华邮轮设计建造方面，尽管我国已开始自主建造豪华邮轮，但是很多零部件需要从国外进口，本土化率较低。可见，加快推动构建我国自主邮轮的设计建造供应链体系，对组建我国本土豪华邮轮船队、参与全球化运营有重要的支撑和促进作用。疫情下，加快构建我国本土邮轮供应链体系，能够为我

国本土邮轮恢复运营提供助力，并对未来参与全球市场竞争起到很好的支撑作用。

（2）完成邮轮自主设计建造

疫情下我国本土邮轮建造正在有条不紊地推动中。同时《中国邮轮旅游发展示范区三年行动计划》明确提出"两个突破"，即突破本土邮轮船队发展和邮轮自主设计建造。我国发展本土邮轮旅游产业相较于外资邮轮品牌而言，难度较大。欧洲几大邮轮造船厂经过多年的发展已形成成熟稳定的供应链体系，能够有效降低新造船成本并保证新造船质量。我国本土邮轮若要想实现快速发展，参与被外资邮轮品牌垄断的国内邮轮游市场，就必须要有自己的邮轮船队，尤其是在价格方面要形成新的竞争优势。因此，加快完成自主邮轮设计建造，形成自主邮轮设计建造知识产权，在构建本土邮轮设计建造供应链体系的基础上降低新造船成本，形成竞争优势，为我国本土邮轮更好地发展提供保障。

（3）组建本土邮轮船队

截至 2020 年，我国本土在营邮轮 5 艘，待交付邮轮 1 艘，在建邮轮 4 艘，到 2025 年预计将有超过 10 艘邮轮投入运营，形成 10 艘以上船队规模（跟国外相比仍很小）。在我国大力构建邮轮全产业链生态系统的背景下，加快组建本土邮轮船队是至关重要的一环，邮轮船队规模直接影响到我国邮轮产业的国际竞争力。为此，未来五年，需加快出台有针对性的本土邮轮财政、税收扶持政策，并积极借助社会资本力量，设立全国邮轮产业发展基金，吸引社会资本投向邮轮设计建造及组建本土船队等，切实加快实现我国本土邮轮船队的规模化运营，积极参与全球邮轮市场，发挥邮轮产业对我国国民经济发展的正向拉动作用。

（4）培养邮轮运营核心团队

邮轮运营人才是提升邮轮企业运营效率、降低运营成本、增加企业利润的核心要素。就目前我国邮轮企业发展情况来看，国内尚未形成大型豪华邮轮运营核心团队，国内校企联合培养对象以邮轮服务人员为主，对中高端邮轮运营管理人才的培养较少见，这也是制约我国本土邮轮产业发展的重要因素，迫使我国大型豪华邮轮被迫交由国外成熟的邮轮运营管理团队负责且需支付大笔运营管理服务费用。未来五年，随着我国本土邮轮船队规模不断壮大，邮轮运营管理人才缺口也将逐渐增大。为此，我国需加快培养邮轮运营管理人才。一方面采用国内外联合培养模式开展邮轮中高端运营管理人才培养。输送人员进入国外邮轮运营管理团队，充分学习他国邮轮先进运营管理经验，而后回国效力本土邮轮运营商，并培养下一代核心运营管理人才，这种模式的周期较长。另一方面可以直接雇用国外邮轮运营商、成立中外合资邮轮运营公司，通过人员交流快速学习国外邮轮的先进运营管理经验，帮助本土邮轮运营团队快速成长，这种模式的周期相对较短且见效快。

（5）邮轮产品创新及市场开发

邮轮作为一种旅游产品，其价值直接决定了市场规模。邮轮旅游产品的价值也决定了船票价格。当前我国邮轮旅游市场已进入稳定发展期，2017年接待出入境邮轮游客达到顶峰，为494.82万人次，随后出现下降趋势。由此可见，邮轮市场的吸引力出现明显减弱的趋势，需重新审视邮轮产品及消费者心理。为此，在未来五年内需积极加大邮轮产品创新力度，尤其是本土邮轮需要通过产品创新来提升价值，将吸引力价值变成现实价值。邮轮产品创新需要打破常规观念，真正激发市场需求。

（6）开展国内国际双循环运营

一是世界正处于百年未有之大变局，亚太地区在世界经济发展中具有举足轻重的地位。RCEP的达成为加快建立亚太自贸区（FTAAP）提供了助力，进一步提升了亚太地区今后在全球发展中的分量。此次签署RCEP的共有15个成员国，包括东盟10国和中国、日本、韩国、澳大利亚、新西兰，总人口达22.7亿，GDP达26万亿美元，出口总额达5.2万亿美元，约占全球总量的30%。RCEP自贸区的建成，意味着全球约1/3的经济体将形成一体化大市场。RCEP的达成也为我国本土邮轮"走出去"参与国际市场运营提供了宝贵的时机和广阔的市场。为此，未来五到十年，本土邮轮公司要充分把握旅游业是区域市场一体化建设中的先导产业的机遇，积极将邮轮旅游打造成为连接RCEP各成员国之间的移动人文纽带，加快"走出去"步伐，

加快邮轮产业发展。

二是"一带一路"倡议旨在实现沿线国家的互联互通,"21世纪海上丝绸之路"西线旨在联通太平洋—印度洋—红海—地中海各支点,实现中国—东南亚—南亚—西亚—北非—欧洲的联通。"21世纪海上丝绸之路"南线旨在联通中国—东南亚—大洋洲地区。我国本土邮轮"走出去"高度契合"21世纪海上丝绸之路"建设内涵,通过邮轮这个海上移动的人文纽带推动沿线各国家和地区间的经济贸易发展。为此,未来五到十年,以"海丝"为连接点有序开发海上丝绸之路邮轮航线和产品,同时融入"泛南海邮轮旅游圈",促使邮轮产业发展成果更多地惠及沿线国家。邮轮旅游产业是构建海洋命运共同体的重要经贸项目载体和人文纽带,且见效快、标志性作用突出。倡导"21世纪海上丝绸之路"建设中的邮轮旅游发展,将进一步巩固和突出区域经济合作的"主旋律",增加中国与周边国家的利益契合点,塑造良好的周边环境。

三 对策建议

(一)创新政策服务本土邮轮发展

疫情下,我国发展本土邮轮旅游需在政策层面也有相应调整,如税收政策,对于我国本土邮轮企业给予相应的进口关税及增值税等税收优惠减免,鼓励本土邮轮企业改挂中国国旗,从事我国沿海多点挂靠邮轮旅游运营业务;或者暂时性调整海商法,允许方便旗客船在疫情期间运营我国沿海游航线,为本土邮轮企业提供暂时性纾困。

(二)强化统一认识和加强高层领导

对于疫情期间我国本土邮轮旅游发展而言,本土邮轮产业需要加强统一布局,鼓励本土邮轮企业组建联盟,形成统一船队开展运营。

参考文献

汪泓主编《中国邮轮产业发展报告（2021）》，社会科学文献出版社，2021。

汪泓主编《中国邮轮产业发展报告（2020）》，社会科学文献出版社，2020。

汪泓主编《中国邮轮产业发展报告（2019）》，社会科学文献出版社，2019。

汪泓主编《中国邮轮产业发展报告（2018）》，社会科学文献出版社，2018。

汪泓主编《中国邮轮产业发展报告（2017）》，社会科学文献出版社，2017。

罗慧镇、徐海兰：《基于感知价值与风险的邮轮旅游者重游意向研究》，《四川旅游学院学报》2021 年第 2 期。

黄东伟、张卫、刘永俊、王洪滨、顾洋：《欧洲国家豪华邮轮涂装建造工艺》，《船海工程》2021 年第 1 期。

安晨曦：《海南自贸港邮轮旅游纠纷非诉解决机制》，《海南热带海洋学院学报》2021 年第 1 期。

徐房茹：《涉外邮轮旅客人身损害赔偿案件法律适用分析——中美比较法视角》，《中山大学青年法律评论》2020 年第 5 期。

石垚、叶欣梁：《2006 年以来中国邮轮母港时空格局演变和产业聚集形成研究》，载《2021 中国旅游科学年会论文集》，2021 年 4 月 23 日。

余有勇：《旅游业公共卫生危机管理能力提升路径研究——国内外邮轮复航的经验与启示》，《中国应急管理科学》2021 年第 4 期。

赵立祥、谢子轶、杨永志、高振迪、计明军：《基于收益管理的邮轮客舱分配与定价模型》，《中国管理科学》2022 年第 1 期。

G.7

推动中国邮轮经济恢复和重振路径研究

梅俊青　王前锋*

摘　要： 邮轮产业是黄金水道上的高端产业，包含装备制造、港口运营、旅游观光休闲、商业贸易等多个领域，向上涵盖研发设计、先进制造，向下衔接旅游消费、服务管理，产业链条很长，协同空间巨大。经过十余年的探索发展，中国邮轮经济取得长足进步，创造了国际邮轮经济发展的新标杆，成为引领全球邮轮经济发展的亚洲新动能。邮轮经济是中国沿海经济发展的新方向，应发挥我国沿海城市国际化水平高、改革先行的环境优势，全面接轨国际规则，持续推进沿海城市更高水平的对外开放，推动邮轮经济恢复，打造国家新名片。新冠肺炎疫情给邮轮市场造成毁灭性打击，邮轮公司损失巨大，中国邮轮产业也受到严重影响，但中国企业积极应对挑战，招商局集团、中交建集团等加速收购国外邮轮公司及港口步伐，我国大型国产邮轮建造稳步推进，但也存在诸多急需解决的瓶颈，为此应加大对我国邮轮产业发展的政策支持力度。

关键词： 邮轮经济　沿海经济　邮轮公司

全球疫情防控取得明显成效，全球邮轮业加速复苏，自 2020 年 7 月开始，美国、加拿大、英国、西班牙、意大利、澳大利亚、沙特阿拉伯和新

* 梅俊青，硕士，上海吴淞开发有限公司，研究方向：邮轮经济；王前锋，博士，上海工程技术大学管理学院讲师，研究方向：战略创新管理、邮轮航运管理。

加坡等 100 多个国家和地区已重新开放邮轮市场。至今已有嘉年华邮轮、皇家加勒比国际游轮、诺唯真游轮等邮轮公司的邮轮全部复航，甚至积极部署 2023 年、2024 年各大区域邮轮航线，为推动邮轮市场振兴提供了有力的支撑。自复工复产以来，上海外高桥造船有限公司在"疫情防控+复工复产"模式下，国产首制大型邮轮工程每周都有新突破，将于 2023 年 9 月交付。第二艘国产大型邮轮建造也于 2022 年正式开工。中船邮轮自主开发的 15 万总吨级大型邮轮，获得意大利船级社原则性（AIP）认可证书，这是我国首次拥有完全自主知识产权的大型邮轮，打破了国外在该领域长期的技术封锁。中船嘉年华邮轮公司是中船邮轮打造产业生态体系的龙头企业，积极开展邮轮运营能力建设，延伸邮轮产业链，力争成为具有全运营能力的中国邮轮旗舰企业。

一　中国邮轮经济发展形势分析

（一）我国邮轮旅游需求旺盛，但市场供给主要是外资

中国邮轮产业发展始于 2006 年国际邮轮公司入驻并开拓旅游市场，邮轮旅游这一新兴旅游产品受到我国游客的青睐，市场高速增长，年均客运量增速保持在 40% 以上，中国客源市场规模跻身全球第二，成为全球第一大新兴市场，邮轮旅游逐步成为我国人民群众追求美好生活的重要内容。美国皇家加勒比游轮公司、美国嘉年华集团、美国诺唯真游轮集团、欧洲地中海邮轮占据了 95% 以上的中国市场份额，并且都选派了全球最新、最大的邮轮抢滩中国市场，中国本土邮轮品牌面临巨大生存压力。

（二）中国企业扩大邮轮产业投资，面临诸多政策瓶颈

2013 年以来，虽然有海航集团、携程集团等中资企业参与市场竞争，但基本上是从外资邮轮公司购买二手邮轮，邮轮普遍存在吨位小、船型老旧等问题，致使先后有几家中资邮轮公司宣告破产。近三年，我国大型央企中

船集团、招商局集团、中国旅游集团、中远海运集团、中交建集团等加快布局邮轮产业，纷纷组建本土邮轮船队，强化邮轮港口建设，但同时存在资源分散、重复建设、过度竞争等问题。

但邮轮产业政策有待完善，有些将货运船的相关政策直接套用在邮轮上，邮轮购置税费、项目经营、船员配置等方面政策需要完善，特别是悬挂五星红旗邮轮面临报废年限短、税收成本高、产品设计稀缺等制约因素，本土邮轮企业在运营中面临较多限制，致使发展受限。

（三）中国推动建造国产邮轮，配套体系依然依赖欧美

邮轮被誉为"造船皇冠上最耀眼的明珠"，制造难度远超航空母舰和大型 LNG 船，全球邮轮建造厂主要分布在欧洲芬兰、法国、意大利、德国等，它们掌握着邮轮建造的关键核心技术，拥有完整的邮轮修造供应链，成为世界豪华邮轮的主要供应商。邮轮建造技术难度大、进入门槛高，我国虽然是全球船舶建造强国，但是在邮轮建造方面缺乏经验和核心技术。首艘大型国产邮轮由上海外高桥造船有限公司研发建造，但由于邮轮建造核心零部件技术缺失，尚未形成成熟的邮轮配套服务，首艘邮轮建造技术与配套服务主要依赖外方，成本较高。

二 中国邮轮经济面临困难与瓶颈

（一）尚未建立统一的邮轮疫情防控体系

目前国家层面并未出台邮轮疫情防控专项指南，各大邮轮公司根据自身情况制定了疫情防控方案，但尚未形成完善的邮轮疫情防控标准体系。当前全球疫情持续蔓延，国内也出现零星确诊病例，邮轮复航面临较大的不确定性。

（二）中资邮轮企业市场竞争能力较弱

从长期来看，拥有邮轮就拥有了市场的主导权，也是保证我国邮轮产业

行稳致远的关键。中国邮轮产业的发展需要有自己的船队作为强大的基础，即使部分外资邮轮选择减少运力，但依然有本土邮轮支撑。中资邮轮企业大部分是使用自有资金或融资租赁购置船只，虽具有绝对的运营控制权，但也面临经验不足、市场风险大等。本土邮轮品牌在邮轮运营管理、营销策略方面存在不足。

（三）航线单一制约中资邮轮发展空间

从中国华北地区母港航线的目的地国家来看，华北地区始发的邮轮100%挂靠日本，华北地区母港邮轮航线主要挂靠港为日本福冈、下关、鹿儿岛，华东地区邮轮母港航线挂靠最多的是日本大阪，华南地区邮轮母港航线挂靠频次最高的是日本那霸/冲绳、宫古岛。中国运营的邮轮航线在各国港口挂靠总体频次上，挂靠日本港口占比70%左右，东南亚航线占比30%左右。

三　推动中国邮轮经济恢复重振的对策建议

（一）加快建立健全邮轮疫情防控体系

加快建立统一的邮轮疫情防控标准体系，同时，港口所在地政府应建立部门间协作机制，建立邮轮疫情联防联控联动机制，坚持人物同防、多病共防，落实人员、物资、场地保障，确保"早发现、早报告、早隔离、早治疗"。邮轮港属地政府应发挥应急处置指挥协调机制作用，提升国际邮轮公共卫生管理能力，建立邮轮口岸传染病和疫情监测体系，成立联合评估工作组对邮轮防疫方案和设施进行评估，为应急处置工作提供专业指导和技术支持。邮轮公司作为市场运营主体，要根据邮轮结构特点和卫生防疫工作现状，制定适应疫情防控要求的工作标准。

（二）加强邮轮产业顶层规划

邮轮经济是海洋经济发展中的新兴产业，所需研发周期长、资金规模

大、投资风险高，目前尚没有清晰的整体布局，缺乏总体产业规划，应将发展邮轮产业提升至国家战略高度，组建覆盖邮轮研发、设计建造、供应链运营的专业化大平台，打造中国邮轮产业的国家队与主力军。加大对大型央企和地方国企投资邮轮产业的支持力度，邮轮产业是高度资本密集型产业，邮轮购置、邮轮港口建设、大型邮轮建造等方面均需巨额资金投入，且面临较大的风险，央企在邮轮产业投资方面存在较多顾虑，甚至因此错失良好的投资机会。应完善邮轮产业投资管理体系，加大对合理投资的支持力度，建立完善的邮轮金融服务体系。邮轮产业在我国正处于起步阶段，加上我国的金融市场尚不成熟，针对邮轮市场发展的研究基本未涉及金融领域，应吸引多方资本，成立邮轮产业发展基金，运用金融手段、依靠各类金融衍生品服务我国邮轮经济发展，建立多元化投融资体系。

（三）支持中资邮轮探索航线创新

在五星红旗邮轮未投入运营前的过渡期，试点推动中资方便旗邮轮开发沿海游、公海游航线。中资邮轮通过运营东北亚航线、东南亚航线、海上游航线、"一带一路"航线等，形成国内外立体航线组合，增加邮轮收益和品牌价值。本土邮轮公司在维持日韩等常规航线的基础上，配合港口开发，适时推出新航线，实现海空联动。邮轮新航线的开发可主要围绕南沙、海南、青岛、舟山等进行布局，并逐步开发更多的国内港口航线。以近海邮轮为依托，以游客需求为基础，从始发港出发，串联海南岛沿海最具特色的旅游资源，形成系列旅游产品，增加海南岛旅游产品的市场影响力。

（四）加快完善邮轮发展配套体系

加快推动完善邮轮配套服务设施，进一步完善功能布局，形成旅客等候—商业休闲—口岸通关—交通组织四者相互依存的能动关系。以邮轮产业为依托，促进水上旅游发展，借助区位优势和自然条件发展游艇、游船产业，形成"三游"产业集群。扩大邮轮旅游配套产业外延，与地区服务业联动发展，构建新地区中心，完善地区设施配套，挖掘土地使用潜力，提升使用效率，促进地区的可持续发展。

参考文献

汪泓主编《中国邮轮产业发展报告（2021）》，社会科学文献出版社，2021。

汪泓主编《中国邮轮产业发展报告（2020）》，社会科学文献出版社，2020。

汪泓主编《中国邮轮产业发展报告（2019）》，社会科学文献出版社，2019。

汪泓主编《中国邮轮产业发展报告（2018）》，社会科学文献出版社，2018。

汪泓主编《中国邮轮产业发展报告（2017）》，社会科学文献出版社，2017。

余有勇：《旅游业公共卫生危机管理能力提升路径研究——国内外邮轮复航的经验与启示》，《中国应急管理科学》2021年第4期。

赵立祥、谢子轶、杨永志、高振迪、计明军：《基于收益管理的邮轮客舱分配与定价模型》，《中国管理科学》2022年第1期。

吴琼、张永锋：《新冠肺炎疫情对邮轮经济的影响机制和政策分析》，《交通运输工程与信息学报》2021年第1期。

金雪、於世成：《后疫情时代国际邮轮复航的风险与对策思考》，《对外经贸实务》2021年第3期。

孙新春、孙妍：《环南海国家邮轮产业合作路径研究》，《特区经济》2021年第10期。

于萍：《邮轮应急疏散过程建模、模拟与布局优化分析》，《中国安全科学学报》2021年第9期。

张石俊：《基于长三角一体化邮轮旅游产业的发展路径》，《中国集体经济》2021年第26期。

G.8
国际邮轮的临时性政策及启示

谢 燮*

摘　要： 新冠肺炎疫情期间，包括美国、英国、巴西、新加坡和印度在内的多个国家针对国际邮轮出台开放海上无目的地航线、沿海游航线以及技术性停靠航线等相关政策，以支持邮轮业发展。本文介绍了这些国家的相关政策，总结了相关的启示，并提出了具有建设性的建议。

关键词： 国际邮轮　临时性政策　海上无目的地航线

新冠肺炎疫情可谓是百年以来邮轮业遭遇的最大挑战，"百年未有之大变局"用在邮轮业再合适不过。在国际邮轮因疫情管控而难以全面复航的情况下，临时性对挂方便旗的邮轮开放海上无目的地航线、沿海游以及实行技术性停靠，是疫情期间多个国家所采取的政策创新。本文简单介绍了美国、英国、巴西、新加坡、印度在疫情期间的政策创新，并提出了相应的启示和建议。

一　美国对国际邮轮开放阿拉斯加航线

根据美国《客船服务法》（*Passenger Vessel Service Act*）规定，邮轮公司在运营涉及两个或多个美国港口之间的航线时，需挂靠一个外国港口，以符

---

* 谢燮，博士，交通运输部水运科学研究院邮轮游艇发展首席研究员，研究方向：邮轮经济。

合美国法律规定。以阿拉斯加航线为例，悬挂外国旗的邮轮从西雅图启航后，虽然目的地是阿拉斯加的诸多港口，但在整个航程中必须中途停靠加拿大温哥华或者维多利亚港。美国允许邮轮从2021年6月起恢复运营，但加拿大的邮轮禁令延续至2022年2月，邮轮公司因此不能停靠阿拉斯加航线上的加拿大港口。考虑到疫情对旅游及邮轮行业的重大影响，2021年5月美国总统签署了参众两院通过的《阿拉斯加旅游业恢复法案》（*Alaska Tourism Restoration Act*），允许邮轮由华盛顿州航行至阿拉斯加州，无须经停加拿大。该法案是美国在疫情的特殊情况下针对其沿海运输权的限制所做出的临时性调整，促进了阿拉斯加旅游经济的恢复，并帮助重振邮轮旅游。美国在向外国籍邮轮开放沿海航线时，并没有根据邮轮公司的资本结构实行差别对待，阿拉斯加航线开放提案中列明了51艘首批复航的邮轮名单，其中美资邮轮有45艘，外资邮轮6艘。

需要指出的是，美国沿海运输限制法并不涉及美国领海之外的海上无目的地航线，这也是英国、澳大利亚、新加坡通行的做法，在欧洲亦是如此。

二　英国开放其岛屿之间的航线

2021年5月，英国政府对国际邮轮公司开放了水域，意味着国际邮轮公司获批可在英国运营本土航线。一些公司从7月初开始运行从南安普顿出发，经爱尔兰海前往利物浦、苏格兰等北方旅游目的地的航线。"地中海华彩号"成为英国停航一年多以来首艘复航的邮轮。根据有关信息，曾有11艘邮轮运营环绕英伦三岛的航线。在这些邮轮中，除了半岛东方英国邮轮公司的邮轮"不列颠尼亚号"挂英国国旗以外，其他的邮轮均悬挂方便旗。

半岛东方英国邮轮公司有10艘邮轮，其中5艘邮轮挂英国旗，4艘挂百慕大旗，1艘新造邮轮尚未确定船旗。在挂英国国旗的邮轮不愿意运营英国沿海航线的情况下，英国政府对国际邮轮开放了其沿海市场，极力推动邮轮市场复苏。在疫情的特殊时期，国际邮轮公司可以临时在英国的沿海市场开展运营活动，这是英国政府针对邮轮市场监管的变通之策。

值得注意的是，上述 11 艘邮轮中，有一艘邮轮运营的是海上无目的地航线，即"星空公主号"。"星空公主号"从南安普顿港出发，向西航行，沿着法国的西部和南部海面航行一圈后返回。

三 巴西开放其国内航线

巴西 2021 年 11 月允许邮轮复航，条件是各运营商必须执行严格的防疫制度。有 5 艘国际邮轮在巴西的东海岸运营。这 5 艘邮轮停靠 3～5 个巴西港口，属于巴西的沿海航线。其中，有 4 艘邮轮以圣保罗为始发港。

巴西 2018 年总人口为 2.09 亿，人均 GDP 为 8920 美元，不算是一个较大的邮轮市场。尤其是，巴西周边的目的地并不多，没有航距合适的特色小岛，稍远的非洲又很难引起消费者的兴趣。如果西班牙、葡萄牙的疫情可控，从西班牙、葡萄牙港口出发到达巴西港口的航线深受国际游客喜爱，这样的航线通常是 10 天以上的单程。疫情下巴西开放国际航线变得非常困难。在欧洲疫情严重时，巴西仅运营国内沿海航线是不得已而为之的安排。需要注意的是，这些邮轮都挂方便旗或者意大利旗。

四 新加坡开放海上无目的地航线

新加坡较早就向国际邮轮开放了海上游航线，2020 年 11 月 30 日批准了皇家加勒比游轮公司的"海洋量子号"邮轮运营"无目的地海上游"航线。

新加坡政府与皇家加勒比游轮公司共同制定了严谨周密的防控措施，并且在实施过程中邮轮公司严格遵守了各项要求，加之"海洋量子号"邮轮（包括 2022 年 4 月 11 日加入新加坡航线运营的"海洋光谱号"邮轮）本身的硬件条件非常优越，从而保障了这两艘邮轮在新加坡运营期间整体平稳有序，圆满实现了"安全复航"的目标。

据统计，从"海洋量子号"2020 年 11 月 30 日在新加坡率先重启第一个"无目的地海上游"航次到 2022 年 6 月 30 日"海洋光谱号"顺利完成其在新加坡的最后一个"无目的地海上游"航次（之后"海洋光谱号"开始在新加坡运营前往马来西亚的常态化航线），这两艘邮轮共执行了 161 个"无目的地海上游"航次（其中"海洋量子号"137 个，"海洋光谱号"24 个），共有 27.6 万人次的新加坡当地旅客搭乘这两艘邮轮完成了航行（其中"海洋量子号"搭载了 21.3 万人次，"海洋光谱号"搭载了 6.3 万人次）。

"海洋量子号"和"海洋光谱号"在新加坡"无目的地海上游"航线的成功运营，为该地区国际邮轮产业的重启和复苏奠定了坚实的基础，积累了丰富的经验。更重要的是，新加坡模式的成功，用实例和数据有力地证明了"无目的地海上游"具备高度的安全性、可控性及实际可操作性。中国可以借鉴新加坡的成功经验，将"无目的地海上游"作为邮轮安全复航的第一步予以考虑并推行。

五 印度的海上无目的地航线、沿海航线和技术性停靠航线

在印度的沿海，有一艘挂巴拿马国旗的邮轮，即"科迪拉皇后号"，[1] 正在运营沿海游和海上游航线。这些航线最短 2 天，最长 5 天。有的是始发港和抵达港相同的海上游航线，有的是港口不同的沿海航线，有的是在斯里兰卡亭可马里港的技术性停靠[2]航线，有的是在印度西部拉克沙群岛挂靠的航线。这些航线包含了印度东西海岸值得旅游的诸多城市和海上目的地。

疫情前，国际邮轮公司并未深度挖掘印度邮轮市场，原因是：印度的邮

---

① 资料来源：https：//www.cordeliacruises.com/。

② 技术性停靠是指邮轮公司在发生区域流行病、海啸台风等其他不可抗力的情况下，为符合国际邮轮从事国际航线性质的要求，通常在国外特定港口指定水域进行短暂停留，无人员上下船，以电子信息交换的手段完成国外港口相关的海事、移民、海关等入出境手续，获得电子离港证后返回母港的停靠方式。

轮市场很难运营，有钱的印度人喜欢前往加勒比海或者地中海乘船旅行，本地的周边游市场容量并不大。而今，在疫情下，使用一艘船龄较大的二手邮轮来开拓印度的邮轮市场，并通过挂方便旗的方式来降低成本，有可能为印度游客提供价格较为低廉的邮轮服务，进而打开印度邮轮细分市场。根据资料，还不清楚这样的航线是疫情下的临时航线，还是常态化运行的航线。从目前的船期来看，航线已经规划到 2023 年 3 月。

六　启示及建议

疫情期间，各国的防疫政策各不相同，开通的国际航班也非常少，开通国内沿海邮轮航线、无目的地航线或者技术性停靠航线可以避免疫情跨国传播，有利于邮轮公司获得客源，并通过有限的运营积累疫情防控经验，为后续邮轮全面复航作准备。这也是疫情期间几个国家开放沿海航线的初衷。

可以看到，英国在疫情期间所开放的沿海邮轮航线中，"无目的地航线"只有一条，印度的"无目的地航线"数量也不多。无论是在疫情期间还是疫情前，"无目的地航线"并非是邮轮市场的主流。在全球邮轮市场中，只有中国香港、新加坡和马来西亚运营以博彩为主打产品的无目的地航线，其中中国香港的市场规模最大，每年的游客量接近 100 万人次。很多欧美游客乘坐邮轮时喜欢在船上寻求宁静自在的时光，认为邮轮本身就是目的地，不愿意到岸上去观光。然而，大多数游客还是希望邮轮航程中有停靠点，岸上观光是必选项。

根据全球邮轮发展历程以及各国在疫情期间的航线安排可以判断，中国市场一直在酝酿的"海上游"航线也应当是临时性的，规模不会太大，不会存在多艘邮轮运营的情况。"海上游"航线仅具有试验性价值，为后续的全面复航提供船上疫情防控经验，而并不会成为未来市场运行的常态。中国海南一直希望探索运营"环岛游"航线，而英国的"环岛游"航线是疫情期间的临时性安排，并没有成为市场的主流。

一是积极探索运营中国邮轮港始发的海上无目的地航线和技术性停靠航

线。中国在疫情管控方面成效显著，邮轮公司安装了较为齐备的防疫装备，并完善了疫情防控体系和预案，"安全泡"理论在实践中获得了很好的验证。可以判断，邮轮是全社会疫情防控最为严格的休闲娱乐空间。中国内河游轮自 2020 年 7 月起已经复航，国际邮轮也应积极探索在有限范围内的复航，如海上无目的地航线和技术性停靠航线。

二是鼓励国际邮轮探索临时性航线。疫情下开放海上无目的地航线和技术性停靠航线的目的是帮助邮轮行业安全重启，因而应该鼓励符合条件的国际邮轮参与运营这样的航线，不宜对外国籍邮轮的资本来源进行限制。

三是明确航线定位。疫情下开放的海上无目的地航线和技术性停靠航线，定位为临时性国际航线，这就不会牵涉到过多的政策创新，有利于尽快实现政策落地。同时要明确这样的航线是临时性的，待疫情结束便随即终止，因而不会对中国沿海运输权的相关政策形成"干扰"。

参考文献

汪泓主编《中国邮轮产业发展报告（2021）》，社会科学文献出版社，2021。

汪泓主编《中国邮轮产业发展报告（2020）》，社会科学文献出版社，2020。

汪泓主编《中国邮轮产业发展报告（2019）》，社会科学文献出版社，2019。

汪泓主编《中国邮轮产业发展报告（2018）》，社会科学文献出版社，2018。

汪泓主编《中国邮轮产业发展报告（2017）》，社会科学文献出版社，2017。

李超：《疫情常态化防控阶段邮轮行业发展及天津邮轮产业发展建议》，《中国港口》2022 年第 6 期。

徐珏慧：《中国邮轮业发展形势研判及沿海邮轮产品发展思考》，《中国港口》2022 年第 6 期。

李韵依：《"人类卫生健康共同体"视域下邮轮疫情防控的法律应对》，《广东社会科学》2022 年第 2 期。

周淑怡、叶欣梁、孙瑞红：《当"灰犀牛"遇到"黑天鹅"——网民对邮轮旅游负面事件的风险感知变化》，《中国生态旅游》2022 年第 1 期。

杨东伟、叶秉城、黄学彬、张建强、励沐歌：《海南自由贸易港建设背景下三亚邮轮港综合竞争力研究》，《科技和产业》2022 年第 4 期。

孙瑞红、周淑怡、叶欣梁：《双循环格局下我国邮轮客源市场空间格局与分级开发：基于引力模型的修正与应用》，《世界地理研究》2022 年 10 月 15 日。

易国伟、陈刚、刘佩、冯妮、李华军：《国产首制大型邮轮总装能力建设与产业发展研究》，《中国工程科学》2022 年第 2 期。

产 业 篇
Industry Reports

G.9
邮轮产业链的双链模型探讨与构建*

宋丹瑛　洪驷立**

摘　要: 本文首先依据邮轮产业现状与邮轮产业链模型研究文献,区分邮轮产业链的上、中、下游环节,提出邮轮产业的双链模型假设,并设计专家问卷。其次使用统计学方法分析问卷的信度、效度,利用独立样本进行 T 检验,分析构建模型中各产业环节,完成推断统计,进一步优化邮轮产业链模型。最后得出的结论表明:与其他产业不同,邮轮产业具有双链结构特征,而双链模型具有一定的合理性。

关键词: 邮轮产业　产业链　双链模型

---

* 基金项目:海南省哲学社会科学 2021 年规划课题基金[HNSK(ZC)21-106];海南省自然科学基金项目(项目编号:721RC596);海南自由贸易港邮轮游艇研究基地(HNCYRB 2022)。

** 宋丹瑛,博士,清华大学博士后,首批国家旅游局旅游业青年专家,海南热带海洋学院副教授、硕士生导师;洪驷立,海南热带海洋学院,研究方向:邮轮经济。

随着邮轮旅游的不断发展，邮轮相关研究日趋增加，邮轮产业逐渐进入研究者们的视野。邮轮产业链模型是产业发展的基础，其必要性不言而喻。我国关于产业链的研究从最初的农业、工业拓展到各个行业，邮轮旅游作为一种潜力型旅游模式，产业结构特殊，关于其产业链的研究不断增加。目前在经济学领域对产业链的研究较多，并从单一领域扩展到各行各业。

邮轮产业链的研究主要集中于邮轮供应链，对邮轮产业链整体构建的研究尚较薄弱。作为旅游的一种新业态，中国邮轮市场巨大，且邮轮产业链十分复杂，对邮轮产业链模型展开研究，有利于我国邮轮产业链优化，对促进邮轮产业发展有重要的意义。

一 文献回顾

（一）产业链的概念

从相关文献可以看出，国外较少使用产业链这个概念，通常围绕价值链和生产链相关方面进行研究。产业链的思想起源于西方古典经济学家。① 亚当·斯密在《国富论》中提出的社会分工理论是产业链理论的雏形。他认为生产中各环节之间的关联关系组成了生产链条。② 迈克尔·波特在《竞争优势》中从企业角度，将在特定产业内企业各种活动组合的概念称为价值链。③ 马歇尔在 20 世纪初将分工的范围由企业内部扩展至企业之间，并强调企业间分工协作的重要性，后来这被认为是产业链理论的真正起源。④

---

① 滕柯、张言庆、刘波：《产业链视角下中国邮轮业空间组织机理初探》，《资源开发与市场》2020 年第 7 期。

② 〔英〕亚当·斯密：《国富论》，唐日松等译，华夏出版社，2005。

③ 〔美〕迈克尔·波特：《竞争优势》，陈小悦译，华夏出版社，1997。

④ 牛立超：《战略性新兴产业发展与演进研究》，首都经济贸易大学学位论文，2011。

产业链是经济学的概念，涉及领域众多，是根据特定的时空布局和逻辑关系而客观形成的一种链条式形态的关联关系。[①] 在我国"产业链"一词最早是在 1900~1993 年傅国华立题研究海南热带农业发展课题中提出的。[②] 吴彦艳在研究产业链的构建升级时提出，国内产业链的研究分为三个阶段：第一个阶段是 1990~1996 年产业链理论萌芽阶段，研究集中在农业、林业等领域，没有明确的理论阐述；第二个阶段是 1997~2000 年产业链理论初步发展阶段，研究领域拓展到工业和企业；第三个阶段是 21 世纪以来产业链理论高速发展阶段，学术界、政府、企业都开始研究，并从不同的角度将理论用于指导实际的经济运行。[③]

（二）产业链的研究视角

产业链的研究视角极为广泛。从价值链角度，杜公朴、夏大慰认为产业链是连续的、有附加值的活动及价值链关系。[④] 从产业聚集的角度，蒋国俊、蒋明新提出产业聚集在一定区域内，其中一个产业因具备很强的国际竞争力而带动相关产业形成一种类似战略联盟的链条。[⑤] 吴金明、邵昶根据产业链内涵，从价值链、企业链、供需链、空间链四个维度阐述产业链的内涵，这四个维度在相互对接的过程中形成了产业链。[⑥] 从产业链发育的角度，潘成云对产业链的类型进行划分。产业链有四种类型，生产主导型、技术主导型、经营主导型、综合型。从形成诱因看产业价值链，分为政策诱致和需求内生两种类型，分别从产业价值链的独立性和适应性来分析。[⑦] 从供

---

① 袁艳平：《战略性新兴产业链构建整合研究》，西南财经大学学位论文，2012。

② 傅国华：《运转农产品产业链 提高农业系统效益》，《中国农垦经济》1996 年第 11 期。

③ 吴彦艳：《产业链的构建整合及升级研究》，天津大学学位论文，2009。

④ 杜公朴、夏大慰主编《现代产业经济学》，上海财经大学出版社，1999。

⑤ 蒋国俊、蒋明新：《产业链理论及其稳定机制研究》，《重庆大学学报》（社会科学版）2004年第 1 期。

⑥ 吴金明、邵昶：《产业链形成机制研究——"4+4+4"模型》，《中国工业经济》2006 年第4 期。

⑦ 潘成云：《解读产业价值链——兼析我国新兴产业价值链基本特征》，《当代财经》2001 年第 9 期。

应商之间的依赖程度看，企业和供应商的关系分为四种，即供应商垄断型、目标企业垄断型、相互依赖型和独立竞争型。产业链是一种供需关系。① 根据产业链内部企业与企业之间供求的依赖强度可将产业链划分为四种类型：资源型、产品型、市场型和需求导向型。② 从旅游的角度，张巧英分析了产业链内部结构，并以西安为例，认为产业链是一种跨企业有序化的组织结构，常常表现为企业多元化的整合能力，属于一种长期战略合作体。③

（三）邮轮产业链研究

针对邮轮产业链的研究，余有勇提出我国邮轮产业链不完整，且产业集聚效应不强，国内港口建设大多由地方政府和企业自主规划，没有形成合作发展态势。④ 邮轮方面的研究各有侧重，例如，罗玉杰、叶欣梁、孙瑞红将国内与国际邮轮产业的发展进行了对比，提出邮轮产业链分为上中下游。⑤ 蔡二兵认为邮轮产业链是链式分布的，分为上中下游，并通过专家打分法，探讨邮轮经济发展的驱动力。⑥ 与欧洲、美国对比可以得出，欧洲偏"技术型"，美国偏"资本驱动型"，而中国偏向"消费驱动型"。我国发展邮轮全产业链，需要依靠消费市场，以政策和港口建设为基础，向产业链上游、中游拓展，进而实现邮轮经济全产业链发展。孙妍基于产业链投入产出表测算邮轮经济产业关联度，从纵向角度将邮轮产业链划分为上、中、下游，邮轮建造属于上游产业，邮轮运营属于中游产业，邮轮下游产业包括港口、金融、旅游商贸服务。⑦

---

① 刘大可：《产业链中企业与其供应商的权力关系分析》，《江苏社会科学》2001年第3期。
② 李心芹、李仕明、兰永：《产业链结构类型研究》，《电子科技大学学报》（社会科学版）2004年第4期。
③ 张巧英：《基于产业链的西安旅游产业集群构建研究》，西安科技大学学位论文，2008。
④ 余有勇：《我国邮轮旅游产业发展形势研究》，《中国经贸导刊（中）》2020年第4期。
⑤ 罗玉杰、叶欣梁、孙瑞红：《我国邮轮产业发展的国际经验借鉴及对策研究》，《经济论坛》2019年第7期。
⑥ 蔡二兵：《产业链视角下中国邮轮经济的高质量发展》，《中国港口》2020年第4期。
⑦ 孙妍：《基于产业链投入产出表的邮轮经济产业关联度测算》，《统计与决策》2017年第19期。

此外，腾柯、张言庆、刘波对参与邮轮产业链各个环节的企业进行了研究，并绘制了我国邮轮企业结构演化趋势表，2019 年共 1230 家企业参与邮轮产业，处于运营配套环节的企业有 592 家，占比 48.13%，在消费服务环节的企业有 546 家，占比 44.39%，处于运营管理和设计制造环节的企业仅分别占比 5.2% 和 2.8%。[①] 从文献资料看，邮轮产业链是上中下游单线链式，学者对上游的界定相对统一，而对邮轮运营、港口服务等具体属于中游还是下游仍存在分歧。

二　邮轮产业链模型假设

（一）双线邮轮产业链体系构想

综观国内外邮轮产业发展，离不开两大主要产品，即"邮轮"与"港口"。两者相辅相成，具有极强的互补性，共同成为邮轮产业发展的必要条件。我国邮轮产业发展之初，邮轮建造技术相对落后于欧洲强国，因此在发展方向方面，突出港口建造优势。以建设邮轮"母港"为突破点的邮轮城市不胜枚举。

邮轮产业中的"邮轮"是推动产业发展的先决条件。没有邮轮，"邮轮产业"就无从谈起。因此，以"邮轮"为主线的产业链构建思路，成为目前的主流。

但从历史延续来看，"港口"的发展史远远超过"邮轮"发展史。在现代邮轮诞生之初，真正意义上的"邮轮港口"并不多见，多数是客运港口，甚至是由货运港口改造、扩建而成。在没有邮轮的情况下，许多"港口"具有航运功能，独立运营。港口与邮轮具有"互补性"的同时，也具有一定的"独立性"。因此，本文将"港口"视作单独一条产业链，进而提出双链模型假设。

本文假设的是"以邮轮为主线"和"以港口为主线"双线并行模式，

---

① 滕柯、张言庆、刘波：《产业链视角下中国邮轮业空间组织机理初探》，《资源开发与市场》2020 年第 7 期。

并具有完整的辅助系统，辅助两条主产业链。"以邮轮为主线"的产业链为邮轮设计—邮轮建造—邮轮销售—邮轮运营（安全管理、人事管理）——邮轮维修；"以港口为主线"的产业链为港口建设—船供服务—港口服务—废物处理—岸电设施—交通运输—岸上服务；辅助系统有金融保险、政府服务、信息网络、法律服务、行业组织、物流管理、教育培训、文化媒体，共同辅助产业链（见图1）。

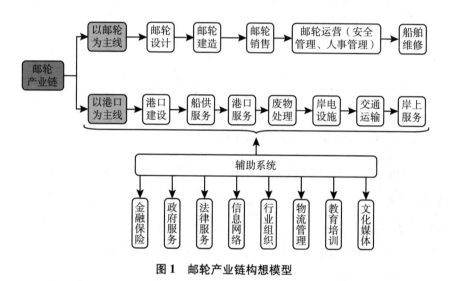

图1　邮轮产业链构想模型

（二）研究问卷设计

为明确邮轮产业链各个环节，并区分出上、下游，本文采用专家问卷调研法，基于对邮轮产业链的初步构想，结合产业链模型设计专家调查问卷。问卷发放对象覆盖学者、邮轮行业和政府部门人员、邮轮公司运营管理人员等。问卷共分三部分：第一部分为第1至第12题，设置为7个层级，每个数字有具体代表的含义，"1"代表上游，"2"代表中上游（倾向于上游），"3"代表中上游（倾向于中游），"4"代表中游，"5"代表中下游（倾向于中游），"6"代表中下游（倾向于下游），"7"代表下游。数字越小越倾向于上游，数字越大越倾向于下游；第二部分为第13题，是多选题；第三部分为第 14 题，是开放性题型。

在收集资料和绘制产业链模型图的基础上拟定题目框架、确定标志题目、进行预测和项目分析、编制正式试题、进行问卷预览测试、发放问卷并进行数据分析，最后梳理专家对各个环节对应的邮轮产业链上、中、下游的判断，综合专家意见进而修改流程图。

三　数据分析

为明确邮轮产业链各个环节，并区分出上、下游，采用专家问卷调研法，对邮轮产业链的初步构想进行评价，以完成最终的邮轮产业链的构建。问卷发放对象覆盖学者、邮轮行业和政府部门人员、邮轮公司运营管理人员等。回收专家问卷后，运用 SPSS 进行分析。首先，分析问卷的总体信度和效度，进行独立样本 T 检验；其次，对第 1 至第 12 题（量表题）评分进行统计，并以柱状图形式呈现；最后，结合专家问卷统计结果和建议修改邮轮产业链构建模型图，判断各环节对应的邮轮产业链上游、中游、下游，并在修正后的产业链流程图中予以体现。

（一）问卷信度检验

对问卷数据使用信度检验，能够衡量收集的数据的真实性、问卷设计的可行性以及答卷的认真度。本研究采用社会科学研究领域中使用频率最高的信度分析方法——克隆巴赫系数（简称"α 系数"）对问卷中量表问题的内部信度进行测量。由表 1 可知，本问卷中 12 项量表问题的可信度分析结果为 0.711，说明该量表具有较高可靠性，问卷的信度可靠。

表 1　信度分析

题　　　目	校正项总计相关性（CITC）	项已删除的 α 系数	Cronbach α 系数*
1. 以邮轮为主线，邮轮设计更加倾向于上游、中游还是下游？（"4"表示为产业链中游）	0.000	0.717	

续表

题　目	校正项总计相关性（CITC）	项已删除的α系数	Cronbachα系数*
2. 以邮轮为主线,邮轮建造更加倾向于上游、中游还是下游?	−0.572	0.784	
3. 以邮轮为主线,邮轮销售更加倾向于上游、中游还是下游?	0.405	0.684	
4. 以邮轮为主线,航线设计更加倾向于上游、中游还是下游?	0.388	0.695	
5. 以港口为主线,港口建设更加倾向于上游、中游还是下游?	0.419	0.684	
6. 以港口为主线,船务代理更加倾向于上游、中游还是下游?	0.057	0.730	0.711
7. 以港口为主线,船供服务更加倾向于上游、中游还是下游?	0.616	0.650	
8. 以港口为主线,船舶维修更加倾向于上游、中游还是下游?	0.402	0.685	
9. 以港口为主线,应急管理更加倾向于上游、中游还是下游?	0.795	0.632	
10. 以港口为主线,废物处理更加倾向于上游、中游还是下游?	0.862	0.574	
11. 以港口为主线,交通运输更加倾向于上游、中游还是下游?	−0.319	0.734	
12. 以港口为主线,岸上服务更加倾向于上游、中游还是下游?	0.641	0.640	

注：* 标准化 Cronbach α 系数：0.600。

利用克隆巴赫系数对问卷进行信度检测,信度主要用于量表题的可靠性检验。表 1 对邮轮产业链构建模型进行了信度检验,由克隆巴赫系数标准可知大部分题项可靠性程度较高,总量表信度为 0.711,0.7 ≤ Cronbach α < 0.9,内部一致性较好,表示该量表的信度好,量表题目是针对同一个调研目的、同一个调研主题的,量表设置有较高的合理性,双线邮轮产业链构建模型的可信度较高。

（二）问卷效度分析

从表 2 可知，第 1 题邮轮设计环节对应的共同度值小于 0.4，说明研究项信息无法有效的表达，因而建议删除此项，删除之后重新进行分析。但考虑到样本数量小等原因，导致共度值小于 0.4。最终操作为增加样本容量，或者删除该题。

表 2　效度分析

题　　目	因子载荷系数				共同度（公因子方差）
	因子 1	因子 2	因子 3	因子 4	
1. 以邮轮为主线，邮轮设计更加倾向于上游、中游还是下游？（"4"表 示为产业链中游）	0.000	0.000	0.000	0.000	0.000
2. 以邮轮为主线，邮轮建造更加倾向于上游、中游还是下游？	−0.720	0.068	0.523	−0.140	0.816
3. 以邮轮为主线，邮轮销售更加倾向于上游、中游还是下游？	−0.083	0.882	−0.208	0.243	0.886
4. 以邮轮为主线，航线设计更加倾向于上游、中游还是下游？	0.194	0.558	0.773	0.232	1.000
5. 以港口为主线，港口建设更加倾向于上游、中游还是下游？	0.242	0.936	−0.000	−0.151	0.957
6. 以港口为主线，船务代理更加倾向于上游、中游还是下游？	0.757	−0.300	0.525	0.018	0.939
7. 以港口为主线，船供服务更加倾向于上游、中游还是下游？	0.904	0.353	−0.233	0.035	0.997
8. 以港口为主线，船舶维修更加倾向于上游、中游还是下游？	0.061	−0.159	−0.281	0.912	0.940
9. 以港口为主线，应急管理更加倾向于上游、中游还是下游？	0.118	0.434	−0.348	0.784	0.938
10. 以港口为主线，废物处理更加倾向于上游、中游还是下游？	0.782	0.293	−0.247	0.491	1.000
11. 以港口为主线，交通运输更加倾向于上游、中游还是下游？	−0.258	−0.209	0.746	0.156	0.691

续表

题 目	因子载荷系数				共同度
	因子1	因子2	因子3	因子4	（公因子方差）
12. 以港口为主线,岸上服务更加倾向于上游、中游还是下游?	0.435	0.093	-0.545	0.663	0.935
特征根值（旋转前）	4.607	2.170	1.882	1.440	—
方差解释率（%,旋转前）	38.388	18.081	15.681	11.999	—
累积方差解释率（%,旋转前）	38.388	56.469	72.150	84.149	—
特征根值（旋转后）	2.896	2.536	2.358	2.308	—
方差解释率（%,旋转后）	24.131	21.131	19.653	19.235	—
累积方差解释率（%,旋转后）	24.131	45.262	64.914	84.149	—
KMO值	null				—
巴特球形值	35.769				—
值	0.999				—

（三）产业链模型环节分析

1. 以邮轮为主线

（1）邮轮设计环节——上游

由表3可知,以"邮轮为主线"的产业链上,邮轮设计环节专家均选择"1"（上游）,认为邮轮设计属于产业链上游。

邮轮设计包括船型设计、内饰设计。邮轮是移动的旅游目的地,与普通装货的货船有很大的区别,大型邮轮的船型设计更为复杂和精细。邮轮的内饰设计也区别于一般的酒店或家庭内饰,需要各个休闲娱乐区域的安排具有合理性、内饰具有独特性、每一艘邮轮要有明确的主题风格。邮轮使用年限长,会进行定期的翻修,为此,在内饰设计上也必须考虑翻修的可能性。邮轮设计需要专业性人才,且处于产业链上游。

（2）邮轮建造环节——上游占比最高

对邮轮建造环节,66.7%的专家选择上游,33.3%的专家选择中上游

（倾向于上游）。

（3）邮轮销售环节——中上游占比最高

对邮轮销售环节，较多专家（50%）认为属于产业链中上游（倾向于中游），33.3%的专家认为属于下游，还有一小部分专家认为属于邮轮产业链的中游（16.7%）。

（4）航线设计环节——中游占绝对比重

绝大部分专家（83.3%）认为航线设计属于产业链中游，16.7%的专家认为属于产业链中上游（倾向于上游）。不同的邮轮在设计之初理念不同，有专门针对极地探险的豪华探险邮轮，有充满艺术气息的邮轮，有大型新颖适合年轻人的邮轮。也有根据邮轮母港的区位和不同邮轮公司的运营理念而设计不同的航线。可知专家绝大部分认为航线设计属于产业链中游，航线设计的合理性不仅关系到游客的体验感，也直接影响邮轮产品的销售和邮轮公司的盈利情况。

（5）船务代理环节——中游占比高

关于船务代理环节，50%的专家认为属于产业链中游；33.3%的专家认为属于产业链下游，16.6%的专家认为属于中下游（倾向于中游）。

船务代理分为航次代理和长期代理。船务代理一般是指海洋运输公司的代理人，代理船公司签发提单，接受订舱等一系列和海洋运输有关的业务。

表3　邮轮产业主要环节专家选择倾向统计

单位：%

层级	邮轮设计	邮轮建造	邮轮销售	航线设计	船务代理
1	100	66.7	0	0	0
2	0	33.3	0	16.7	0
3	0	0	50	0	0
4	0	0	16.7	83.3	50.0

续表

层级	邮轮设计	邮轮建造	邮轮销售	航线设计	船务代理
5	0	0	0	0	16.6
6	0	0	0	0	0
7	0	0	33.3	0	33.3

注：共设置 7 个层级，每个数字有具体代表含义。"1"代表上游，"2"代表中上游（倾向于上游），"3"代表中上游（倾向于中游），"4"代表中游，"5"代表中下游（倾向于中游），"6"代表中下游（倾向于下游），"7"代表下游。数字越小越倾向于上游，数字越大越倾向于下游。

2. 以港口为主线

对以港口为主线的主要环节，重点筛选了与邮轮密切相关的部分企业活动。其中部分环节，既属于邮轮运营，也属于港口运营，两者相辅相成。由于港口运营存在较大分歧，在此列出。

（1）港口建设环节——中上游占比高

在以"港口建设"为主线的邮轮产业链中，对于港口建设，33.3%的专家认为属于产业链上游；认为属于产业链中游的专家占比 33.3%；16.6%的专家认为属于产业链中上游（倾向于上游）；16.6%的专家认为属于产业链中上游（倾向于中游）。

港口所处的区位、建设规模、可停泊吨位和邮轮数量、年接待能力等决定了港口建设所需配套设施。此外，港口还需要配套休闲娱乐设施以满足游客多层次的需求。

（2）船供服务环节——中下游占比高

对于船供服务，认为属于产业链中下游环节（倾向于中游）的专家占比 50%；认为属于产业链中游的专家占比 16.7%；认为属于产业链下游的专家占比较小，为 16.7%；认为属于产业链中上游（倾向于上游）的专家占比 16.6%。

船供服务是指在停泊期间为邮轮提供物资补给，维持邮轮在航行过程中船上工作人员和游客所需要的一切物资与邮轮所需燃料。邮轮船供服务对象是邮轮。邮轮具有很强的流动性，同时靠泊港口的时间有限，邮轮一旦离开港口开启航运就无法再返港进行采购。邮轮的这些运行特点要求邮轮的船供公司具备全球采购能力、物资供给的时效性高，对供应物资的预测具有准确性和全面性。

（3）船舶维修环节——倾向中上游

由表4可知，认为船舶维修属于产业链中上游（倾向于上游）的专家最多（50%），33.33%的专家认为属于产业链中下游（倾向于下游），16.7%的专家认为属于产业链中游。船舶维修是保证邮轮航行安全的重要环节，邮轮靠泊港口时进行必要的检修，特别是对在航运过程中出现的故障等进行修理。同时邮轮也需要进行定期的维修升级等。

（4）应急管理环节——中游占比高

对于应急管理环节，50%的专家认为属于产业链中游；认为属于产业链下游的专家占比为16.67%；认为属于产业链中上游（倾向于中游）的专家占比为16.6%；认为属于产业链中下游（倾向于中游）的专家占比16.6%。

应急管理系统是应对突发事件的紧急应变系统。应急管理系统的完备程度关系到邮轮游客的安全，也关系到邮轮公司的运营安全。

（5）废物处理环节——下游占比高

对废物处理环节，50%的专家认为属于产业链下游；16.6%的专家认为属于产业链上游；16.6%的专家认为属于产业链中游；16.6%的专家认为属于产业链中下游（倾向于中游）。

由专家意见可知，废物处理环节偏向于下游和中游。港口需要有完善的废物处理系统，邮轮在航行过程中所产生的废物垃圾属于海洋污染，应不断提高废物处理技术和能力以保护海洋生态环境。

（6）交通运输环节——中下游占比高

对于交通运输环节，50%的专家认为属于产业链中游，50%的专家认为属于产业链中下游（倾向于中游）。

邮轮港口是立体的交通系统，能保证海陆空连接的便捷性、通达性，为邮轮游客提供便利，是港口交通运输中的重点环节。需要确保邮轮游客在交通上不浪费时间。

（7）岸上服务环节——下游占比高

对于岸上服务环节，33.3%的专家认为属于产业链下游；33.3%的专家认为属产业链中下游（倾向于下游）；16.6%的专家认为属于产业链中上游（倾向于上游）；认为属于产业链中下游（倾向于中游）的专家占比16.6%。

应提供良好的港口条件和完善的城市基础设施，在邮轮靠泊的较短时间内，把邮轮港口城市最有特色的一面展现给游客，建立有一套完善的岸上服务体系。国际知名的邮轮母港如迈阿密、纽约、伦敦、巴塞罗那、新加坡等，均能在邮轮靠泊期间为游客提供个性化的旅游项目和产品。

表4　港口运营主要环节专家选择倾向统计

单位：%

层级	港口建设	船供服务	船舶维修	应急管理	废物处理	交通运输	岸上服务
1	33.3	0	0	0	16.6	0	0
2	16.6	16.6	50.0	0	0	0	16.6
3	16.6	0	0	16.6	0	0	0
4	33.3	16.7	16.7	50.0	16.6	50.0	0
5	0	50.0	0	16.6	16.6	50.0	16.6
6	0	0	33.3	0	0	0	33.3
7	0	16.7	0	16.6	50.0	0	33.3

注：共设置7个层级，每个数字有具体代表含义。"1"代表上游，"2"代表中上游（倾向于上游），"3"代表中上游（倾向于中游），"4"代表中游，"5"代表中下游（倾向于中游），"6"代表中下游（倾向于下游），"7"代表下游。数字越小越倾向于上游，数字越大越倾向于下游。

3. 辅助系统

邮轮产业的支撑体系非常庞大，涉及方方面面，这里统称为辅助系统。金融保险、教育培训、政府服务、信息网络、法律服务、文化媒体、物流管理等均属于邮轮产业链的辅助系统。认为行业组织属于邮轮产业链辅助系统的专家占比为83.33%。辅助系统在邮轮产业链运行的整个环节中起辅助作用，辅助邮轮产业发展。

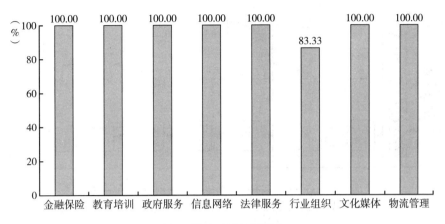

图2　辅助系统的认可度

四　邮轮产业链的双链模型构建

（一）邮轮产业双链模型

图3为修正后的双链模型图。

（二）邮轮产业双链模型合理性分析

通过SPSS对问卷进行统计分析，测量问卷的信度和效度检验，得出总量表信度为0.711，表示该量表的信度较好，量表题目是针对同一个调研目的、同一个调研主题的，量表的设置有较高的合理性。通过效度分析，第1题的共同度值小于0.4，表明该题信息没办法有效表达。考虑将此项删除，删除之后重新进行分析。但综合考虑到样本量小等原因会使得共度值小于0.4，故保留此题。

由问卷回收数据分析可得，以"邮轮为主线"的产业链中，邮轮设计属于产业链上游；认为邮轮建造属于产业链上游的占比最高，此外还有认为属于产业链中上游（倾向于上游）和中游的，基本判断邮轮建造属于产业链中上游。认为邮轮销售属于产业链中上游（倾向于中游）的占比较高，

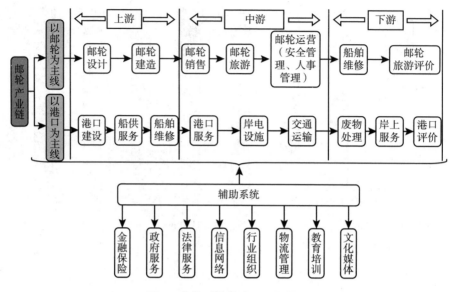

图3 优化后邮轮产业双链模型

也有认为属于产业链中游和下游的。综合判断邮轮销售在邮轮建造之后，邮轮运营在邮轮销售之后。故"以邮轮为主线"的产业链模型具有合理性。

"以港口为主线"的产业链中，港口建设属于产业链中上游；船务代理一半专家认为属于产业链中游；认为船供服务属于产业链中下游（倾向于中游）的占比最高；认为船舶维修属于产业链中上游（倾向于上游）的占比最高，认为属于产业链中下游（倾向于下游）的占比偏高；认为应急管理属于产业链中游的占比最高；认为废物处理属于产业链下游的占比较大；交通运输属于产业链中下游（倾向于中游）；岸上服务环节属于下游。根据专家问卷数据分析修正"以港口为主线"的邮轮产业链为港口建设—船供服务—船舶维修—港口服务—岸电设施—交通运输—废物处理—岸上服务—港口评价。

根据专家意见，建议在"以邮轮为主线"和"以港口为主线"两条产业链下游加入"邮轮旅游评价"和"港口评价"环节。"邮轮旅游评价"作为产业链的下游环节，也是产业链总结和起始环节。对邮轮旅游的评价关系到对其不足之处的分析，对改进邮轮旅游的航线设计、港口设施、相关的产品服务有建设性作用。

邮轮产业具有特殊性，港口和邮轮互补性强，但又能够独立运营。了解产业各环节之间的相关关系与产业链的结构，有助于更加清晰地分析区域性邮轮产业发展状况，总结产业优势与劣势，以及未来发展重点。

参考文献

汪泓主编《中国邮轮产业发展报告（2021）》，社会科学文献出版社，2021。

汪泓主编《中国邮轮产业发展报告（2020）》，社会科学文献出版社，2020。

汪泓主编《中国邮轮产业发展报告（2019）》，社会科学文献出版社，2019。

汪泓主编《中国邮轮产业发展报告（2018）》，社会科学文献出版社，2018。

汪泓主编《中国邮轮产业发展报告（2017）》，社会科学文献出版社，2017。

滕柯、张言庆、刘波：《产业链视角下中国邮轮业空间组织机理初探》，《资源开发与市场》2020年第7期。

潘成云：《解读产业价值链——兼析我国新兴产业价值链基本特征》，《当代财经》2001年第9期。

刘大可：《产业链中企业与其供应商的权力关系分析》，《江苏社会科学》2001年第3期。

孙妍：《基于产业链投入产出表的邮轮经济产业关联度测算》，《统计与决策》2017年第19期。

周淑怡、叶欣梁、孙瑞红：《当"灰犀牛"遇到"黑天鹅"——网民对邮轮旅游负面事件的风险感知变化》，《中国生态旅游》2022年第1期。

李绪茂、王成金、李弢、张毓琬：《疫情影响下全球邮轮网络格局与重构》，《中国生态旅游》2022年第1期。

王仁鑫：《国内外邮轮旅游研究前沿——基于CNKI和Web of Science的统计分析》，《中国水运》2022年第2期。

G.10
中国本土邮轮企业高质量发展路径与政策研究

叶欣梁　姜　宏*

摘　要： 突袭而至的新冠肺炎疫情使国际大型跨国邮轮航运集团遭受重创，大批在营邮轮被折价出售或拆除，我国多个涉海类央企，如中船集团、招商局集团、中国旅游集团、中远海运集团、中交建集团等，加快布局邮轮产业，组建本土邮轮船队，扩展邮轮港口。中资邮轮企业大部分是使用自有资金或融资租赁购置船只，具有绝对的运营控制权，但同时存在经验不足、市场风险大等问题。本土邮轮品牌在邮轮运营管理、营销策略等方面存在不足。为了助力我国本土邮轮企业在国际更大时空格局下与跨国邮轮企业充分展开竞合，根据《中华人民共和国国民经济和社会发展第十四个五年规划和2035年远景目标纲要》、文化和旅游部《"十四五"文化和旅游发展规划》等对邮轮产业的要求，通过对中船邮轮、星旅远洋邮轮、蓝梦邮轮、招商邮轮和三亚国际邮轮等本土邮轮企业发展现状和面临的困难进行调研，分析本土邮轮企业面临的外部环境等，为推动本土邮轮企业转型发展提出建议。

关键词： 本土邮轮企业　高质量发展　邮轮产业

---

* 叶欣梁，博士，上海工程技术大学管理学院副院长，教授，研究方向：邮轮旅游与可持续发展；姜宏，博士，上海工程技术大学管理学院讲师，研究方向：邮轮经济。

2022 年全球邮轮加速复航，欧洲、北美等区域逐步放开邮轮市场。2022 年 5 月，嘉年华邮轮旗下 23 艘邮轮全面恢复运营，皇家加勒比国际游轮旗下 26 艘邮轮全部复航，诺唯真游轮 17 艘邮轮全面复航，公主邮轮 15 艘邮轮全面恢复运营。中国邮轮市场依然处于停摆状态，无目的地海上游和中国首艘五星红旗邮轮"招商伊敦号"计划运营的"深圳—三亚"沿海航线也因疫情反复被迫推迟。中国是全球最早因疫情防控而暂停邮轮运营的，邮轮疫情防控实现"零输入、零输出、零感染"。随着全球各大区域纷纷推动邮轮复航，在中国邮轮市场迟迟未放开的情况下，各方积极探索无目的地海上游航线、国内沿海航线等。经调研得知，疫情前，中国邮轮市场治理结构存在较大问题，由于产业属性问题，部分重点区域市场供需失衡、乱象丛生，严重影响了邮轮产业的高质量发展。

一　中国本土邮轮企业发展的基本情况

（一）民营企业积极参与邮轮投资，但经营压力巨大

1. 海航"首创"

我国首家邮轮公司——海航邮轮有限公司成立于 2012 年，注册资金 40000 万元，注册地位于天津自贸试验区，曾用名为"海航旅业邮轮游艇管理有限公司"，是国内第一个邮轮品牌，是中国内地首家拥有自有邮轮的邮轮公司。

2. 天海"惜败"

上海大昂天海邮轮旅游有限公司成立于 2013 年 12 月，注册资本 1000 万元，主要投资方有上海携程商务有限公司（持有 49% 股份）、上海磐石威嵊投资中心（有限合伙，持有 31% 股份），其余 20% 为个人持股。2014 年 11 月，皇家加勒比游轮有限公司入股天海邮轮公司，携程和皇家加勒比游轮各持有此公司 35% 的股权，其余股权由天海邮轮管理层和磐石基金持有。

3. 渤海"艰辛"

渤海邮轮有限公司成立于 2014 年 2 月，注册地为中国香港，是渤海轮渡股份有限公司的全资子公司。2014 年 5 月在山东烟台市芝罘区成立渤海邮轮管理有限公司，注册资本 5000 万元。渤海邮轮有限公司在海南设立独资邮轮管理公司"海南自贸区渤海邮轮管理有限公司"，注册资本 1000 万元。

4. 钻石"失色"

钻石邮轮国际公司是国内首家全民营投资的邮轮公司，注册地为巴哈马。2015 年 7 月，上海辉煌旅游发展有限公司成立子公司精致钻石邮轮管理（上海）有限公司，注册资本 5000 万元。"钻石邮辉煌号"被拍卖出售。

5. 蓝梦"新生"

上海蓝梦国际邮轮股份有限公司于 2016 年 8 月在上海成立，股东为福建中运投资有限公司、福建国航远洋运输（集团）股份有限公司，业务涵盖国际邮轮整体运营管理、邮轮母港城市综合体、邮轮船舶管理、船员管理服务、邮轮 IT 数字化服务、船舶物供及燃油等六大板块，拥有"蓝梦之星号"。

表 1　中国本土邮轮公司基本情况（民营企业）

单位：%

本土邮轮公司	邮轮运营公司	投资方	持股比
海航邮轮有限公司	海航邮轮有限公司	海航酒店(集团)有限公司	88.75
		海航旅游管理控股有限公司	11.25
天海邮轮公司	上海大昂天海邮轮旅游有限公司	携程、皇家加勒比游轮、天海邮轮管理层、磐石基金	—
渤海邮轮有限公司	渤海邮轮管理有限公司	渤海轮渡股份有限公司	—
钻石邮轮国际公司	精致钻石邮轮管理(上海)有限公司	上海辉煌旅游发展有限公司等	—
上海蓝梦国际邮轮股份有限公司	上海蓝梦国际邮轮股份有限公司	福建国航远洋运输(集团)股份有限公司	80
		福建中运投资有限公司	20

（二）国资国企主导邮轮产业投资，但保值增值压力大

近年来，我国大型央企中船集团、招商局集团、中国旅游集团、中远海运集团、中交建集团等加快布局邮轮产业，纷纷组建本土邮轮船队，扩展邮轮港口。本土邮轮品牌对于促进中国邮轮产业发展而言具有重要的战略意义，需要加大对本土邮轮的支持力度。本土邮轮公司推动邮轮游艇、海上交通、旅游康养服务、港城一体化、旅游目的地建设等相关领域的投资开发，以邮轮产业为依托，集酒店管理、邮轮运营服务、国际免税购物、高端旅游康养目的开发于一体，打造国内邮轮旅游标准化流程，不断提升行业服务水平和服务体验，打造国际知名的中国邮轮品牌。

1. 中船"挺进"

中船嘉年华邮轮有限公司于 2018 年 3 月在中国香港成立，注册资本 5.5 亿美元，中船邮轮科技发展有限公司出资 3.3 亿美元，占股比 60%，嘉年华（英国）有限公司出资 2.2 亿美元，占股比 40%。2019 年 8 月 22 日，在上海成立全资子公司中船嘉年华（上海）邮轮有限公司。

2. 中旅"拓展"

星旅远洋国际邮轮有限公司由中国旅游集团有限公司和中国远洋海运集团有限公司共同出资设立，2019 年 6 月 14 日设立国内运营总部——星旅远洋国际邮轮（厦门）有限公司，并且将邮轮旅游纳入新兴板块。

3. 招商"勃发"

招商局维京游轮有限公司依托于招商局集团的综合实力和维京游轮的高端邮轮运营经验，以打造全球首家拥有五星红旗邮轮船队的邮轮运营商为己任，推动中国邮轮产业迈向全球价值链中高端。

4. 中交建"突起"

三亚国际邮轮发展有限公司成立于 2015 年，由世界 500 强中国交建出资设立。通过立足海南、放眼国际，开发差异化高端邮轮航线，推出自主建造的豪华邮轮及相关航线，力争成为国际知名的中国邮轮品牌。

表2　中国本土邮轮公司基本情况（国资国企）

单位：%

本土邮轮公司	邮轮运营公司	股东单位	持股比
星旅远洋国际邮轮有限公司	星旅远洋国际邮轮（厦门）有限公司	中国旅游集团有限公司	—
		中国远洋海运集团有限公司	—
中船嘉年华邮轮有限公司	中船嘉年华（上海）邮轮有限公司	中船邮轮科技发展有限公司	60
		嘉年华（英国）有限公司	40
三亚国际邮轮发展有限公司	三亚国际邮轮发展有限公司	中交海洋投资控股有限公司	100
招商局维京游轮有限公司	招商局维京游轮有限公司	招商局邮轮有限公司	90
		维京游轮公司	10

（三）中国本土邮轮船队规模持续扩大

目前，我国已拥有中资邮轮8艘，分别是"中华泰山号""蓝梦之星号""大西洋号""地中海号""鼓浪屿号""憧憬号""世纪和谐号""招商伊敦号"。预计国产大型邮轮在2023～2025年每年有1艘邮轮下水，共3艘。中交建、招商局、中远海运等计划再购入4~5艘邮轮。预计到2030年中资邮轮达到15艘左右。

表3　中国本土邮轮船队发展情况

单位：万总吨，人

邮轮名称	所属公司	吨位	载客量	船旗国	状态
海娜号	海航邮轮有限公司	4.70	1965	巴拿马	退役
新世纪号	天海邮轮有限公司	7.15	1814	马耳他	出售
钻石辉煌号	钻石国际邮轮公司	2.45	927	巴哈马	出售
中华泰山号	渤海邮轮有限公司	2.45	927	利比里亚	在营
蓝梦之星号	上海蓝梦国际邮轮股份有限公司	2.45	927	巴哈马	在营
大西洋号	中船嘉年华邮轮有限公司	8.56	2680	意大利	在营
地中海号		8.56	2680	意大利	在营
鼓浪屿号	星旅远洋国际邮轮有限公司	6.98	1880	百慕大	在营
憧憬号	三亚国际邮轮发展有限公司	7.74	2016	百慕大	在营
世纪和谐号	重庆冠达世纪游轮有限公司	7.03	2634	巴拿马	在营
招商伊敦号	招商局维京游轮有限公司	4.78	954	中国	在营

上海中船邮轮科技公司认缴注册资本已达 47.3 亿元，2019 年 12 月购买"大西洋号"邮轮，2020 年 12 月正式交付（"大西洋号"建于 2000 年，载客量 2680 人，船员数 857 人，船舱总数 1057 间，吨位 85619 总吨，长度 292.5 米，宽度 32.2 米，甲板 15 个，最大速度 24 节，航行速度 22 节）。2021 年 4 月，"地中海号"由嘉年华集团交付给中船嘉年华邮轮有限公司，成为该公司旗下的第二艘邮轮，中船嘉年华成为目前中国唯一拥有两艘邮轮的企业。同时，公司投入 100 亿元建造两艘中资邮轮，到 2024 年公司将拥有 4 艘大型国际邮轮，预计正常运营后每年船票收入将超过 50 亿元。按照中船邮轮发展规划，到 2029 年中船嘉年华邮轮有限公司旗下将拥有 8~10 艘大型邮轮，成为最大的国际化运营的中资邮轮船东公司。招商维京购买"维京太阳号"，改名为"招商伊敦号"，是全国首艘正式悬挂五星旗航行的邮轮。2020 年 2 月，上海蓝梦国际邮轮股份有限公司收购 2.5 万吨级"钻石辉煌号"，改名为"蓝梦之星号"（吨位 2.5 万总吨，甲板楼层 7 层，长度 181.4 米，宽度 25.52 米，舱房数量 418 间，满载客数 1275 人，船员人数 325 人，平均航速 24 节），并与青岛和舟山合作，计划在 5 年内购入 4~5 艘国际邮轮。

二　我国本土邮轮企业面临瓶颈及原因分析

（一）本土邮轮公司市场竞争的能力较弱

疫情前，在外资邮轮加快布局中国市场的背景下，我国海航集团成立海航邮轮品牌，购入"海娜号"，当时该邮轮在中国邮轮市场属于中型邮轮，具有一定的竞争力。海航旅业集团有较强的旅游业务基础，同时拥有海航集团这一强有力的品牌支撑。携程集团与国际邮轮旅游运营品牌皇家加勒比国际游轮合资成立天海邮轮公司，购入的精致邮轮"新世纪号"，吨位仅有 7 万总吨，属于中小型邮轮，与国际大型邮轮公司运营的中大型邮轮相比存在较大的差距。携程旅行网在旅游分销行业中的品牌优势，对于天海邮轮发展

起到重要的支撑作用。但随着中国市场上母港邮轮的吨位逐步增加且同样采取低价竞争策略，天海邮轮"新世纪号"这一追求性价比的差异化品牌优势逐步削弱，最终因运营成本较高而不得不放弃天海邮轮这一邮轮品牌。

渤海邮轮利用渤海轮渡在航运方面的品牌优势，打造渤海邮轮品牌，购入"中华泰山号"邮轮，采取高性价比的竞争策略，主要目标群体是追求高度性价比但对邮轮文化不是很了解的中老年游客。但"中华泰山号"邮轮吨位较小，差异化特色不突出，核心竞争力不足。

中船邮轮利用中船集团的品牌优势，与世界大型邮轮运营企业嘉年华集团合资打造中船嘉年华邮轮品牌，中船邮轮是中船集团在邮轮产业投资、邮轮运营、邮轮建造的重要平台，嘉年华集团是全球大型邮轮运营企业，双方实力的加注对中船嘉年华邮轮公司品牌的提升具有重要的作用。中船嘉年华邮轮公司购入歌诗达邮轮"大西洋号""地中海号"两艘中型邮轮。其中，"大西洋号"邮轮在中国市场运营多年，常年在上海、深圳、厦门等邮轮港运营，培育了一大批具有较强品牌忠诚度的游客群体。但中船嘉年华邮轮公司的邮轮运营经验依然缺乏，品牌管理能力依然有待进一步提升。

（二）本土邮轮公司运营国际化程度较低

中国本土邮轮品牌在定位方面应更加凸显本土化。本土邮轮品牌在营销策略方面稍显不足，主要受制于船型较为陈旧、设施设备亮点不足、服务人员国际化程度较低等因素，价格方面主打高性价比，分销渠道方面多与地方性传统旅行社合作，如天海邮轮依靠携程旅行网进行分销、钻石邮轮依赖太湖国旅进行分销。

海航"海娜号"邮轮较好地融入中国元素，选择国际邮轮中式化发展道路，与外资邮轮形成一定的差异。天海邮轮针对中国邮轮旅游市场处于初级阶段的现象，主打高性价比产品，并且针对不同细分市场的游客特征，将不同的文化主题与邮轮文化进行有效的结合，如将中国戏剧文化与邮轮文化进行结合，吸引了热爱戏剧文化的中老年人。海航"海娜号"邮轮主打中式服务，其最大特色在于面向中国消费者推出"东方"服务。钻石邮轮

"辉煌号"拥有来自 19 个不同国家的管理人员及服务人员，为中国游客提供本土化的邮轮旅游产品。渤海邮轮将购入的邮轮改名为"中华泰山号"，就是出于邮轮文化与中国文化相结合的考量。

（三）本土邮轮公司运营管理的能力较弱

邮轮旅游快速发展与人才匮乏的矛盾日益突出。相应的，中国高校的专业设置方面与邮轮相关得很少，近两年情况才稍有改观。邮轮公司的发展需要大量的人才，这为高等职业院校的人才培养指明了新方向。同时要注意健全人才培养体系，健全邮轮人才培训体制。邮轮市场的发展离不开邮轮人才的支撑，要大量引进邮轮相关人才，包括邮轮经营管理人才、邮轮服务人才以及其他相关服务人才。

我国邮轮公司普遍采取与国外邮轮公司合资、与金融资本合作等金融模式。多数本土邮轮公司采取自主经营模式，具有对本土邮轮市场更了解的优势，但管理能力相较于国际邮轮公司较低，天海"新世纪号"采取的是本土与国际邮轮公司联合运营模式，具备了较高的国际化水平，但会受制于国际邮轮公司管理理念的影响。天海邮轮采取与具有丰富邮轮运营经验的皇家加勒比游轮公司、具有丰富资本运作经验和雄厚资本实力的磐石基金合作，是典型的本土邮轮资本运作形式。同时，利用自身在航运或旅游业的相关资源成立邮轮运营公司也是我国本土邮轮发展的重要路径，如海航邮轮借助海航旅业集团的旅游资源，星旅远洋邮轮借助中国旅游集团的旅游资源、中远海运集团的航运经验，渤海邮轮借助渤海轮渡的航运业经验。大部分公司是使用自有资金购买船只，具有绝对的运营控制权，但同时存在经验不足、市场风险大等问题。

（四）我国本土邮轮公司面临政策瓶颈

中国邮轮旅游发展逐渐被政府及行业所重视，得到了各级政府给予的引导和支持。政府部门为有效促进邮轮旅游发展，制定实施多项政策。当前关于邮轮产业的政策，只是提及支持本土邮轮品牌发展，并未直接出台具体的

扶持政策。在邮轮税费方面，进口邮轮国家需征收5%的进口关税和17%的进口环节增值税，依据《中华人民共和国进出口关税条例》，进口船舶关税为9%，增值税为17%，由海关负责征收。进口关税=船舶进口完税价×9%；增值税=（船舶进口完税价+进口关税）×17%=船舶进口完税价×18.53%。两项合计，进口总税率约为进口完税价格的27.53%。船龄超过10年的不准进口，导致中国企业购买的邮轮多数不愿入中国籍，为此要在支持购置外国邮轮的政策方面实现突破。我国在邮轮购置扶持、税费、邮轮修造、邮轮游客出入境便利等政策方面需进行实质性的改进，为本土邮轮发展提供有效的政策支持。

三　推动我国本土邮轮企业高质量发展的建议

（一）加大对央企投资邮轮产业支持力度

邮轮产业是高度资本密集型产业，邮轮购置、邮轮港口建设、大型邮轮建造等均需巨额资金投入，面临较大的风险，对此央企在邮轮产业投资方面存在较多顾虑。应完善邮轮产业的投资管理体系，加大对合理投资的支持力度。

1. 支持央企购置新型中大型邮轮

世界邮轮建造大型化趋势日渐明显，国际上主流邮轮吨位大多为10万吨级以上，最大的约为22.8万总吨。在中国市场预期利润较高、潜力巨大的情况下，嘉年华、皇家加勒、诺唯真、地中海等邮轮品牌纷纷进入中国市场，但本土邮轮品牌购入邮轮基本是10万吨级以下的船型，缺乏强有力的本土邮轮船队，为此需要支持本土邮轮企业购入中大型邮轮，更好地参与全球邮轮市场竞争。

2. 支持本土邮轮公司开发国内岛屿

推动在南海开发更多的岛屿，如美济礁作为南海区域重要的岛屿，可考虑规划建设大型游艇（游船）码头，建成南海旅游的中转站，并且使部分泊位具备靠泊高速客船的功能。晋卿岛作为永乐群岛的集散中心，其游艇（游船）码头停泊的是大型游艇（游船）。甘泉岛作为永乐群岛中为数不多的文化资源较丰富的岛屿，其游艇（游船）码头停泊的是大型游艇（游船），可考虑开发独有特色的邮轮旅游目的地。

3. 支持央企投资海外私属岛屿开发

私属岛屿是国际邮轮公司在陆地外扩展品牌、提升吸引力的重要渠道，邮轮公司通常会采用直接购买或租赁私属岛屿进行经营管理的方式，全球已有十多家邮轮公司在进行私属岛屿资源开发。我国本土邮轮公司尚未涉足私属岛屿开发。购买或租赁的私属岛屿可以充当海外运营基地，并直接对其进行经营管理，还可以通过增加餐饮等商业配套或租用设备来对这些岛屿的活动征收附加费，以此增加本土邮轮企业的运营收益，提升品牌的国际影响力。

（二）支持我国本土邮轮企业国际化发展

邮轮产业是高度国际化的产业，邮轮文化具有经济性、旅游性、海洋性、包容性、体验性等多重特征，本土邮轮企业在做强做大的过程中，必须实施"走出去"战略，实现国际化发展，打造具有国际影响力的邮轮品牌。

1. 推动邮轮成为共建"一带一路"中的新名片

邮轮是"移动的海上城市"，具有天然的连通性、国际性和开放性，兼具经贸合作、人文交流等多重属性，高度契合"一带一路"倡议。"一带一路"沿线国家中，已有56个国家和地区成为中国公民出境旅游目的地。支持本土邮轮企业开发"一带一路"航线，推进"邮轮旅游—海洋丝绸之路"旅游品牌建设，邮轮航线可从中国沿海港口过南海到印度洋，延伸至欧洲，从中国沿海港口过南海到南太平洋，这有利于展现中国形象、讲好中国故事、宣传中国文化、增进中外交流，提升中国邮轮旅游品牌的知名度和影响力。

2.促进本土邮轮企业国际品牌建设

相较于国际邮轮而言,"中华泰山号""钻石辉煌号""海娜号"等本土邮轮企业在品牌管理方面仍显不足,难以形成强有力的品牌竞争优势。本土邮轮要加强品牌管理,更突出国际化,明确更高层面的品牌管理定位,加大品牌管理投入,支持与国外旅行社和旅游电商网站合作来加强宣传推广,利用各种媒体广告,提升本土邮轮品牌的国际知名度。

（三）完善我国本土邮轮人才培养体系

完善的邮轮人才培养体系是推动本土邮轮企业发展的重要支撑,推动本土邮轮企业发展,必须有充足的专业邮轮人才,包括高级管理人才、中层管理人才,此外旗下邮轮运营公司也需要强大的邮轮人才团队。

1.完善邮轮人才培养体制机制

鼓励国内高校、职业院校、邮轮公司、培训机构、旅游企业等机构共同培养相关专业人才,加强邮轮运营、邮轮设计建造、港口经营管理等领域的人才队伍建设,大力培养专业化、国际化邮轮人才。加大邮轮人才培养的标准建设和资金扶持力度,探索制定邮轮旅游人员培训和从业资质认定规范与标准。在加强学历教育的同时,实施邮轮高级人才孵化计划。

2.鼓励引进邮轮高端管理及高技术人才

引进国际著名邮轮公司的高级管理人才。积极探索建立与世界接轨的柔性人才引进机制,试点建立海外邮轮人才离岸创新创业基地,简化高层次人才申报永久居住证的程序、完善外国专家证办理制度。

3.推进国内外各邮轮人才的有效联动

提升邮轮旅游学科教育的国际化水平,深化国内外院校基于邮轮旅游专业的合作,建立国际邮轮专家资源库,以相互挂职、结对共建等方式,促进邮轮高层次人才交流。

（四）推进我国本土邮轮企业政策创新

中国邮轮旅游市场缺乏本土邮轮船队,导致邮轮经济对本地经济发展的拉动不足，必须通过系统性政策创新为本土邮轮发展松绑，为中国邮轮经济提供源源不断的动力。

1. 推广实施无目的地海上游，推动邮轮市场振兴

全球各地的跨境邮轮航线陆续恢复，在疫情下，以海上无目的游形式重启中国邮轮业是可行的。国际邮轮风险主要是输入性风险，海上游航线的客源 100% 来自国内低风险地区，登船前确保游客和船员 100% 完成疫苗接种和核酸检测，船舶供应保证 100% 本地采购，国际船员登船前执行严格的隔离和健康筛查制度，这样就可以有效杜绝输入性风险。应尽快启动无目的地海上游航线在中资邮轮的试点，待条件成熟后再予以有序推广。

2. 支持本土邮轮运营近海邮轮航线

推动本土邮轮公司运营国内近海航线，可与舟山群岛、山东半岛、北部湾、粤港澳大湾区等多个地方合作，互为母港，开发环中国海航线，如三亚—南沙—舟山—青岛航线等。祈福之旅航线：依托佛教资源，以禅修祈福为主要目的，开发舟山普陀山、舟山群岛、南山、广州、福建之间的航线；普陀祈福航线：上海—普陀山—海南南山、福建—普陀山—福建妈祖—广州南华寺—海南南山；仙境海岸（山东）航线：与山东半岛青岛邮轮港合作，开发仙境海岸山东航线，连接山东半岛烟台、青岛、日照、威海等主要旅游目的地，提供 4~5 天的航线产品；仙境海岸（山东）航线：青岛—威海—烟台—日照。

3. 建立本土邮轮企业发展专项政策

组建本土邮轮船队是在未来邮轮产业发展中掌握主导权的关键。需出台支持邮轮品牌发展的专项政策，对本土企业以购置、租赁、制造等方式组建本土邮轮船队的，给予低息贴息及相关税费优惠支持。减免邮轮进口和运营税费，完善进口邮轮船龄限制政策。加快推动五星红旗船队建设，打造自主邮轮品牌。争取放宽针对本土邮轮品牌的船员国籍限制。优先支持本土邮轮企业运营近海航线。

4. 完善本土邮轮企业金融服务体系

我国邮轮产业正处于起步阶段，加上金融市场尚不成熟，针对邮轮市场

发展的研究基本未涉及金融领域，应发挥国家财政政策的引导作用，吸引跨行业、多领域资本，成立邮轮产业发展基金，运用金融手段、依靠各类金融衍生品为我国邮轮经济发展服务，建立多元化投融资体系。

参考文献

汪泓主编《中国邮轮产业发展报告（2021）》，社会科学文献出版社，2021。

汪泓主编《中国邮轮产业发展报告（2020）》，社会科学文献出版社，2020。

汪泓主编《中国邮轮产业发展报告（2019）》，社会科学文献出版社，2019。

汪泓主编《中国邮轮产业发展报告（2018）》，社会科学文献出版社，2018。

汪泓主编《中国邮轮产业发展报告（2017）》，社会科学文献出版社，2017。

李珊英：《基于网络文本分析的邮轮产品感知形象研究》，《旅游纵览》2021年第23期。

孙新春、孙妍：《环南海国家邮轮产业合作路径研究》，《特区经济》2021年第10期。

郭佳泰：《重振市场信心　积极探索"中国邮轮模式"》，《中国船舶报》2022年3月11日。

李韵依：《"人类卫生健康共同体"视域下邮轮疫情防控的法律应对》，《广东社会科学》2022年第2期。

黄东伟、张卫、刘永俊、王洪滨、顾洋：《欧洲国家豪华邮轮涂装建造工艺》，《船海工程》2021年第1期。

安晨曦：《海南自贸港邮轮旅游纠纷非诉解决机制》，《海南热带海洋学院学报》2021年第1期。

徐房茹：《涉外邮轮旅客人身损害赔偿案件法律适用分析——中美比较法视角》，《中山大学青年法律评论》2020年第5期。

G.11
中国推进邮轮装备制造业发展路径研究

闫国东　刘玉囡　纪如雪*

摘　要： 大型邮轮是船舶工业设计建造中难度最大的船型之一。大型邮轮设计及建造是现代工业和现代化城市建设中综合化、集约化的巨系统工程，能直接反映一个国家的综合科技水平与制造实力。大型邮轮与高速铁路动车组、大型客机类似，属于复杂技术领域的高难度建造产品，具有"船+酒店+娱乐"的交叉化、定制化产品属性。大型邮轮设计及建造周期长、变更多，总体布置要求高，关键技术攻关难，难度及复杂度甚至高于航空母舰、大型液化天然气船。全球最大的三家邮轮建造企业分别是意大利芬坎蒂尼集团、德国迈尔船厂、法国大西洋船厂，都具有近百年的造船经验、工艺技术精湛，包揽了全球约90%的订单，同时邮轮建造的相关配套企业都分布在欧洲。大型邮轮的设计及建造是落实海洋强国、制造强国、科技强国发展战略以及满足中国人民对美好生活需求的重要举措。上海外高桥造船有限公司在推进国产大型邮轮建造方面创造了一个又一个重要的里程碑，距离成为造船行业皇冠上最耀眼的明珠越来越近。

关键词： 大型邮轮　装备制造业　船舶工业

---

* 闫国东，博士，上海工程技术大学管理学院副教授，研究方向：邮轮经济、旅游管理；刘玉囡，上海工程技术大学管理学院硕士研究生，研究方向：邮轮经济、旅游管理、旅游地理；纪如雪，上海工程技术大学管理学院硕士研究生，研究方向：企业管理、邮轮经济。

邮轮被誉为"造船业皇冠上的明珠"，欧洲地区造船工厂的邮轮修造技术水平处于绝对优势地位，拥有成熟、完整的邮轮修造供应链，是全球豪华邮轮的主要供应商，创造了巨额的利润。加强邮轮研制是打破国外垄断、实现海洋船舶工业价值链跃升的关键。我国是全球船舶建造强国，但大型豪华邮轮是我国目前唯一尚未攻克的高技术船舶产品，也是船舶行业唯一供不应求的细分领域。推动豪华邮轮自主设计及建造是参与全球最高级别船舶竞争的重大举措，成功设计及建造大型豪华邮轮是我国成为海洋强国的重要标志之一。基于此，本文通过分析我国在邮轮建造方面的优势和不足，力图提出相关对策建议。

一 邮轮装备制造产业发展形势分析

（一）全球邮轮建造产业高度垄断，市场供不应求

意大利芬坎蒂尼集团占据世界第一的位置，集团总部位于里雅斯特，占国际市场份额的近40%，交付期排至2029年，代表着意大利先进的工业技术并向世界输出。德国迈尔船厂创立于1795年，是当今德国最大的造船厂，总部位于帕彭堡，市场占有率近30%，是世界上最现代化的船厂之一，是德国工业4.0时代的典型代表。随着世界邮轮市场需求不断增长，国际邮轮建造厂现有的供给不足，仅依靠欧洲邮轮建造厂短期内难以满足全球市场需求。

表1 全球邮轮建造市场情况

单位：总吨，人

年份	集团	邮轮	造船厂	总吨	载客量
2022	水晶邮轮	Diamond Class	云顶 MV Werften 集团	65000	800
	地中海邮轮	World Class	法国大西洋	200000	5400
	诺唯真游轮	Project Leonardo	芬坎蒂尼	140000	3300
	皇家加勒比游轮	Icon Class 1	迈尔图尔库船厂	200000	5000

年份	集团	邮轮	造船厂	总吨	载客量
2022	P&O 邮轮	Unnamed	德国迈尔船厂	180000	5200
	冠达邮轮	Unnamed	芬坎蒂尼	113000	3000
	维京游轮	Unnamed	芬坎蒂尼	47800	930
	公主邮轮	Royal Class 6	芬坎蒂尼	143700	3980
	精致邮轮	Edge Class 4	法国大西洋	117000	2900
	嘉年华集团	Unnamed	迈尔图尔库船厂	180000	5200
	维珍邮轮	Unnamed	芬坎蒂尼	110000	2800
	迪士尼邮轮	Unnamed	德国迈尔船厂	135000	2500
2023	迪士尼邮轮	Unnamed	德国迈尔船厂	135000	2500
	爱达邮轮	Unnamed	德国迈尔船厂	180000	5400
	途易邮轮	Mein Schiff	迈尔图尔库船厂	111500	2894
	诺唯真游轮	Project Leonardo	芬坎蒂尼	140000	3300
	嘉年华集团/中船	Unnamed	上海外高桥造船	133500	4000
	维京游轮	Unnamed	芬坎蒂尼	47800	930
	地中海邮轮	SeaSideEvo 2	芬坎蒂尼	169380	4560
2024	地中海邮轮	World Class 2	法国大西洋	200000	5400
	皇家加勒比游轮	Icon Class 2	迈尔图尔库船厂	200000	5000
	维京游轮	Unnamed	芬坎蒂尼	47800	930
	诺唯真游轮	Project Leonardo	芬坎蒂尼	140000	3300
	嘉年华集团/中船	Unnamed	上海外高桥造船	133500	4000

资料来源：国际邮轮协会（CLIA）。

（二）我国大力推进豪华邮轮建造，助力制造强国

自世界造船重心从欧洲转移至亚洲后，韩国和中国逐步发展并超过日本，成为主要的造船大国，为邮轮建造打下了坚实的基础。中国船舶集团联合全球最大邮轮运营商美国嘉年华集团、全球最大邮轮建造商意大利芬坎蒂尼集团推进国产邮轮建造，首艘国产大型邮轮建造任务由上海外高桥造船有限公司承接，首艘邮轮计划于 2023 年交付，第二艘邮轮计划于 2024 年交付。在我国首艘大型邮轮的巨型工程系统中，整船的零部件相当于 C919 大飞机的 5 倍、"复兴号"高铁的 13 倍，全船总电缆布置长度达到 4200 公里，

整船总工时相当于好望角型散货船的 20 倍。国产大型邮轮建造选择的是"引进—消化—吸收—再创新"路径，与欧洲先进船厂、品牌方合作，学习欧洲先进建造模式与技术，稳步探索国内产业模式，建立我国大型邮轮建造体系和检测验证体系，构建中国大型邮轮标准和知识产权框架体系。

表 2　中国国产大型邮轮建造重要节点

时　间	重要节点
2021 年 11 月 18 日	国产首制大型邮轮 H1508 内装公共区域 JA02-中庭正式开工
2021 年 11 月 22 日	国内最大功率吊舱式推进器完成安装工作
2021 年 12 月 20 日	国产首制大型邮轮 H1508 项目全船生产设计图纸全部完成
2022 年 2 月 24 日	首制大型邮轮 H1508 预制舱室生产车间开工
2022 年 2 月 28 日	首制大型邮轮 H1508 首批预制舱室顺利推舱
2022 年 3 月 8 日	国产首制大型邮轮 H1508 调试节点实现突破，中控系统上电激活
2022 年 3 月 14 日	国产首制大型邮轮 JA14 船员餐厅 STAFF MESS 公共区域第一块围壁板预封板开工
2022 年 5 月 30 日	首制大型邮轮 H1508 船应急发电机实现动车
2022 年 6 月 20 日	集控室获得背景工程区域完工证书，并通过船东船检报验
2022 年 7 月 1 日	国产大型邮轮建造从舾装安装阶段全面进入设备功能调试阶段

资料来源：上海外高桥造船有限公司。

（三）本土邮轮供应链体系加快构建，奠定坚实的基础

我国建造大型邮轮面临专业技术、施工管理和配套供应链等方面的难题，通过借鉴和吸取欧美经验和日韩教训，确定了"国际合作、产融结合、引进消化吸收再创新"的发展道路，逐步实现自主制造，大力完善本土化产业链。前期通过联合芬坎蒂尼集团建立中船芬坎蒂尼邮轮产业发展有限公司，引进国外的设计理念和邮轮技术。中船集艾邮轮科技发展（上海）有限公司专注于豪华邮轮和高端船舶装饰工程，打造内装设计、施工管理和供应链管理三大平台，建设邮轮配套产品测试认证及研发中心、邮轮模块化整

体舱室研发中心、邮轮内装技术人才培训中心，通过消化吸收先进的邮轮内装技术，逐步形成邮轮内装设计、施工和供应链管理的综合技术能力，助力邮轮配套产品本土化。

二 我国邮轮装备制造产业存在的瓶颈问题

（一）邮轮研制专业技术人才匮乏

邮轮设计及建造需要大量的高精尖技术和专业人才。自主核心技术的突破和创新，还需要培养更多的中国邮轮设计及建造人才。我国作为世界造船大国，拥有丰富的大型船舶建造经验和动力系统建造技术，但在邮轮动力技术层面，我国造船厂与国际造船厂相比还有较大差距。现阶段，我国既没有建造大型邮轮的经验，也缺乏设计及建造邮轮动力装置的技术以及核心技术团队。我国虽然在邮轮的整船建造、客舱建造、项目管理等方面有一定的探索，但整体上还处于摸索阶段，没有完全掌握邮轮设计及建造的共性关键技术。在高效、环保的动力装置以及焊接装备等方面也缺乏关键技术，亟待充实技术管理人才队伍，组建掌握设计及建造核心技术的团队。

（二）邮轮修造本土配套率较低

邮轮建造是一个巨系统工程，需要完备的供应链配套体系作为支撑，这不仅是降低造船成本、提高造船效率的需要，也是保障工程进度的需要。法国大西洋船厂的配套产品在欧洲的本土化率达到94%，6%来自亚洲或其他地区；芬坎蒂尼集团的配套产品在欧洲的本土化率为99%；德国迈尔船厂的配套产品在欧洲的本土化率为98%。与欧洲地区高度的产品本土化率形成反差，目前我国的本土邮轮建造供应链体系尚未形成，无法很好地支撑豪华邮轮建造的本土化，很多零部件需要从国外进口。

三　加快推动邮轮装备制造的建议

（一）加大邮轮建造政策支持力度

我国在邮轮设计及建造方面起步较晚，掌握的邮轮设计及建造相关核心技术比较少，技术沉淀较少。邮轮设计及建造不仅需要较强的技术和管理能力，还需要邮轮配套企业的集聚，这就需要制定更多的优惠政策来吸引国内外邮轮设计及建造企业。邮轮建造需要巨大的资金投入，尤其是在前期的邮轮研发设计阶段，面临着投入大、几乎无收益的困境。并且邮轮建造行业是高风险行业，需要大量的资金，为此要加大政策扶持力度，制定保税加工等相应的税收优惠政策。

（二）建设区域性邮轮建造集群

世界邮轮企业主要分布在北美、欧洲，北美地区以邮轮企业总部及配套企业为主，全球邮轮设计及建造配套企业主要分布在欧洲。目前国际豪华邮轮建造技术基本由外国企业所垄断，中国企业进入门槛和壁垒很高。高水平的邮轮经济需要邮轮产业集群的支撑。邮轮修造配套技术被国外企业所垄断，配套产业集群主要分布在欧洲。在我国推进大型邮轮修造的过程中，尚未拥有相关自主知识产权，缺少本土化的邮轮建造功能性平台，在国产邮轮建造核心部件的自主研发及供应链管理方面稍显不足，邮轮产业链要素集聚效应较小，邮轮建造的区域辐射及带动效应较为有限。国内外优质邮轮企业集聚程度依然较低，我国邮轮龙头企业的产业要素整合能力有待进一步增强，应吸引更多国内外邮轮配套企业集聚进而形成产业集群。

（三）加快构建自主供应链体系

建立健全邮轮国际采购、国内供应双向互动的平台，促进更多中国企业进入国际邮轮公司采购系统，学习相关经验。同时也应控制采购生产过程中的物流成本、培养本土邮轮配套供应商、建立邮轮建造物资供应的监管机制等，加快构建我国邮轮建造自主供应链体系。我国大型邮轮工程管理水平、信息化水平与国外相比差距明显，国产首制大型邮轮项目需要规避可能面临的管理过程失控、工期滞后于计划、综合效率不高等问题，应提升国产大型邮轮项目管理水平。

（四）加快探索绿色低碳邮轮建造

绿色邮轮成为国际邮轮产业发展的必然趋势和共同追求。邮轮在锚泊、停靠或移动时会产生大量的废水、废气和固体废弃物，进而对海洋和大气环境造成影响。为了尽量降低邮轮活动产生的负外部性，促进邮轮旅游的可持续发展，邮轮建造时应充分考虑环保要求，采用先进的废物处理技术，优化废物处理系统。预计到 2027 年，国际邮轮协会成员舰队将有 26 艘 LNG 动力邮轮（占全球运力的 16%）、231 艘配备先进废水处理系统的邮轮（占全球运力的 81%）、174 艘实现岸电连接的邮轮（占全球运力的 66%）、176 艘安装废气净化系统的邮轮（占全球运力的 81%）。到 2022 年底，MSC 地中海邮轮旗下 21 艘船舶中，11 艘都将配置岸电设施。此外，邮轮行驶中大量含硫燃料油的消耗是其造成大气污染的主要原因，未来更倾向于探索清洁能源和核能作为邮轮动力。随着能源科技的发展以及对清洁、高效能源的需求增加，船用混合动力装置应运而生并得到邮轮企业的青睐。

参考文献

汪泓主编《中国邮轮产业发展报告（2021）》，社会科学文献出版社，2021。
汪泓主编《中国邮轮产业发展报告（2020）》，社会科学文献出版社，2020。
汪泓主编《中国邮轮产业发展报告（2019）》，社会科学文献出版社，2019。
汪泓主编《中国邮轮产业发展报告（2018）》，社会科学文献出版社，2018。
汪泓主编《中国邮轮产业发展报告（2017）》，社会科学文献出版社，2017。
王嵩、宋丹瑛：《基于文献计量学的中国邮轮旅游研究回顾与展望》，《科技和产

业》2022 年第 6 期。

李超：《疫情常态化防控阶段邮轮行业发展及天津邮轮产业发展建议》，《中国港口》2022 年第 6 期。

徐珏慧：《中国邮轮业发展形势研判及沿海邮轮产品发展思考》，《中国港口》2022 年第 6 期。

侯晓敏、孙小龙：《中国邮轮旅游研究进展与热点演变——基于 CiteSpace 知识图谱分析》，《中国发展》2022 年第 3 期。

吴琼、张永锋：《新冠肺炎疫情对邮轮经济的影响机制和政策分析》，《交通运输工程与信息学报》2021 年第 1 期。

金雪、於世成：《后疫情时代国际邮轮复航的风险与对策思考》，《对外经贸实务》2021 年第 3 期。

罗慧镇、徐海兰：《基于感知价值与风险的邮轮旅游者重游意向研究》，《四川旅游学院学报》2021 年第 2 期。

G.12

新形势下促进中国"三游"
经济发展对策研究

甘胜军*

摘　要： 邮轮游船游艇产业链长、聚集性强、带动作用大，促进邮轮游船游艇装备及产业发展，有利于带动船舶产业高端转型，促进文化和旅游发展，提升现代服务业水平，是未来海洋经济的新增长点。近年来，我国邮轮游船游艇产业发展取得积极进展，逐步成为沿海港口城市产业转型升级和城市功能提升的特色产业。疫情对我国邮轮产业造成严重影响，在欧美邮轮市场加速复苏、我国邮轮市场依然全面暂停的情况下，我国在邮轮游船游艇装备设计建造、产业供应链建设、基础设施建设、消费市场培育等方面的巨大差距更加凸显。在新形势下，需要进一步加快促进我国"三游"（邮轮游船游艇）装备及产业发展，更好地满足人民对美好生活的需要，推动交通强国、造船强国建设。

关键词： "三游"经济　邮轮产业　船舶产业

一　我国"三游"经济发展形势分析

（一）消费市场发展潜力依然巨大

随着全球经济的发展和人们消费观念的转变，未来国际邮轮旅游有着巨

---

* 甘胜军，博士，上海海事大学经济管理学院副教授，研究方向：邮轮经济。

大的发展潜力。根据世界旅游组织统计，水上旅游收入占比不超过国际旅游总收入的10%，而其增速则是国际旅游整体增速的近两倍。尽管当前仍面临新冠肺炎疫情等诸多挑战，但消费者对邮轮游船游艇旅游的需求不断增加。2022年5月，嘉年华邮轮旗下23艘邮轮全面恢复运营，皇家加勒比国际游轮旗下26艘邮轮全部复航，诺唯真游轮17艘邮轮全面复航，公主邮轮15艘邮轮全面恢复运营。2016~2019年全球游艇市场稳定增长，但因疫情而急转直下。由于超高净值人士和极高净值人士数量保持稳定增长，2022年全球游艇市场规模将增至221亿欧元。我国是全球第二大邮轮客源国和最大的新兴市场，发展潜力巨大。游艇将成为中国大众化、活力化、品味化的水上休闲运动的载体。满足水上旅游需求的游船业成为水上旅游领域的新亮点。

图1　中国居民人均可支配收入及增长情况

资料来源：国家统计局统计公报。

（二）研发设计制造依然稳步推进

我国第一艘大型邮轮计划于2023年9月30日交付，第二艘大型邮轮已进入设计和建造阶段，计划于2024年12月交付。随着中国游艇建造的自主设计能力和新技术研发能力不断增强，中国游艇已经走向国际，多个品牌在国际市场上拥有一定知名度。长期以来，高端豪华客船建造技术被欧美等国所垄断，近年来，我国加快豪华游船设计及建造，在世界市场中所占地位不断提升。然而，我国邮轮自主设计研发能力薄弱，应加大邮轮设计及建造相关人才培养力度，完善邮轮工程技术人才培养体系。

表1 中国国产大型邮轮建造重要节点

时间	重要节点
2021年11月18日	国产首制大型邮轮H1508内装公共区域JA02-中庭正式开工
2021年11月22日	国内最大功率吊舱式推进器完成安装工作
2021年12月20日	国产首制大型邮轮H1508项目全船生产设计图纸全部完成
2022年2月24日	首制大型邮轮H1508预制舱室生产车间开工
2022年2月28日	首制大型邮轮H1508首批预制舱室顺利推舱
2022年3月8日	国产首制大型邮轮H1508调试节点实现突破,中控系统上电激活
2022年3月14日	国产首制大型邮轮JA14船员餐厅STAFF MESS公共区域第一块围壁板预封板开工
2022年5月30日	首制大型邮轮H1508船应急发电机实现动车
2022年6月20日	集控室获得背景工程区域完工证书,并通过船东船检报验
2022年7月1日	国产大型邮轮建造从舾装安装阶段全面进入设备功能调试阶段

资料来源：上海外高桥造船有限公司。

（三）疫情下产业发展规划逐步完善

我国加快邮轮旅游基础设施建设，上海、天津、深圳、青岛等地推进建设国际邮轮母港。2022年1月20日，国务院印发《"十四五"旅游业发展规划》，完善邮轮游艇旅游等发展政策，推进海洋旅游、山地旅游、温泉旅游、避暑旅游、内河游轮旅游等新业态发展。有序推进邮轮旅游基础设施建设，上海、天津、深圳、青岛、大连、厦门、福州等地推进邮轮旅游发展，三亚加快建设国际邮轮母港。推动内河旅游航道建设，在长江流域等有条件的江河湖泊发展内河游轮旅游，完善配套设施。推动游艇消费大众化，大

连、青岛、威海、珠海、厦门、三亚等滨海城市游艇创新发展取得一定成效,建设了一批适合大众消费的游艇示范项目。加强邮轮游艇等旅游装备研发应用和产业化发展,加强自主创新及高端制造。上海市政府发布《关于加快推进南北转型发展的实施意见》,提出高标准建设具有全球影响力的上海国际邮轮旅游度假区,延长邮轮产业链,打造具有国际邮轮特色、海上门户标识度的文旅新地标。

二 疫情下我国"三游"经济面临的挑战和瓶颈

(一)疫情下自主设计及建造面临新挑战

大型邮轮正式进入我国的时间较短,国内缺少大型邮轮建造的核心关键技术,我国大型邮轮产业供应链尚不完整,缺乏相关高端人才,尚未有建造交付的大型豪华邮轮。在新冠肺炎疫情下,邮轮设计及建造面临更高的要求。我国游船设计及建造在精度、标准、规格等方面与国外相比存在较大差距。国内专业游艇设计公司很少,大部分游艇建造企业以贴牌生产为主,生产图纸来自国外,游艇设计和研发能力与发达国家相比存在巨大差距。

(二)疫情下产业链延伸需进一步加快

我国是全球重要的邮轮旅游客源市场,受疫情影响全面停航至今,在邮轮港口布局、邮轮航线创新发展、邮轮旅游产品体系等方面与国外邮轮产业成熟地区相比还存在较大差距,中国邮轮旅游发展实验区和示范区的引领作用还需进一步加强,增强应对疫情等不确定性事件的能力。邮轮船供服务是邮轮母港的重要功能,建议支持建设区域性邮轮物资供应配送中心。同时,邮轮港口的交通体系对于邮轮母港的发展而言非常重要,要进一步完善邮轮港口的综合交通体系。还需要丰富沿海内河旅游客船精品航线,并且需要进一步提升滨海城市创新游艇产业发展能级,进一步深化游艇共享消费模式。

（三）基础设施建设还需加强

我国多地推动邮轮母港建设，2030 年前，全国沿海将形成以 2~3 个邮轮母港为引领、始发港为主体、访问港为补充的港口布局。但在邮轮船供、邮轮港对外交通体系、邮轮港口资源要素集聚发展、绿色港口发展等方面还存在明显不足，需要完善游船旅游配套基础设施。游艇公共配套基础设施建设有待加强，游艇公共码头和泊位配套不足。疫情对全球邮轮产业发展造成严重影响，邮轮的防疫安全系统需要进一步优化，加强邮轮疫情防控和运营安全体系建设。

（四）提升专业性展会影响力

我国大力推动邮轮游船游艇经济发展，要进一步提升装备设计制造展示和产业发展等相关方面的展会影响力、号召力和引领力，搭建更为丰富的国际合作交流平台。2021 年 10 月 22 日，上海吴淞口国际邮轮港举行"2021 吴淞口论坛"，正式发布《上海国际邮轮旅游度假区总体规划》。2021 年 11 月 11 日，由海南省旅文厅、省社科联、三亚市政府、海南热带海洋学院联合主办的首届海岛旅游和邮轮游艇发展学术研讨会在三亚举办，研讨会以"服务海岛旅游和邮轮游艇旅游发展 创新海南自贸港下海岛旅游和邮轮游艇发展模式"为主题。2021 年 11 月 28 日，"2021 中国邮轮经济发展高峰会议"在中欧国际工商学院（上海校区）隆重开幕，以"双循环格局下中国邮轮经济发展新趋势"为主题，紧跟当下邮轮产业发展新需求，依托新环境、新形势和新机遇，打造全球和中国邮轮产业发展的新风标和引航灯。

（五）产业发展评估机制不够健全

我国各地大力推动邮轮游船游艇经济发展，国家和地方层面也出台了诸多政策，沿海各地投入大量资金，加强基础设施建设，但产业发展评估机制不够健全，需要进一步完善。

三 我国"三游"经济产业
发展有关建议

（一）增强邮轮游船游艇自主设计建造能力

疫情对邮轮游船游艇经济发展造成严重影响，需要加强邮轮游船游艇疫情防控和运营安全体系建设。落实企业主体责任，聚焦消防安全、应急救援、危险作业、人员管控、物资管控等关键环节，进一步梳理大型邮轮工程可能存在的风险隐患，制定相关操作规程和标准，将安全生产要求和措施贯穿于国产大型邮轮全过程。加强邮轮疫情防控和运营安全体系建设，建立健全具有中国特色的国际邮轮卫生风险防控标准、防控体系、防控规程，提升邮轮安全突发事件响应能力。提升沿海内河旅游客船品质，全面提高船舶安全环保水平，推进新能源清洁能源动力示范应用，加强工业设计，增强舒适性和娱乐性。增强游艇自主设计研发能力，提升技术水平和建造品质，争取在大众化游艇、新能源游艇等研发设计上取得重大突破。

（二）大力推动邮轮游船游艇产业发展

推进中国邮轮旅游发展示范区（实验区）建设，打造一批特色鲜明的区域性国际邮轮旅游度假区。统筹邮轮母港和访问港布局，上海、天津、三亚、深圳、广州等加快建设邮轮母港。支持邮轮旅游产品和航线创新，有序推进在三亚、上海等邮轮港口开展海上游航线试点，开发中国籍邮轮沿海游航线、环海南岛航线、环南海航线、"一带一路"沿线国家一程多站航线等。推广实施邮轮船票管理制度，完善邮轮港服务规范。加大本土邮轮支持力度，提升邮轮建造、运营及配套企业集聚度，打造邮轮企业总部基地。大力支持大连、青岛、威海、珠海、厦门、三亚、北海等滨海城市游艇产业创新发展，举办各类游艇赛事，支持海南率先开展游艇租赁试点，推广游艇共享消费模式。开发沿海内河旅游客船精品航线，推进环渤海、粤港澳大湾区、海南自贸港、长江经济带、珠江—西江经济带、大运河文化带等的水上旅游资源开发。

（三）加快推进邮轮游船游艇基础设施建设

有序推进邮轮港口基础设施建设，拓展邮轮港口服务功能，推动邮轮港口资源要素集聚发展，建设区域性邮轮物资供应配送中心。邮轮港口交通体系对邮轮母港发展而言非常重要，要进一步完善邮轮港口综合交通体系，构建便捷、高效的邮轮港口配套交通网络。推动口岸通关模式创新，提升邮轮口岸通关效率，建立标准化登船流程体系。着力推进邮轮绿色发展，推进邮轮港口岸电供售电设施改造，提升邮轮码头岸电覆盖率，鼓励邮轮靠港后优先使用岸电。加强沿海沿江文化景观再造和生态治理，推进国内旅游精品航线建设，完善旅游配套基础设施和设备。加强游艇公共配套基础设施建设，因地制宜规划建设一批游艇公共码头和泊位。

（四）构建专业品牌展会

鼓励滨海发达城市与国际知名邮轮专业展会合作，举办国际性、全国性邮轮展会，搭建邮轮技术交流和合作平台。支持召开亚太邮轮大会、中国邮轮产业发展大会、亚太邮轮经济50人高峰论坛、中国邮轮经济发展高峰论坛等，支持举办上海国际邮轮港帆船赛、深圳中国杯帆船赛、厦门俱乐部杯帆船赛、海南环岛帆船赛、青岛市长杯帆船赛等赛事，形成邮轮游艇发展新格局，增强中国在邮轮行业的影响力。

（五）建立产业发展评估机制

考虑到评估工作的可操作性，在细化评估主体的同时，加入第三方主体等相关内容。建立由高校、行业单位和研究机构为评估主体的邮轮游船游艇产业发展和政策评估机制，适时组织开展全行业评估，对邮轮游船游艇经济发展中存在的问题及时予以研究，对各地的成功经验予以推广。

参考文献

汪泓主编《中国邮轮产业发展报告（2021）》，社会科学文献出版社，2021。

汪泓主编《中国邮轮产业发展报告（2020）》，社会科学文献出版社，2020。

汪泓主编《中国邮轮产业发展报告（2019）》，社会科学文献出版社，2019。

汪泓主编《中国邮轮产业发展报告（2018）》，社会科学文献出版社，2018。

汪泓主编《中国邮轮产业发展报告（2017）》，社会科学文献出版社，2017。

杨东伟、叶秉城、黄学彬、张建强、励沐歌：《海南自由贸易港建设背景下三亚邮轮港综合竞争力研究》，《科技和产业》2022年第4期。

孙瑞红、周淑怡、叶欣梁：《双循环格局下我国邮轮客源市场空间格局与分级开发：基于引力模型的修正与应用》，《世界地理研究》2022年10月15日。

易国伟、陈刚、刘佩、冯妮、李华军：《国产首制大型邮轮总装能力建设与产业发展研究》，《中国工程科学》2022年第2期。

吕杰锋、周依鸣、王莫紫荆：《基于系统聚类法的邮轮外观品牌形象现状研究》，《中国舰船研究》2022年第2期。

石垚、叶欣梁：《2006年以来中国邮轮母港时空格局演变和产业聚集形成研究》，载《2021中国旅游科学年会论文集》，2021年4月23日。

余有勇：《旅游业公共卫生危机管理能力提升路径研究——国内外邮轮复航的经验与启示》，《中国应急管理科学》2021年第4期。

赵立祥、谢子轶、杨永志、高振迪、计明军：《基于收益管理的邮轮客舱分配与定价模型》，《中国管理科学》2022年第1期。

中国邮轮旅游者顾客价值形成机制研究

张言庆　王　慧　杨仕杰　李瑞雪*

摘　要： 在新冠肺炎疫情下，中国邮轮旅游市场在历经十余年快速发展后出现了明显的增速放缓迹象。除航线产品单一、邮轮文化培育不足等外，邮轮旅游市场顾客价值未得到有效的回应和满足也是导致这一现象出现的重要原因。目前针对中国邮轮旅游者顾客价值的相关研究非常匮乏，因此，本文借助手段—目的链理论，利用软梯度访谈方法和层次价值图展开分析，将从青岛母港出发的邮轮游客作为研究对象，探析中国邮轮旅游者顾客价值的形成过程，并揭示邮轮产品属性与消费者消费结果感知和价值实现之间的内在机理，为邮轮业者准确把握消费者心理和偏好、形成切实有效的营销组合、增强中国邮轮旅游市场活力提供理论依据。

关键词： 邮轮旅游　顾客价值　青岛

邮轮旅游是一种依托大型豪华船舶，以海上巡游和陆上游览为活动内容的度假旅游方式。[①] 在20世纪60年代跨洋海上客运业迫于民用航空业强势发展带来的压力而寻求转型的背景下，疫情前国际邮轮旅游市场以年均7%

---

* 张言庆，博士，青岛大学旅游与地理科学学院副教授，主要研究方向：邮轮旅游、旅游产业经济；王慧，青岛大学旅游与地理科学学院硕士研究生，主要研究方向：旅游产业经济；杨仕杰，青岛大学旅游与地理科学学院硕士研究生，主要研究方向：旅游产业经济；李瑞雪，青岛大学旅游与地理科学学院硕士研究生，主要研究方向：旅游产业经济。

① 张言庆：《基于供需特征分析的中国邮轮旅游发展策略研究》，科学出版社，2018。

左右的速度快速增长，2019 年全球邮轮旅游市场规模接近 3000 万人次。自 2006 年歌诗达邮轮公司正式开发以上海为母港的邮轮旅游航线以来，中国邮轮旅游呈快速发展之势，2017 年邮轮旅游市场规模达到创纪录的 248 万人次，在华运营的中外邮轮公司增加到 11 家，邮轮数量达到 18 艘。之后，中国邮轮旅游市场出现了明显的增速放缓甚至下降的趋势，部分外资邮轮公司开始减小在中国市场的运力投放；业界甚至还出现"中国邮轮业驶入冰河期""邮轮业黄金十年戛然而止"等声音。对于中国邮轮旅游市场增速放缓原因，众说纷纭，如邮轮航线产品单一、受包船切舱销售模式拖累、邮轮文化培育不足等。但从市场营销角度看，在市场供给的数量和质量均提升的形势下销量减少，很有可能的原因是顾客价值未得到有效的回应和满足。

顾客价值是顾客对产品的属性、功效以及对使用结果在特定情境下有益于或有碍于达成其终极目标状况的感知偏好和评价。[1] 在日益激烈的市场竞争环境下，企业必须清楚顾客的需要才能有针对性地制定并实施营销策略。顾客价值影响着购买决策，决定着顾客与企业间能否形成情感联系，[2] 进而决定了企业竞争优势和经营绩效。因此，顾客价值被称为 21 世纪企业竞争优势的来源，并成为国内外营销学界的研究焦点。从社会心理学角度，包括消费行为在内的人类一切行为都是为了满足其价值诉求。[3] 基于此，顾客价值与消费者自身的认知结构被联系起来，手段—目的链（Means-End Chains，MEC）理论应运而生，[4] 用以深入了解消费行为背后

① Woodruff R. B., "Customer Value: The Next Source for Competitive Advantage," *Journal of the Academy of Marketing Science*, 1997, 25 (2).

② Ulaga W., "Capturing Value Creation in Business Relationships: A Customer Perspective," *Industrial Marketing Management*, 2003, 32 (3); Parasuraman A., Grewal D., "The Impact of Technology on the Quality-value-loyalty Chain: A Research Agenda," *Journal of the Academy of Marketing Science*, 2000, 28 (1).

③ 董大海、张涛：《顾客价值屋模型：一种分析顾客价值要素的新方法》，《价值工程》2004 年第 4 期。

④ Rokeach S. J., "From Pervasive Ambiguity to a Definition of the Situation," *Sociometry*, 1973, 36 (3).

潜在的价值诉求，进而帮助企业开展行之有效的产品开发与营销实践。① 手段—目的链理论也是国内外旅游学术界在研究游客动机、游客价值、目的地选择影响因素等问题时常用的理论，② 能够有效地探明旅游产品和服务的属性因素与影响旅游者决策和行为的动机因素③或个人价值因素④间的关系。国外学术界对邮轮旅游产品属性、参游动机等的研究较多，但缺乏针对产品属性与参游动机间关系的研究，以及对邮轮旅游顾客价值及其形成机制的研究。国内学者对邮轮旅游的研究更多地从邮轮价格形成机制⑤、邮轮港口和航线⑥、邮轮产业链⑦、邮轮法规与政策⑧等供给侧角度入手，较少涉及邮轮消费者研究⑨。本文借助手段—目的链理论来探析国内邮轮旅游者顾客价值形成过程，揭示邮轮产品属性对国内邮轮旅游者消费结果感知和价值实现的内在影响机理，为邮轮业者更好地把握消费者心理和

① Gutman J. , "A Means-End Chain Model Basedon Consumer Categorization Processes," *Journal of Marketing*, 1982, 46（2）；Reynolds T. , Gutman J. , "Advertising is Image Management," *Journal of Advertising Research*, 1984, 24（1）.

② Olson K. R. , "Consumer Behavior and Marketing Strategy," Dongbei Univeristy of Finance & Economics Press, 1998；Mcdonald S. , Thyne M. , Mcmorland L. A. , "Means-end Theory in Tourism Research," *Annals of Tourism Research*, 2008, 35（2）.

③ 王章郡、温碧燕、方忠权等：《徒步游客的行为模式演化及群体特征分异——基于"方法—目的链"理论的解释》，《旅游学刊》2018 年第 3 期；Jiang S. , Scott N. , Ding P. Y. , "Motivations of Experienced Leisure Travellers：A Means-end Chain Study on the Chinese Outbound Market," *Journal of Vacation Marketing*, 2019, 25（2）.

④ Watkins L. J. , Gnoth J. , "Japanese Tourism Values：A Means-End Investigation," *Journal of Travel Research*, 2011, 50（6）.

⑤ Reynolds T. , Gutman J. , "Advertising is Image Management," *Journal of Advertising Research*, 1984, 24（1）.

⑥ 孙晓东、武晓荣、冯学钢：《邮轮航线设置的基本特征与规划要素研究》，《旅游学刊》2015 年第 11 期；孙晓东、倪荣鑫：《国际邮轮港口岸上产品配备与资源配置——基于产品类型的实证分析》，《旅游学刊》2018 年第 7 期。

⑦ 徐成元、王磊：《邮轮旅游供应链的旅行社激励机制研究：组织游客奖励还是营销推广扶持？》，《旅游科学》2020 年第 1 期。

⑧ 吕方园、郭萍：《邮轮霸船之法律考量——以〈旅游法〉为分析进路》，《旅游学刊》2014 年第 10 期。

⑨ 孙晓东、倪荣鑫：《中国邮轮游客的产品认知、情感表达与品牌形象感知——基于在线点评的内容分析》，《地理研究》2018 年第 6 期；陈梅、刘晶晶、崔枫等：《邮轮旅游者未来价值评估与潜类分析模型——以大陆、香港和台湾为例》，《人文地理》2017 年第 2 期。

偏好、形成切实有效的营销组合、增强疫后中国邮轮旅游市场活力提供理论依据。

一　文献综述

（一）手段—目的链理论

影响旅游者决策和行为的因素很多，从有形的产品属性到旅游者个人的抽象或无形的利益诉求、需要、动机或个人价值等。[1] 手段—目的链理论能够把广义产品的具体属性、属性给消费者带来的比较抽象的结果，以及借由结果实现的更为抽象的个人价值进行认知性联结，即形成了一个所谓的手段—目的链。[2] 产品或服务本身的属性即手段，结果与价值构成目的。[3] 顾客对产品或服务属性的消费能使其获得更为抽象或更深层次的效用，或者说消费者购买产品是想借由产品的使用来获取其想要的价值。[4] 借助这个手段—目的链能够很好地理解消费者与其购买和消费的产品间的深层次关系，有助于回答消费者如何看待购买和消费的产品、该产品及其包含的属性对购买者或消费者的价值等问题。简言之，MEC 理论认为消费者之所以会选择某种产品，是因为该产品的某些属性能够满足其某些方面的利益需求，或者能降低某些方面的不利后果，而这些利益或后果对于个人价值的实现会产生积极作用。

MEC 理论在旅游研究领域得到了较为广泛的应用，主要用于研究产品

---

① 陈梅、刘晶晶、崔枫等：《邮轮旅游者未来价值评估与潜类分析模型——以大陆、香港和台湾为例》，《人文地理》2017 年第 2 期。

② Klenosky D. B. , Gengler C. E. , Mulvey M. S. , "Understanding the Factors Influencing Sski Destination Choice: A Means-end Analytic Approach," *Journal of Leisure Research* , 1993, 25 (4).

③ Reynolds T. , Gutman J. , "Advertising is Image Management," *Journal of Advertising Research* , 1984, 24 (1).

④ Gutman J. "A Means-end Chain Model Basedon Consumer Categorization Processes," *Journal of Marketing* , 1982, 46 (2).

或目的地选择的影响因素①、旅游动机②、旅游者价值③、旅游体验质量与满意度④，应用场景包括滑雪度假地、滨海旅游、自然旅游、朝圣旅行、山地旅游、原住民观光、团队旅游和背包客旅行等。

在应用 MEC 理论的过程中，国外学者开发了阶梯访谈调查技术，即通过一系列面向消费者的一对一深度访谈，获取产品属性和个人价值间的手段—目的链数据。⑤ 在产品属性获取阶段，向被访者提供一些简单的分类或归类任务并从中发掘被访者用以区分研究对象与其他相关产品的差异。然后，以上述发掘的产品属性为基础，通过依次提问"这个属性/特征/方面为什么对你是重要的"让被访者表达其关注的结果/利益和个人价值。

阶梯访谈调查技术包括两大类：软阶梯访谈和硬阶梯访谈。软阶梯访谈需要引导被访者用自己的语言自由地表达其所关注或考虑的产品属性、结果和个人价值，之后对访谈记录的内容进行编码，形成产品属性、结果和个人价值概念，进而回溯三者间的关系，形成若干条属性—结

---

① Reynolds T. J., Gutman J. "Laddering Theory, Methods, Analysis, and Interpretation," *Journal of Advertising Research*, 1988, 18 (1).

② Klenosky D. B., "The 'Pull' of Tourism Destinations: A Means-End Investigation," *Journal of Travel Research*, 2002, (40); 曲颖、贾鸿雁：《国内海滨城市旅游目的地推拉动机关系机制研究——"手段—目的"方法的应用》，《旅游科学》2013 年第 4 期；Mcdonald S., Thyne M., Mcmorland L A., "Means-end Theory in Tourism Research," *Annals of Tourism Research*, 2008, 35 (2)。

③ Jiang S., Scott N., Ding P., et al., "ExploringChinese Outbound Tourism Motivation Using Means-end Chains: A Conceptual Model," *Journal of China Tourism Research*, 2012, 8 (4); 胡露露、龚箭、胡静：《基于方法—目的链模型的海南岛游客价值研究》，《华中师范大学学报》（自然科学版）2013 年第 5 期。

④ Kim B., Kim S. S. and King B., "The Sacred and the Profane: Identifying Pilgrim Traveler Value Orientations Using Means-end Theory," *Tourism Management*, 2016 (56); 王跃伟、陈航：《基于"手段—目的"链的旅游者满意因素分析——以辽宁赴台旅游者为例》，《旅游学刊》2011 年第 6 期。

⑤ Klenosky D. B., Gengler C. E., Mulvey M. S., "Understanding the Factors Influencing Ski Destination Choice: A Means-end Analytic Approach," *Journal of Leisure Research*, 1993, 25 (4)。

果—价值链条（简称"ACV链条"）。[1] 研究者再将各个被访者的ACV链条的结构关系综合汇总成非对称含义矩阵形式，进而构建更加直观的层次价值图（HVM）。层次价值图是一个网格状树形图，用以揭示某一特定产品的关键概念，集合了访谈中出现次数较多的ACV链，能够说明大量的属性是如何通过产品使用结果汇聚成个人价值的，[2] 用以综合反映被访者的顾客价值形成机理。

（二）邮轮产品属性

价值是通过产品和服务的功能和利益组合来实现的，不同的顾客对产品和服务有着不同的利益诉求，而利益需要借由产品和服务属性来实现。属性一般分为抽象属性和具体属性。[3] 邮轮旅游产品包含船上和岸上两个方面，由具体属性（如邮轮、邮轮服务设施、游乐项目等）和抽象属性（邮轮服务和游客感受）两类组成。表1列举了国内外文献探讨的邮轮旅游产品属性维度。与欧美邮轮游客相比，大部分中国游客是初次邮轮旅游体验者，对价格更为敏感。[4] 中国邮轮游客重视娱乐项目、住宿空间、服务人员等属性，并且对这些属性大多比较满意。但他们更希望增加购物空间、运动场所和船上活动。[5] 他们也希望与会说中文的海外船员进行交流，吃正宗的中国

① Walker K., Moscardo G., "Encouraging Sustainability Beyond the Tourist Experience: Ecotourism, Interpretation and Values," *Journal of Sustainable Tourism*, 2014, 22（8）；汪丽颖：《乡村旅游中的游客中心顾客价值层次模型研究——以临安大峡谷村为例》，《旅游论坛》2018年第6期。

② Kim B., Kim S. S. and King B., "The Sacred and the Profane: Identifying Pilgrim Traveler Value Orientations Using Means-end Teory," *Tourism Management*, 2016（56）.

③ Peter, Olson K. R., "Consumer Behavior and arketing Strategy," *Dongbei Univeristy of Finance & Economics Press*, 1998.

④ Sun X., Feng X., Gauri D. K. "The Cruise Industry in China: Efforts, Progress and Challenges," *International Journal of Hospitality Management*, 2014（42）.

⑤ Xie H., Kerstetter D. L., Mattila A. S., "The Attributes of A Cruise Ship that Influence the Decision Making of Cruisers and Potential Cruisers," *International Journal of Hospitality Management*, 2012, 31（1）.

菜，而不是国际美食。① 针对中国邮轮消费者的研究表明，初次参与者与重游者在预定时间、航行天数、旅游距离和花费等方面存在显著差异，所关注的邮轮产品属性也有较大差别。②

表 1　邮轮旅游产品属性维度

作者	年份	主要内容
Teye&Leclere	1998	获得 14 个北美邮轮旅游者对邮轮旅游产品的期望属性(舱房清洁度、员工服务、设施的外观和质量等)
Qu&Ping	1999	以中国香港邮轮旅游者为研究对象,研究了 5 个维度 31 个条目的邮轮旅游属性,包括住宿(空间、设施、洁净、客房服务、氛围和舒适)、食品和饮料(品种、质量、服务、座位、氛围和舒适、洁净)等
Xie 等	2012	以美国邮轮旅游者为问卷调查对象,对邮轮船上产品属性进行研究,通过因子分析形成了 7 个方面的船上属性,包括娱乐项目、游憩与运动项目、辅助设施、核心设施、康体项目、儿童项目、船员
Fan&Hsu	2014	针对中国大陆潜在邮轮旅游者的研究表明,邮轮产品的期望属性包括有趣、不会晕船、设施丰富、玩得开心、新奇体验、邮轮航线和停靠地、性价比高、美景、宁静、与亲友相处、放松
Hwang & Han	2014	通过对美国豪华邮轮游客的问卷调查研究,采用因子分析获得了包含 7 个维度的邮轮产品属性体系:餐饮质量、服务质量、船员吸引力、娱乐项目、停靠港、船上设施、儿童项目、舱房质量
Chen 等	2015	针对以亚洲游客为主的邮轮游客的调查研究发现,邮轮旅游者偏好的邮轮产品属性主要有基本属性(餐厅、客舱设施、客房服务、食物)、娱乐、运动、游憩康养、儿童项目、停靠港口、亚洲特色(如茶馆)
Lyu 等	2017	针对中国邮轮游客的多渠道调查,研究了消费者对邮轮旅游的服务属性的认知状况,包括设施和装饰、船上娱乐、社会交往、餐厅服务 4 个维度 20 个条目

---

① Sun X. D., Kwortnik R., Gauri D. K., "Exploring Behavioral Differences between New and Repeat Cruisers to a Cruise Brand," *International Journal of Hospitality Management*, 2018 (71).

② Teye V. B., Leclerc D., "Product and Service Delivery Satisfaction Among North American Cruise Passengers," *Tourism Management*, 1998, 19 (2).

邮轮绿皮书

续表

作者	年份	主要内容
Whyte	2017	针对美国和加拿大邮轮游客开展问卷调查研究，分别获取了船上、岸上和邮轮度假（区别于其他度假产品）的产品属性：①船上产品属性：3类（船上环境、船上社交活动、船上游憩）共17个属性；②岸上产品属性：5大类（岸上活动、学习和探索、视觉环境、安全和舒适、目的地发展）22个属性；③邮轮度假产品属性：25个属性，包括多个目的地、便捷舒适的旅行体验、一价全包、不用操心、活动丰富等
孙晓东和徐美华	2020	针对邮轮评论家网站上的全球范围内邮轮游客的点评内容开展研究，获得游客所关注的10个方面的邮轮产品属性：客房、餐饮、娱乐、公共空间、康健/消遣、家庭、岸上观光、充实活动、服务和性价比
黄燕玲等	2021	针对携程网和同程网上的中国邮轮游客评价内容开展研究，获得了4个方面的邮轮产品游客认知维度，包括邮轮设施（含餐饮、住宿）、邮轮环境（含地域环境、社会环境、自然环境）、邮轮活动（含船上活动、岸上活动、行程安排）、邮轮服务（含客房服务、管理）

资料来源：Teye V. B., Leclerc D., "Product and Service Delivery Satisfaction Among North American Cruise Passengers," *Tourism Management*, 1998, 19 (2); Qu, H. and Ping, E. W. Y., "A Service Performance model of Hong Kon Cruise Travelers' Motivation Factors and Satisfaction," *Tourism Management*, 1999, 20 (2); Fan D. X. F, Hsu C. H. C., "Potential Mainland Chinese Cruise Travelers' Expectations, Motivations, and Intentions," *Journal of Travel & Tourism Marketing*, 2014, 31 (4); Hwang J., Han H., "Examining Strategies for Maximizing and Utilizing Brand prestige in the Luxury Cruise Industry," *Tourism Management*, 2014 (40); Chen J. M., Neuts B., Nijkamp P., "Demand Determinants of Cruise Tourism in Competitive Markets: Motivation, Preference, and Intention," *Tourism Economics*, 2016, 22 (2); Lyu J., Hu L., Hung K., et al., "Assessing Servicescape of Cruise Tourism: The Perception of Chinese Tourists," *International Journal of Contemporary Hospitality Management*, 2017; Whyte, James L. "Understanding the Relationship between Push and Pull Motivational Factors in Cruise Tourism: A Canonical Correlation Analysis," *International Journal of Tourism Research*, 2017, 19 (5); 孙晓东、徐美华：《邮轮属性评价与品牌定位——基于专业型游客的感知研究》，《地理科学》2020年第10期；黄燕玲、汪菁菁、秦雨：《产业转型背景下中国邮轮游客感知研究——基于27126条网络文本数据分析》，《西北师范大学学报》（自然科学版）2021年第2期。

（三）邮轮旅游体验结果

结果是消费后导致的状态，但不是一种终极状态，而是介于产品属性和个人价值之间的一种中间状态，是消费者购买产品或服务所获得的收益及存在的风险，可分为功能性结果和社会心理性结果。从消费决策的角度，这种结果是消费者在购买产品时期望获得的利益，类似于需求动机。在旅游决策中，动机是旅游者决策行为背后的驱动力，以满足其心理和生理方面的需要，[①] 从某种角度来说旅游动机即旅游者期望获得的体验结果。

在邮轮旅游领域，已有文献对邮轮游客的出游动机进行了较为深入的实证研究。相关研究识别出了邮轮游客的自尊和社会认同、逃避或放松、学习探索和刺激、加强联系等四维度的旅游动机；[②] 而其他研究得出了逃避（包括心理放松、避免繁杂、身体放松、居于安静）、社交（包括建立友谊、增进关系、和他人在一起、与朋友共享快乐时光、获得归属感）、挑战（包括挑战自我、发挥个人能力和技术）、增长见识（包括提升个人知识、探索新事物、发挥想象力）等邮轮旅游动机。[③] 不同亚文化群体的旅游动机因其所推崇价值的不同而有所差异。以往对邮轮旅游动机的研究大多针对欧美游客，随着亚太地区邮轮旅游的快速兴起，针对亚太邮轮游客的旅游动机研究逐渐增多。对中国香港邮轮游客的出游动机进行了实证研究，从而识别出了8个方面的邮轮旅游动机：逃避日常生活、社交、环境和风景、文化理解、社会地位、商务目的、健康和锻炼、自我探索。[④] 基于推拉理论，在对中国台湾邮轮游客的动机研究发现，推力动机包括终身学习、逃避和放松、冒险、归属感和地位追求，拉力动机包括环境与安全、娱乐与体育、自然环

---

① Dann G. M. S., "Tourist Motivation an Appraisal," *Annals of Tourism Research*, 1981, 8 (2); Uysal M., Hagan L. A. R., "Motivation of Pleasure Travel and Tourism," *Encyclopedia of hospitality and tourism*, 1993 (4).

② Fu X., Huang J., Cai L., "Chinese Cruise Tourists' Motivations: A Cultural-historical Perspective," *The 29th Annual Conference of International Society of Travel and Tourism Educators*, 2010, Long Beach. Hung K., Petrick J. F. "Testing the Effects of Congruity, Travel Constraints, and Self-efficacy on Travel Intentions: An Alternative Decision-making Model," *Tourism Management*, 2012 (33); 邢宁宁、杨双双、黄宇舟等：《"90后"出境旅游动机及价值追寻》，《旅游学刊》2018年第9期。

③ Whyte, James L., "Understanding the Relationship between Push and Pull Motivational Factors in Cruise Tourism: A Canonical Correlation Analysis," *International Journal of Tourism Research*, 2017, 19 (5).

④ Teye V. B., Leclerc D., "Product and Service Delivery Satisfaction Among North American Cruise Passengers," *Tourism Management*, 1998, 19 (2).

境、学习机会、城市现代性和设施。[1] 从文化历史角度，根据中国邮轮游客的推拉动机模型探索结果，其中推力因素有精神净化、道德教化、放松逃避、社交聚会、家庭幸福、文化探索，拉力因素有开放自由、美丽风景、文化和娱乐，进而发现中国邮轮游客的参游动机受到中国休闲文化中水元素影响，如生命、流动和能量、纯净、清新、自然状态等。对中国大陆邮轮游客的旅游动机实证研究表明，旅游动机维度包括增进家庭关系、社交、娱乐、岸上观光、社会认同、放松。对亚洲邮轮游客的研究发现，旅游动机主要包括自尊、逃避、学习、加强联系。对中国邮轮游客的旅游动机研究表明，中国游客与西方游客有着很多相似的动机，比如放松、逃避正常生活等。然而，中西方邮轮游客在不同旅游动机的重要性感知上存在较大差异，如相较于西方邮轮游客，中国邮轮游客将享受美丽的环境和风景、与朋友分享、与家人共享欢乐时光等看得更为重要，这是因为中国人有一种独特的尊重家人和朋友的集体主义文化属性。[2]

（四）价值观及其量表

个人价值是人们所追求的最终目标，价值观则是一种外显的或内隐的，有关什么是"值得的"的看法。价值观影响着人们的态度、动机和行为方式，因此，目的地选择的属性、体验行为及结果、最终的价值实现构成了旅游动机圈层。[3] 早在 20 世纪 80 年代，美国宾夕法尼亚州旅游局就利用价值观和生活方式量表（VALS）开展了价值观与旅游者的目的地形象感知和行为决策关系的研究，证实了价值观比一般的人口统计学特征在解释旅游者行

---

[1] Lu C., " The Study of Tourism Motivation and Experience of the Cruise-ship Tours: A Case Study of the Berlitz Evaluated 4 - Star Cruise-ships," Unpublished Master's Thesis, Chinese Culture University, Taiwan, 2001.

[2] Lyu J., Hu L., Hung K., et al., "Assessing Servicescape of Cruise Tourism: The Perception of Chinese Tourists," *International Journal of Contemporary Hospitality Management*, 2017.

[3] Huang J., Hsu C. H. C., "The Impact of Customer-to-customer Interaction on Cruise Experience and Vacation Satisfaction," *Journal of Travel Research*, 2009, 49 (1).

为方面更为有效。价值观对旅游行为有显著影响,[1] 甚至比普洛格的游客个性类型在预测旅行方式方面更为精准和有效。[2] 学者以中国出境游客为实证对象,对价值观对游客旅游动机和行为倾向影响的研究发现,内外部价值观皆对旅游动机有显著正向影响,但只有内部价值对行为意向有显著影响。[3] 对中国大陆"90后"出境旅游群体的研究发现,该群体价值观主要包括自我提升、增进人际关系、自我实现、满足感,且在该群体间存在显著的目的属性、体验结果和价值观关系链条。[4]

量表开发是价值观相关研究的基础,目前国内外学者所开发的价值观量表众多,常见的量表有:①5项人类基本价值观维度(人的本质、理想人格、人与自然的关系、人际关系、时间导向);[5] ②由18项价值信念构成的终极性价值观量表和工具性价值观量表;[6] ③通过多国调查形成的6维度价值观量表(权利距离、对不确定性的规避程度、个人主义与集体主义、男性或女性气质、长期或短期导向、放纵与节制);[7] ④10维度价值观量表(权利、成就、享乐主义、刺激、自我定向、普遍性、慈善、传统、遵从和安全)。[8] 上述价值观量表多是基于西方社会文化背景进行的研究。专门针对华人社会文化背景开发的价值观量表也相继出现,其中影响较大的包括:①中国价值观量表,包含与自然和谐共生、缘、忍让、情景导向、尊重权

[1] Shih D., " VALS as a Tool of Tourism Market Research: The Pennsylvania Experience," *Journal of Travel Research*, 1986, 24 (4).

[2] Madrigal R., Kahle L., " Predicting Vacation Activity Preferences on the Basis of Value-system Segmentation," *Journal of Travel Research*, 1994, 32 (3).

[3] Madrigal R., "Personal Values, Traveler Personality Type, and Leisure Travel Style," *Journal of Leisure Research*", 1995, 27 (2).

[4] Li M., Cai L. A., "The Effects of Personal Values on Travel Motivation and Behavioral Intention," *Journal of Travel Research*, 2012, 51 (4).

[5] 邢宁宁、杨双双、黄宇舟等:《"90后"出境旅游动机及价值追寻》,《旅游学刊》2018年第9期。

[6] Kluckhohn F. R., Strodtbeck F. L., *Variations in Value Orientations*, Row, Peterson and Co. 1961.

[7] Hofstede G., " Identifying Organizational Subcultures: An Empirical Approach," *Journal of Management Studies*, 2010, 35 (1).

[8] Schwartz S. H., Howard J. A., *Internalized Values as Motivators of Altruism*, Springer US, 1984.

威、人际关系、集体导向、面子、崇古导向、中庸、与人为善等12个维度；① ②包含4个维度（整合、儒家工作动力、仁慈、道德责任）、40个题项的中国价值观量表；② ③包含3个儒家文化价值维度（行为与地位相一致、家族声誉、倾听他人）、2个道家文化价值维度（崇尚自然、自然和谐）、3个佛家文化价值维度（公正平等、奢侈无用、相信缘分）的中国传统文化价值观量表；③ ④包含3个二阶因子（处世哲学、自我意识、人际关系）和8个一阶因子（实用理性、中庸之道、面子形象、独立自主、奋斗进取、差序关系、人情往来、权威从众）的中国消费者价值观量表。④

二 研究设计

（一）调研准备

本文采用软阶梯访谈方式开展研究。课题组首先阅读梳理国内外 MEC 理论及实证研究文献，在此基础上设计访谈方案，并对所在院系部分师生进行预访谈，以使研究人员熟悉访谈流程和技巧，并根据预访谈中的情况反馈完善访谈方案。

（二）访谈设计

选取 2019 年 12 月从青岛邮轮母港出发的歌诗达"赛琳娜号"青岛—福

---

① Oliver H. M., "Chinese Cultural Values: Their Dimensions and Marketing Implications," *European Journal of Marketing*, 1988, 22 (5).
② Bond, M. H., *Chinese Values*, in M. H. Bond (Ed.), Handbook of Chinese Psychology, Hong Kong: Oxford University Press, 1996.
③ Fornerino M., Sanchez C. N., Zhang M. X., et al., "Do Values or Goals Better Explain Intent? A Cross National Comparison," *Journal of Business Research*, 2011, 64 (5).
④ 潘煜、高丽、张星等：《中国文化背景下的消费者价值观研究——量表开发与比较》，《管理世界》2014 年第 4 期。

冈—青岛 5 日 4 晚的邮轮航次的游客开展访谈调研。课题组采用目的性抽样法，并侧重样本的异质性和代表性，在航游返程途中实施调研。研究人员在邮轮公共空间进行观察，选择具有较好访谈条件并符合目的抽样要求的游客进行访谈。首先与被访者寒暄并表明自己的研究者身份，然后发出访谈邀请，征得被访者同意后，简要介绍访谈目的和程序。在调研之初设置了一个过滤性问题，保证被访者是游客而非旅游团领队或其他工作人员。每个被访者事先被告知访谈完成后可获赠一个三合一手机充电器且访谈过程需要录音。研究人员两人一组，其中一人主要负责引导访谈进程，另一人主要负责记录并录音。

（三）访谈实施

关于定性访谈的样本规模，西方学者认为如果访谈对象选择得当，20人就足以达到资料饱和。[1] 课题组共邀请了 60 位游客，24 人完成了访谈，访谈持续时间为 25~50 分钟（见表 2），经整理后获得 20 个有效访谈。根据预调研所获经验，研究人员综合采用两种方式开启访谈，一种是将邮轮旅游和传统旅游（如选择航空交通方式的旅游）进行对比，引导被访者说出选择邮轮旅游所看重的产品属性；另一种是直接询问被访者，邮轮旅游产品的哪些属性对其具有吸引力或比较重要，并鼓励游客说出尽可能多的邮轮产品属性。当采用第一种方式但被访者未能给出重要的产品属性或给出的属性过少时，则改为使用第二种方式。在上述访谈所获邮轮产品属性的基础上，研究人员依次使用"阶梯渐进"程序询问被访者"为什么这个属性对你来说是重要的"，并将上述问题答案用于下一个问题"这个结果为什么对你是重要的"的访谈中。提问持续进行直到访谈员认为被访者提供的答案已经属于最高水平的个人价值层面。如果被访者最初提供的答案是关于结果层面的，访谈员则需要在阶梯上反向询问得出这一结果的支持属性，再返回到询问更高个人价值的阶段。总之，根据受访者提供的答案层次灵活询问以形成完整的"手段—目的"链。

---

① Lincoln, Yvonna S., Guba E. G., *Naturalistic Inquiry*, Beverly Hills, CA: Sage, 1985.

表2　受访邮轮游客基本信息统计

序号	客源地	性别	年龄	参加次数	游伴情况
1	山东烟台	女	29	1	公司同事
2	北京	男	65	1	爱人
3	山东青岛	女	56	1	家人
4	河北邯郸	男	55	1	家人
5	山西运城	女	60	1	孙女
6	吉林长春	女	38	1	孩子
7	河北邯郸	男	31	1	团队
8	辽宁沈阳	女	58	1	家人
9	山东济宁	男	37	1	家人
10	山东青岛	男	27	1	单位同事
11	江西九江	女	30	1	爱人
12	山东青岛	女	29	1	公司同事
13	内蒙古包头	男	48	1	朋友
14	山东威海	男	33	1	公司同事
15	山东淄博	男	32	1	公司同事
16	山东青岛	男	26	1	单位同事
17	山东青岛	男	20	3	朋友
18	四川绵阳	女	22	1	公司同事
19	河南濮阳	女	20	1	公司同事
20	山东青岛	女	32	3	团队

三　资料分析

（一）访谈内容编码

首先，采用NVIVO12.0软件对访谈录音进行编码分析，文字记录作为辅助材料进行编码。编码时，根据访谈内容的层次归属，分别将其编码为邮轮产品属性、结果或个人价值等主题类别。其次，将具有相似含义或具有类似措辞的编码聚合在一个更高层次的主题下，形成高一级编码，如

"增进与家人的联系""陪伴家人""享受和家人在一起的快乐时光"都归入"增进关系"主题下。再次，对这些主题编码内容做进一步合并、组合，最终形成更高一级的主题类别。为保证编码的信度，由两位研究者同时对资料进行编码，对于存在不一致的编码内容，在讨论后形成一致编码内容。最后，形成 13 个属性编码、7 个结果编码和 5 个价值编码，如表 3 所示。

表 3 访谈内容编码结果汇总

属性	结果	个人目标
A1 餐饮（种类、品质、用餐时间灵活度、性价比）	C1 可以体验特色美食	V1 自尊心
A2 住宿（设施、隔音效果、房型大小）	C2 可以住得舒适安全	V2 成就感
A3 休闲娱乐（健身房、图书馆、剧院）	C3 逃避或放松（逃离琐碎日常、身心放松、居于安静）	V3 受人尊重
A4 儿童项目（婴儿看护、儿童娱乐）	C4 社交（建立友谊、增进关系、和他人在一起、共享快乐时光、获得归属感）	V4 安全感
A5 船员（服务、多国船员）	C5 学习和探索（提升个人知识、探索新事物、体验文化）	V5 良好的人际关系
A6 社会交往（与船员、与其他游客）	C6 物超所值，性价比高	V6 归属感
A7 船体属性（规模、品牌、装饰、船龄）	C7 挑战（挑战自我、发挥个人能力和技术、冒险运动）	V7 享受有趣和快乐的人生
A8 价格		V8 自我实现和刺激感
A9 船上氛围环境（商业气息、节奏、有无 WiFi）		
A10 目的地吸引物（风景、人文历史、知名度）		
A11 岸上活动（种类、停靠时间、灵活度）		
A12 便捷舒适		
A13 一价全包		

（二）构建含义矩阵

通过对访谈内容进行编码明晰邮轮旅游者价值形成各层次的要素概念，之后需要构建含义矩阵来明确中国邮轮游客价值形成的内在关系机制。本阶段要将访谈获取的个人关于属性、结果、个人价值之间的所有引致关系加总合并，构建一个涵盖整体样本数据的含义矩阵。该矩阵是一个方形的非对称矩阵，矩阵的行是由内容分析得到的结果层，矩阵的列是属性层和价值层，统计内容包括各要素被提及次数以及各层次题项间的联系频数。依据统计数据，分别构建"属性—结果"关系矩阵 A-C 和"结果—价值"关系矩阵 C-V，其中 A_iC_j（$i=1$，2，…，18；$j=1$，2，…，7）、C_iV_j（$i=1$，2，…，7，$j=1$，2，…，8）表示各观测题项之间的联系强度，即被受访者提及的次数。本研究所形成的"手段—目的"链如表4所示。

由含义矩阵可以看出各个 ACV 链的联系，如属性 A3（休闲娱乐）共引致结果 C3（逃避或放松）5 次，属性 A5（船员）共引致结果 C3（逃避或放松）2 次，属性 A9（船上氛围环境）共引致结果 C3（逃避或放松）4 次；而结果 C3 最终引致个人价值 V7（享受有趣和快乐的人生）17 次，引致个人价值 V8（自我实现和刺激感）3 次。

表 4　邮轮旅游者 A-C 与 C-V 关系含义矩阵

单位：次

	C1	C2	C3	C4	C5	C6	C7
A1	7				1	1	
A2		7					
A3			5	1	5		1
A4			/	3	2		
A5			2		3		
A6				5	2		
A7			/		2		
A8						1	
A9			4	3	1		
A10			2		6		

	C1	C2	C3	C4	C5	C6	C7
A11			4		2	1	
A12			3	2	6		
A13			1	1	4	1	
V1					1		
V2					3		
V3		1	2		4		
V4		5	2		3	3	
V5				8	1		
V6				10	1		
V7	5		17		19	2	
V8	3	1	3		8		1

（三）构建层次价值图

"手段—目的"链方法应用的最终结果是形成一个层次价值图，用以反映最主要的 ACV 链关系。基于涵盖邮轮旅游者 A-C 和 C-V 关系的含义矩阵，用圆圈表示三个层次的概念元素，圆圈的面积大小与圆圈轮廓粗细表示该元素被提及的次数。用 4 种粗细的线条表示"A-C-V"之间联系的强弱程度，线条越粗，则表明联系越强，将 cut-off 值设定为 1，绘制出如图 1 所示的层次价值图。

由层次价值图可知，在属性层方面，中国邮轮游客最关注的是 A3 休闲娱乐（健身房、图书馆、剧院）和 A12 便捷舒适两个属性。在 A3 属性上，如烟台 29 岁女士提到"自己上船先是去了赛琳娜的健身房，但是器材不是很多"，济宁 37 岁男士指出"赌场游戏可以娱乐放松，还可以赢钱，在游戏中身心放松，人也开心"，青岛 27 岁男士认为"表演很多、唱歌、宙斯大剧院能感受和体验西方文化氛围，拥有快乐有趣的人生"。在 A12 便捷舒适属性上，邯郸 31 岁男士认为"邮轮产品便捷舒适，不用操心，体验了新的旅游方式"。关注度依次是 A1（餐饮）、A2（住宿）、A6（社会交往）、

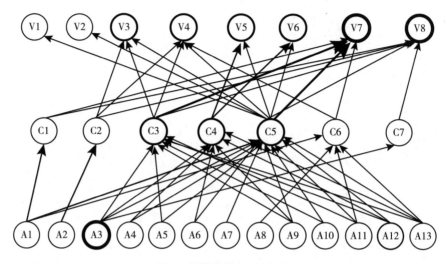

图 1　邮轮旅游者 HVM 图

A9（船上氛围环境）和 A10（目的地吸引物）等属性，说明中国邮轮游客相对比较关注邮轮旅游产品的核心服务（饮食、住宿），访谈中有 9 人提到了饮食，如长春 38 岁女士提到"用餐时间不灵活、品质差"，济宁 37 岁男士提到"三楼西餐不错、性价比高"；7 人提到了住宿，如青岛 56 岁女士提到"预订家庭套房是为了能够优先登船"，运城 60 岁女士提到"住宿空间有点小"，威海 35 岁男士提到"住得舒服平稳、不晕船，有安全感"。A4（儿童项目）比较受关注，由于中国人比较注重家庭，注重责任、家族人际关系，很多游客是带着孩子出游，自然就会关注到是否有满足孩子需求的项目，如 38 岁长春女士提到"带孩子出来想让孩子长见识，但除了泳池外，其他儿童设施少"。另外，很大一部分出游目的是放松，享受二人时光，所以需要让孩子独自玩耍或者可以托管。

在结果层面，A3 休闲娱乐有 4 个引致结果，最主要的两组连接关系是邮轮游客由此得以 C3（逃避或放松）或者 C5（学习和探索），最终指向 V7（享受有趣和快乐的人生）；有一部分指向 V8（自我实现和刺激感），如青岛 20 岁男士提到"通过邮轮上的娱乐项目可以体验到新事物，从而丰富自己的经历和体验"；也有一小部分指向 V5（良好的人际关系），如青岛 27

岁男士提到"和同事听歌、酒吧喝酒、交流玩乐能增进和同事的交流，促进同事们的关系"。而 A12（便捷舒适）有 3 个引致结果，最主要的是指向 C5（学习和探索），主要体现在邮轮旅游产品便捷舒适的特性使得邮轮游客想体验这种新的旅行方式，对他们来说是一种学习和探索，如淄博 32 岁男士指出"交了钱就不用管其他的了，特别方便，和坐火车不一样，邮轮上什么都有，可以多看看，多玩玩新鲜的"。除此之外，A1（餐饮）绝大部分指向 C1（可以体验特色美食）的结果、A2（住宿）指向 C2（可以住得舒适安全）的结果、A6（社会交往）指向 C4（社交）和 C5（学习和探索），由 C4（社交）指向 V5（良好的人际关系）很好理解，如九江 30 岁女士指出"希望和会说外语的中国船员交流，这样能通过他和外籍人士的交流，了解到其他国家的新鲜事，可以开阔自己的视野"，最终指向 V7（享受有趣和快乐的人生）；A9（船上氛围环境）主要指向 C3（逃避或放松）和 C4（社交），值得一提的是，游客提到"没有 WiFi 并没有扫兴，一方面让自己远离日常工作电话和信息，另一方面可以和家人朋友有更好的交流"；A10（目的地吸引物）主要指向 C5（学习和探索），如长春 38 岁女士提到"目的地行程可以让她体验当地文化、了解目的地的历史"。通过 C5（学习和探索）最终指向 V7（享受有趣和快乐的人生）和 V8（自我实现和刺激感）。

四　管理启示

（一）降低消费者的感知价格，吸引游客关注度

根据西方学者观点，相对顾客价值概念会形成三个可能的价值情况：以可比的价格提供可比的质量、以高价提供优质产品，或以折扣价提供劣质产品。因此，服务提供商的相对价值将在其改变行为、竞争对手改变行为或客户的需求或偏好发生变化时发生变化。① 对北美航线的邮轮游客的研究表

---

① Lincoln, Yvonna S., Guba E. G., "Naturalistic Inquiry," Beverly Hills, CA: Sage, 1985.

明，感知价格是顾客价值的显著和负向的预测因子。行为价格被定义为获得服务的价格（非货币价格），其中包括用于搜索服务的时间和精力。因此邮轮服务提供商要让游客易于获取产品信息，花更少的精力和时间来购买产品，并提供性价比高的产品。首先，做好市场调研，研发符合中国消费者需求的产品；其次，做好产品的宣传工作，以线上线下销售渠道相结合来降低游客的感知价格。

（二）加强服务管理，减少游客负面情绪

在访谈中，游客都提到上下船时拥挤、无秩序，就餐拥挤，食物浪费等不文明行为较多。邮轮管理人员应该加强管理，如分时段分批次上船，在上船过程中进行有序引导；对于就餐和玩乐等项目，要合理安排时间，可实行提前一天预约制度，借鉴有些邮轮公司的日报模式，让游客提前了解第二天的行程安排，合理规划每个项目的体验时间段，避免拥挤，也要倡导游客注意就餐礼仪，减少和杜绝浪费现象，让游客获得更好的体验。

（三）提升属性服务质量，提高顾客价值

在邮轮业界公主邮轮的餐饮服务质量、皇家加勒比的娱乐属性都给邮轮游客留下了深刻的印象。从访谈中得知，游客对岸上观光属性的质量评价较低，岸上行程安排紧张导致大部分游客有不满情绪。因此，在把握好邮轮产品与传统旅游产品的差异的基础上，持续突出独特性，强化薄弱属性，如岸上观光、儿童项目等，设计针对不同年龄段的娱乐项目，加强软件和硬件服务质量，进一步提升邮轮游客感知的价值。

参考文献

汪泓主编《中国邮轮产业发展报告（2021）》，社会科学文献出版社，2021。

汪泓主编《中国邮轮产业发展报告（2020）》，社会科学文献出版社，2020。

汪泓主编《中国邮轮产业发展报告（2019）》，社会科学文献出版社，2019。

汪泓主编《中国邮轮产业发展报告（2018）》，社会科学文献出版社，2018。

汪泓主编《中国邮轮产业发展报告（2017）》，社会科学文献出版社，2017。

张言庆：《基于供需特征分析的中国邮轮旅游发展策略研究》，科学出版社，2018。

孙瑞红、叶欣梁、徐虹：《中国邮轮市场的价格形成机制与"低价困境"研究》，《旅游学刊》2016年第11期。

孙晓东、武晓荣、冯学钢：《邮轮航线设置的基本特征与规划要素研究》，《旅游学刊》2015年第11期。

汪丽颖：《乡村旅游中的游客中心顾客价值层次模型研究——以临安大峡谷村为例》，《旅游论坛》2018年第6期。

金雪、於世成：《后疫情时代国际邮轮复航的风险与对策思考》，《对外经贸实务》2021年第3期。

罗慧镇、徐海兰：《基于感知价值与风险的邮轮旅游者重游意向研究》，《四川旅游学院学报》2021年第2期。

黄东伟、张卫、刘永俊、王洪滨、顾洋：《欧洲国家豪华邮轮涂装建造工艺》，《船海工程》2021年第1期。

G.14
上海邮轮经济全产业链协同发展研究

邱 羚 王一川*

摘 要: 邮轮经济被誉为"漂浮在海上的黄金产业",邮轮产业是以邮轮旅游为核心驱动,由邮轮修造、邮轮运营、船舶供给、跨境消费、港口服务等组成的综合产业集群,是现代服务业与先进制造业的重要组成部分,产业规模大,增长性较为稳定,产业聚集性较强,是沿海港口城市实现产业转型升级以及城市功能提升的新兴特色产业,推动由内陆经济向海洋经济延伸的新发展路径。邮轮产业链主要以邮轮公司为核心节点,为了保持邮轮公司经营活动的长期有效运转,将邮轮旅游向链条的上游生产建造环节和下游的消费环节进行拓展。上海邮轮全产业链发展有利于助力国际航运中心建设、先进制造业新动能打造、城市消费新亮点挖掘、会展经济发展、企业总部经济发展等。上海具备良好的邮轮经济发展腹地条件和政策环境,有潜力形成具有世界影响力的邮轮产业集群。

关键词: 邮轮经济 产业链 邮轮公司

邮轮产业链涵盖上游研发设计建造、中游邮轮运营和下游邮轮配套。目前,全球从事邮轮建造的船厂主要分布在欧洲的意大利、德国、芬兰、法国等。据招商局邮轮研究院的《2021年邮轮市场情况与未来展望》,受疫情造

---

* 邱羚,博士,上海国际邮轮经济研究中心副主任,教授,研究方向:战略管理、人力资源管理、邮轮经济、文化创意;王一川,上海美术馆(中华艺术宫)党委书记、副馆长,研究方向:文旅融合。

成停航和邮轮船东资金链紧张的双重影响，邮轮新造船订单跌至谷底，且短期内暂无缓和迹象。截至 2021 年 12 月 13 日，全球邮轮在建和手持订单共计 90 艘、851 万总吨。5 万总吨以下邮轮手持订单共 31 艘，总计 62.71 万总吨。其中意大利芬坎蒂尼集团包揽了 57% 的市场份额。5 万总吨及以上邮轮手持订单共 59 艘，总计 788.2 万总吨。大型邮轮建造市场寡头垄断现象严重。欧洲四大造船集团占据了 96% 的市场份额。受疫情冲击，2022 年 1 月 10 日，云顶香港在德国的两家造船集团 MV Werften 和 Lloyd Werft 宣告破产，造价高达 15 亿欧元的"环球梦号"建造工作因疫情和财政困难而数次被推迟。在产业链中游，全球四大邮轮航行区域加勒比海地区、地中海地区、亚太地区以及欧洲西北部地区的邮轮航线运营相对较为稳定。加勒比海地区是目前全世界邮轮航线最为密集的地区，也是全球邮轮游客最多且发展最为成熟的市场，主要客源来自美国及欧洲；其次是地中海地区；亚太地区成为全球第三大邮轮旅游市场。随着时间的推移，北美以及欧洲市场规模趋于饱和，亚太市场增长潜力巨大。在产业链下游，全球各大区域邮轮港口建设加快。

上海邮轮产业主要分布在宝山区、虹口区和浦东新区。上海宝山区形成了"一港一园一带一城"邮轮产业发展格局，由上海吴淞口国际邮轮港、国际邮轮产业园、邮轮滨江带、国际邮轮城核心区组成，总体面积为 16.8 平方公里，其中邮轮港口及周边水域面积为 1.35 平方公里，国际邮轮产业园面积为 2.5 平方公里，邮轮滨江带面积为 5.15 平方公里，国际邮轮城核心区面积为 7.8 平方公里，形成邮轮研发设计及配套、邮轮港口运行和服务、旅游休闲配套服务等三大主导产业。上海虹口区邮轮产业布局主要包含上海港国际客运中心、上港国际邮轮城片区，按照"最高标准、最好水平"的总体要求，围绕"打造精品，增强联动"的发展思路，积极推进"三游"产业功能拓展，以建成"世界级会客厅"和"具有全球影响力的世界级滨水区"为目标。上海浦东新区高东镇发挥区位优势，打通邮轮产业上下游全链条。成立邮轮产业的集中招商统筹平台——高东镇邮轮产业项目联合办公室，推进邮轮产业项目落地实施。物流园区二期 1#、2# 地块建设面积

达 50 万平方米，主要功能定位为商务配套服务和生活配套服务的邮轮配套设施物业，提供办公、餐饮、娱乐、人员培训、休闲、住宿等商业配套服务。

一　上海邮轮全产业链发展形势

（一）产业链上游：邮轮建造及配套体系逐步形成

上海外高桥稳步推进大型邮轮设计及建造。2013 年 9 月，中船集团正式启动邮轮本土化设计及建造项目。2021 年 12 月 17 日，中船嘉年华首艘国产新造大型邮轮在上海外高桥造船厂成功实现坞内起浮，彰显了国产大型邮轮在设计、生产准备、总装建造、工艺等阶段所取得的重大科研成果，标志着该工程从结构和舾装建造的"上半场"全面转段进入内装和系统完工调试的"深水区"。相对于汽车需要 3 万个零部件、高铁需要 200 万个零部件、大飞机需要 500 万个零部件，大型邮轮建造是实实在在的巨系统工程，中船嘉年华首艘国产新造大型邮轮全船共 2500 万个零件、136 个系统、4200 公里电缆、2 万余套设备、450 公里风管、350 公里管系、500 家全球供应商。首艘国产新造大型邮轮吨位为 13.55 万总吨，基于嘉年华集团全球广泛成功使用的 Vista 级平台，船舶总长 323.6 米，船舶型宽 37.2 米，最大吃水为 8.55 米，最大航速为 22.6 节，最多可容纳游客 5246 人，拥有客房2125 间，计划于 2023 年交付使用。中船嘉年华邮轮旗下第二艘国产新造大型邮轮也已正式进入设计和建造阶段。

表 1　中国国产大型邮轮建造重要节点

时间	重要节点
2021 年 11 月 18 日	国产首制大型邮轮 H1508 内装公共区域 JA02-中庭正式开工
2021 年 11 月 22 日	国内最大功率吊舱式推进器完成安装工作
2021 年 12 月 20 日	国产首制大型邮轮 H1508 项目全船生产设计图纸全部完成
2022 年 2 月 24 日	首制大型邮轮 H1508 预制舱室生产车间开工

时间	重要节点
2022 年 2 月 28 日	首制大型邮轮 H1508 首批预制舱室顺利推舱
2022 年 3 月 8 日	国产首制大型邮轮 H1508 调试节点实现突破,中控系统上电激活
2022 年 3 月 14 日	国产首制大型邮轮 JA14 船员餐厅 STAFF MESS 公共区域第一块围壁板预封板开工
2022 年 5 月 30 日	首制大型邮轮 H1508 船应急发电机实现动车

资料来源:上海外高桥造船有限公司。

表 2　上海邮轮设计建造企业情况

公司名称	成立日期	注册资本
中船邮轮科技发展有限公司	2018 年 12 月	13.2 亿元
上海兆祥邮轮科技集团股份有限公司	1996 年 8 月	3120 万元
中船瓦锡兰电气自动化(上海)有限公司	2017 年 11 月	2100 万元
中船集艾邮轮科技发展(上海)有限公司	2017 年 3 月	1500 万元
上海招鸿邮轮科技有限公司	2018 年 10 月	100 万元
上海集艾邮轮发展有限公司	2016 年 10 月	1000 万元
上海荣美邮轮发展有限公司	2017 年 1 月	1000 万元
上海友粤邮轮服务有限公司	2017 年 6 月	1000 万元
上海潘达邮轮科技有限公司	2019 年 7 月	500 万元
戎美邮轮科技发展(上海)有限公司	2017 年 12 月	1000 万元
阿蒙森邮轮(上海)有限公司	2019 年 3 月	8000 万元
迈迪邮轮配套检测认证科技(上海)有限公司	2019 年 6 月	100 万元
中船芬坎蒂尼(上海)邮轮设计有限公司	2017 年 12 月	100 万元
上海外高桥造船有限公司	1999 年 5 月	44.87 亿元
招商局(上海)邮轮研究院有限公司	2019 年 12 月	1000 万元

2020 年 7 月,戎美邮轮内装技术(上海)有限公司成立。2021 年 11 月,中船邮轮产业发展(上海)有限公司成立。中船外高桥邮轮供应链(上海)有限公司、中船邮轮产业发展(上海)有限公司围绕邮轮内装、暖通、影音照明和网络通信等多领域开展工作,在支撑国产邮轮建造的同时,推动中国船舶产业结构向高端升级。2021 年 3 月,中船邮轮全资收购全球排名第一的邮轮内装公司德国 R&M 集团,成为中国邮轮产业生态的建构者

和领军企业。R&M 集团承接了中国首艘大型邮轮 1.4 余万平方米的公共区域内装任务，在首制船坞内连续总装搭载的同时推进邮轮内装工程，在邮轮工程价值链最高的内装工程中发挥战略托底作用。

表3 上海邮轮供应链体系企业

单位：%

公司名称	投资方	股比
中船外高桥邮轮供应链（上海）有限公司	中船邮轮科技发展有限公司	60
	上海外高桥集团股份有限公司	40
中船邮轮产业发展（上海）有限公司	中船邮轮科技发展有限公司	57.14
	上海红星美凯龙科技发展有限公司	42.86
戎美邮轮内装技术（上海）有限公司	R&M SHIP TECHNOLOGIES GMBH	70
	上海集艾邮轮发展有限公司	30
戎美邮轮科技发展（上海）有限公司	R&M SHIP TECHNOLOGIES GMBH	50
	中船集艾邮轮科技发展（上海）有限公司	50
中船集艾邮轮科技发展（上海）有限公司	上海集艾邮轮发展有限公司	80
	中船九江海洋装备（集团）有限公司	20

（二）产业链中游：邮轮企业集聚效应逐步显现

高水平邮轮经济发展能推动全球各类相关企业集聚，形成产业集群，进而构筑完善的邮轮全产业链体系，吸引邮轮企业落户，集聚船舶服务、港口运营、邮轮船供、旅游服务、邮轮研发设计等各类邮轮企业，打造邮轮总部经济。歌诗达邮轮、地中海邮轮等运营公司先后落户上海，地中海邮轮宝山公司获得上海跨国地区总部认定，中船集团邮轮制造和邮轮运营总部落户上海，仅宝山集聚的各类邮轮企业就近 200 家。一般而言，企业会从自主运营过渡到委托运营再到合资合作运营，但大部分本土邮轮依然选择自主运营，合资合作运营多是依赖外方团队，船供等内容都纳入外方体系，难以形成强有力的运营管理能力。中船嘉年华邮轮有限公司建构了完整的邮轮运营组织架构和管理体系，吸纳国内邮轮专业人才，组建了具备航线规划、收益管理、市场营销、财务管控、新造船管理等核心能力的邮轮运营团队。

表4　上海市宝山区邮轮公司注册情况

公司名称	成立日期	注册资本
上海大昂天海邮轮旅游有限公司	2014年3月	1000万元
精致钻石邮轮管理(上海)有限公司	2015年1月	5000万元
环宇领先邮轮管理(上海)有限公司	2016年6月	15万美元
地中海邮轮船舶管理(上海)有限公司	2016年7月	200万美元
地中海邮轮船务(上海)有限公司	2017年3月	200万美元
上海世天邮轮产业发展有限公司	2017年4月	1亿元
中船嘉年华(上海)邮轮有限公司	2019年8月	200万元

表5　上海市宝山区邮轮船供服务企业

单位：万元

公司名称	成立日期	注册资本
上海嘉邮宏船务服务有限公司	2017年3月	500
上海馨翔国际邮轮物流运营管理有限公司	2018年1月	3000
上海吴淞口国际邮轮配送服务有限公司	2013年12月	100

表6　上海市宝山区邮轮旅行社企业

单位：万元

公司名称	成立日期	注册资本
上海吴淞口国际旅行社有限公司	2011年12月	30
上海吴淞口水上旅行社有限公司	2010年2月	30
上海音谱旅行社有限公司	2016年3月	30
中船邮轮国际旅游发展(上海)有限公司	2019年11月	1000
上海腾阳国际旅行社有限公司	2003年7月	2000
游轮海(上海)国际旅行社有限公司	2014年12月	1000
上海大程邮轮旅游有限公司	2016年6月	1000
上海晨旭旅游咨询有限公司	2019年1月	200

表 7　上海市虹口区邮轮运营企业

公司名称	成立日期	注册资本
云顶旅行社(上海)有限公司	2004 年 8 月	200 万美元
歌诗达邮轮船务(上海)有限公司	2011 年 11 月	148 万美元
皇家加勒比游轮船务(中国)有限公司	2013 年 6 月	5000 万元
寰球船务(上海)有限公司	2014 年 7 月	100 万美元
精致钻石邮轮管理(上海)有限公司	2015 年 1 月	5000 万元
上海蓝梦国际邮轮股份有限公司	2016 年 8 月	3000 万元
欧罗索芙特游轮船务(上海)有限公司	2017 年 2 月	100 万美元

表 8　虹口区邮轮旅行社企业

公司名称	成立日期	注册资本
上海大唐邮轮票务代理有限公司	2011 年 7 月	300 万元
上海港国际邮轮旅行社有限公司	2010 年 8 月	1000 万元
歌诗达邮轮旅行社(上海)有限公司	2014 年 10 月	6 万美元

（三）产业链下游：邮轮配套及服务体系逐步完善

上海首创中国邮轮旅游发展实验区和中国邮轮旅游发展示范区。上海邮轮港口的大型邮轮运营能力显著增强，形成了吴淞口国际邮轮港、上海港国际客运中心及浦东海通码头"二主一备"的格局。2021 年 10 月 22 日，《上海国际邮轮旅游度假区总体规划》在"2021 吴淞口论坛"上正式发布。11 月 3 日，上海市文旅局发函支持《上海国际邮轮旅游度假区总体规划暨创建市级旅游度假区提升方案》。2021 年 12 月 2 日，度假区接受市级验收评审，度假区建设取得阶段性成果。上海国际邮轮旅游度假区凸显水上旅游功能，力争成为上海世界级滨水区的大门户、长江口区域一体化发展与水上旅游目的地的接待服务中心地。以世界级滨水旅游度假区建设为引领，加强城市规划和设计，科学优化功能和布局，加快实施一批重点项目，打造更符合市场需求、更能满足区域发展需要、更具综合功能的国际大都市特色休闲旅游度假目的地。上海搭建的国际邮轮合作平台能级显著增强。

表9 近年来在上海举办的亚太邮轮大会

时间	大会主题	指导单位	主办单位	举办地点
2016年10月12~13日	开创国际邮轮经济的中国时代	宝山区政府和上海工程技术大学	上海吴淞口国际邮轮港发展有限公司、Seatrade UBM以及上海国际邮轮经济研究中心主办	上海宝山
2017年11月1~3日	相约"一带一路"	宝山区政府和上海工程技术大学	上海吴淞口国际邮轮港发展有限公司、Seatrade UBM以及上海国际邮轮经济研究中心主办	上海宝山
2018年10月23~25日	品味、品质、品牌	宝山区政府和上海工程技术大学	上海吴淞口国际邮轮港发展有限公司、Seatrade UBM以及上海国际邮轮经济研究中心主办	上海宝山
2019年10月9~11日	邮轮之城,魅力之都	上海市文旅局、上海市交通委、上海市宝山区政府	上海吴淞口国际邮轮港发展有限公司、Seatrade UBM以及上海国际邮轮经济研究中心主办	上海宝山

表10 上海发起成立的邮轮行业协会联盟

成立时间	名称	成员
2006年3月	上海邮轮游船游艇协会	—
2010年6月	亚洲邮轮港口协会(ACTA)	成员包括基隆港务局、槟城港口有限公司、巴生港游轮中心有限公司、神户港、境港务局、上海吴淞口国际邮轮港、新加坡邮轮中心、苏比克湾大都会管理局、金泽港务局、济州特别自治省
2014年	中国港口协会邮轮游艇码头分会	—
2017年11月	亚太邮轮港口服务标准联盟	大连港客运总公司、上海港国际客运中心、上海吴淞口国际邮轮港发展有限公司、深圳招商蛇口国际邮轮母港有限公司、新加坡邮轮中心私人有限公司、天津国际邮轮母港有限公司、环美邮轮码头、厦门港务集团和平旅客运有限公司、舟山群岛国际邮轮港
2018年5月	上海现代服务业联合会邮轮经济服务专委会	—
2018年11月	中国优质农产品开发服务协会邮轮食品分会	设立在上海兆祥邮轮科技集团,有会长1名、副会长3名、秘书长1名

续表

成立时间	名称	成员
2019 年 3 月	上海邮轮供应协会	协会会员单位共计 35 家，包括研究机构 1 家、供应商 23 家、平台企业 2 家、邮轮公司 1 家、代理服务公司 5 家、邮轮港口 1 家、物流企业 2 家等
2019 年 10 月	国际邮轮研究机构联盟	上海国际邮轮经济研究中心、美国佛罗里达国际大学旅游与酒店管理学院、海贸集团(英国)、日本邮轮研究所、韩国国际邮轮研究院、中国旅游研究院、韩国济州邮轮产业协会、台湾国际邮轮协会、世界旅游城市联合会邮轮分会、澳洲启达管理咨询公司、瑞典诺盛船舶管理(上海)有限公司、济州国际会展中心、桂林理工大学风景园林与旅游学院、浙江国际海运职业技术学院
2019 年 10 月	国际邮轮人才教育合作联盟	上海工程技术大学、澳大利亚格里菲斯大学旅游孔子学院、中国台湾海洋大学、韩国济州国际大学、上海师范大学旅游学院、大连海事大学、大连海洋大学、瑞士库尔技术与经济学院

二 上海邮轮全产业链发展问题瓶颈

(一)产业链上游：豪华邮轮自主建造及配套能力较弱

邮轮经济是典型的外向口岸经济，具有显著的全球性特征。要建立与国际邮轮经济发展所需高度契合的营商环境。当前，豪华邮轮建造技术被欧洲所垄断，邮轮配套产业集群也主要分布在欧洲地区，我国造船企业在大型邮轮修造领域将参与全球最高水平的技术竞争，但由于政策不完善等，邮轮经济中资本流动便利化水平有待提高、邮轮产业融资租赁准入门槛有待降低、邮轮产业监管制度有待完善等问题明显，限制了邮轮产业要素集聚，限制了邮轮经济贡献度的有效提升。目前，欧洲邮轮建造供应商超过 3000 家，核心供应商超过 300 家。欧洲邮轮建造船厂的本地化配套率较高，芬坎蒂尼集团所建造邮轮的本地化配套率为 84%，德国迈尔船厂建造邮轮的本地化配套率为80%，法国大西洋船厂、迈尔图尔库船厂建造邮轮的本地化配套率均达81%。外高桥克服疫情影响，大型邮轮建造项目进展顺利。区别于一般船舶制造，大型邮轮建造的30%在船内进行，其余70%需要在船厂外预制。邮轮建造的配套产业集群集中分布在欧洲地区，我国尚未全面掌握大型邮轮建造的完全自主知识产权，本土化邮轮建造功能性平台也不完善，邮轮核心零部件的自主研发能力及供应链管理欠缺，邮轮产业链要素集聚程度偏低，有待进一步增强邮轮龙头企业对邮轮产业链要素的整合能力，需要提升邮轮产业发展的区域辐射及带动效应。在船厂供应链管理上，邮轮设备和材料要求较高，目前国产设备配套价值占比不到9%，船厂需要高价进口大量的关键设备。

（二）产业链中游：中资邮轮企业竞争力有待提升

地处上海的中船邮轮利用中船集团的品牌优势，与世界大型邮轮运营企业嘉年华集团合资成立中船嘉年华邮轮。中船邮轮是中船集团在邮轮产业投资、邮轮运营、邮轮建造方面的重要管理平台，嘉年华集团是全球邮轮市场中重要的邮轮运营企业，双方实力的加注对中船嘉年华邮轮品牌的提升具有重要的推动作用。中船嘉年华邮轮公司购置歌诗达邮轮"大西洋号""地中海号"两艘中型邮轮，其中"大西洋号"邮轮在中国市场运营多年，常年在上海、深圳、厦门等邮轮港运营，培育了一大批具有较高品牌忠诚度的游客群体，对于中船嘉年华邮轮品牌的发展具有重要的支撑作用。但中船嘉年华邮轮的运营经验依然缺乏，品牌管理能力有待进一步提升。

邮轮旅游发展面临诸多的瓶颈，在监管方面，仅将货船相关政策套用于邮轮领域，应围绕邮轮购置税费、经营项目、船员配置等方面完善政策。要求五星红旗邮轮需要与货船一样，中国籍船员比例达到七八成，这对于高度国际化的邮轮旅游来说，无疑限制了本土邮轮旅游服务的多样化。在产品运营方面，要求悬挂五星红旗的邮轮不能运营博彩项目，但博彩往往是邮轮公司营收的重要来源。在邮轮购置方面，我国尚未建立健全邮轮购置专项金融机制，这在一定程度上限制了本土邮轮船队的扩大。

（三）产业链下游：本土邮轮配套服务体系较弱

邮轮经济发展需要邮轮产业链各类相关企业集聚，形成邮轮产业集群。我国尚未完全掌握建造国产大型邮轮的自主知识产权，本土化邮轮建造功能性平台相对缺少，邮轮建造的核心零部件自主研发能力及供应链管理能力较为欠缺，邮轮产业链要素集聚效应有待提升，区域辐射及带动效应也需要进一步提升。中船邮轮科技、中船集艾、兆祥邮轮科技集团等国内邮轮龙头企业先后落户上海，但具有引领能力的国际邮轮企业的集聚程度依然较低，需要进一步增强邮轮龙头企业对邮轮产业链要素的整合能力，推动更多国内外邮轮产业配套企业集聚。邮轮港口配套设施服务能力需要提升，目前宝山吴淞口国际邮轮港只有零点广场和临江商业商务中心阅江汇毗邻，除邻江壹号国际邮轮酒店外，大部分用于海关、边检、海事等部门办公，餐饮、住宿、娱乐休闲等配套功能欠缺。

三　推动上海邮轮全产业链协同发展的对策建议

（一）造船企业加强邮轮设计建造能力提升

加快推动国产大型邮轮建造，发挥上海造船产业优势，提升全球资源配置能力，将邮轮建造纳入"建设全球卓越制造基地"综合体系，推动邮轮建造上升为国家战略。推进国产大型邮轮设计及建造，制定国产大型邮轮建造行动计划，设立邮轮设计及建造专项扶持基金，为2023年首艘国产大型邮轮顺利交付提供有力保障。完善国产邮轮建造配套功能体系，增强邮轮产业园区功能，发挥邮轮产业基金资源优势，加大邮轮建造产业基地投入，打造世界领先的邮轮建造产业集群。推动国内外优质邮轮功能性平台集聚，形成与上海其他智能制造的联动发展，努力打造国家邮轮核心技术研究和产业化服务基地，建立国产大型邮轮建造本土供应配套体系。形成邮轮与海工装备关键设备研制中心、邮轮技术创新中心、邮轮运营管理保障中心、邮轮配套智能制造中心、邮轮综合服务区"四个中心、一个综合服务区"的发展格局。通过全方位的产业导入和升级，建立更加完善的邮轮产业供应链系统，打造集生产装配功能、软件支持功能、辅助配套功能于一体的豪华邮轮配套产业生态圈。组织豪华邮轮配套企业供应商日、展会、论坛等活动，吸引更多邮轮企业入驻上海，打造邮轮建造配套产业集群。

（二）邮轮港及邮轮公司建立健全疫情防控体系

目前国家层面并未出台邮轮疫情防控专项指南，各大邮轮公司根据自身情况制定了疫情防控方案，尚未形成完善的邮轮疫情防控标准体系。当前全球疫情持续蔓延，国内也出现零星确诊病例，邮轮复航存在较大的不确定性。邮轮复航是恢复邮轮市场的前提，邮轮旅游发展是延伸邮轮产业链的重要基础。邮轮复航的延迟，将严重影响邮轮港码头接靠、邮轮物资供应、码头免税店、邮轮船代等诸多业态的发展。邮轮无法复航，则邮轮港运营及邮轮相关产业将受到严重影响。为此，需要建立健全疫情防控体系。港口所在地政府应建立部门间协作机制，建立疫情联防联控联动机制，坚持人物同防、多病共防，落实人员、物资、场地保障，确保"早发现、早报告、早隔离、早治疗"。邮轮港属地政府应发挥应急处置指挥协调机制作用，提升国际邮轮公共卫生管理能力，建立邮轮口岸传染病和疫情监测体系，成立联合评估工作组对邮轮防疫方案和设施进行评估，为应急处置工作提供专业指导和技术支持。邮轮公司作为市场运营主体，要根据邮轮结构特点和卫生防疫工作要求，制定适应的疫情防控工作标准。

（三）邮轮公司建立完善的邮轮航线运营体系

设计邮轮航线时，不仅要规划整条航线的巡游周期，更要注意停靠港停留时间与海上航行时间的平衡。邮轮公司一般通过延长海上航行时间来提高酒水、康体、赌场及免税店等项目带来的船上收益。在产品设计时，要充分考虑目标群体特征。对各大邮轮公司在每个区域运营的邮轮航线分析可见，

在加勒比海地区，6~8 天和 12~14 天邮轮旅游产品比较受欢迎；在欧洲地区，地中海区域的 14~16 天邮轮旅游产品比较受欢迎，在爱琴海和北欧英国地区，7~8 天的邮轮旅游产品比较受欢迎；在亚太地区，由于假期较少，3~5 天的邮轮旅游产品比较受欢迎。从中国华北地区母港航线的目的地国家来看，华北地区始发的邮轮 100% 挂靠日本，华北地区母港邮轮航线主要挂靠港为日本福冈、下关、鹿儿岛，华东地区邮轮母港航线挂靠频次最高的是日本大阪，华南地区邮轮母港航线挂靠频次最高的是日本那霸/冲绳、宫古岛。中国运营的邮轮航线在各国港口挂靠总体频次上，挂靠日本港口占比70% 左右，东南亚航线占比 30% 左右。

上海应与舟山群岛、山东半岛、北部湾、粤港澳大湾区等进行合作，互为母港，开发环中国海航线，如上海—三亚—南沙—舟山—青岛航线；祈福之旅航线：依托佛教资源，以禅修祈福为主要目的，开发上海、舟山普陀山、舟山群岛、南山、广州、福建之间的航线；普陀祈福航线：上海—普陀山—海南南山、福建—普陀山—福建妈祖—广州南华寺—海南南山；仙境海岸（山东）航线：与山东半岛青岛邮轮港合作，开发仙境海岸山东航线，串联山东半岛烟台、青岛、日照、威海等主要旅游目的地，开发 4~5 天航线；仙境海岸（山东）航线：上海—青岛—威海—烟台—日照。

（四）本土邮轮企业加强国际品牌建设

本土邮轮要加强品牌管理，明确更高层面的品牌定位，而不是过多地强调性价比和本土化，更突出国际化，并且加大投入，提升品牌的知名度。强调品牌定位和差异化，注重开拓亚洲市场，包括适合亚洲人的饮食娱乐、观光旅游、购物及美食等，提供国际级的服务以及短程的邮轮航线。在邮轮产品宣传方面，主打邮轮产品的亚洲风格，强调邮轮旅游的休闲性、娱乐性。与国外旅行社和旅游电商网站合作开展联合宣传，利用各种媒体进行宣传，与各大邮轮相关协会合作，积极参与国际邮轮活动，组团参加各种专业的邮轮展，让业界和旅游者对本土邮轮品牌有更深入的了解，扩大邮轮旅游客源市场规模，提升品牌竞争力。

（五）本土邮轮公司主动参与"三游"经济发展

以邮轮产业为基础，推动水上旅游发展，借助区位优势和自然条件发展游艇、游船产业，形成"三游"产业集群。延伸邮轮旅游配套产业链，与地区服务业联动发展，构建新地区中心，完善地区设施配套，挖掘土地使用潜力，提升使用效率，促进地区的可持续发展。本土邮轮公司应充分利用母港资源优势，加快邮轮港周边水域综合开发，在邮轮产业发展的基础上，积极发展游艇、游船、帆船项目，建立邮轮港帆船游艇码头，打造独具魅力的邮轮港公共空间。

参考文献

汪泓主编《中国邮轮产业发展报告（2021）》，社会科学文献出版社，2021。
汪泓主编《中国邮轮产业发展报告（2020）》，社会科学文献出版社，2020。
汪泓主编《中国邮轮产业发展报告（2019）》，社会科学文献出版社，2019。
汪泓主编《中国邮轮产业发展报告（2018）》，社会科学文献出版社，2018。
汪泓主编《中国邮轮产业发展报告（2017）》，社会科学文献出版社，2017。
孙新春、孙妍：《环南海国家邮轮产业合作路径研究》，《特区经济》2021年第10期。
于萍：《邮轮应急疏散过程建模、模拟与布局优化分析》，《中国安全科学学报》2021年第9期。
黄龙、陈建勇、郭智威：《基于层次—模糊综合分析的大型豪华邮轮防横倾系统评估》，《舰船科学技术》2022年第2期。
张颖超：《探索海南邮轮旅游运营模式》，《中国社会科学报》2022年1月4日。
朱梦婷、叶欣梁：《我国邮轮旅游业比较优势的时空演化及影响因素分析》，载《2021中国旅游科学年会论文集》，2021年4月23日。
丁刘华：《儿童视角下的邮轮旅游体验研究》，载《2021中国旅游科学年会论文集》，2021年4月23日。
石垚、叶欣梁：《2006年以来中国邮轮母港时空格局演变和产业聚集形成研究》，载《2021中国旅游科学年会论文集》，2021年4月23日。

G.15
上海吴淞口国际邮轮港突发事件应急管理机制研究

顾绘权　叶欣梁*

摘　要： 邮轮突发事件涉及人员数量极大、管理机构众多，外国运营方与国内游客存在文化差异。与其他船舶相比，邮轮突发事件的关联性、衍生性、复合性和非常规性更强。吴淞口国际邮轮港形成同时可接靠2艘15万GT和2艘22.5万GT邮轮的总体泊位规模，且整条岸线的建筑结构具备接靠世界最大邮轮的能力，四船同靠时载客人数最高可达23100人、船员人数最高达7620人。因此，迫切需要全面加强邮轮突发事件应急处置能力建设。要规范上海国际邮轮港邮轮突发事件应急响应行动程序，保证有序、高效、妥善地处置国际邮轮突发事件，最大程度地减少人员伤亡和财产损失，最短时间内恢复邮轮运营秩序。应着眼于吴淞口国际邮轮港区域大客流管理要求高、应急协调涉及面广、突发事件处置难度大的实际，完善吴淞口国际邮轮港应急管理体系，提高邮轮港单元应对突发事件的能力，保障邮轮港单元的安全运行和可持续发展。

关键词： 邮轮港　突发事件　应急管理机制

---

  * 顾绘权，上海吴淞口国际邮轮港发展有限公司总经理，研究方向：邮轮经济；叶欣梁，博士，上海工程技术大学管理学院副院长，教授，研究方向：邮轮旅游与可持续发展。

邮轮港突发事件是指发生在邮轮港区域，造成或是可能造成大量游客滞留或人员伤亡、财产损失、生态环境破坏，以及一定社会危害或社会影响，需采取应急处置措施予以应对的公共卫生事件、自然灾害事件、社会安全事件以及旅客运输事件。根据历史记录，对邮轮港区可能造成影响和威胁的自然灾害主要有大雾、台风、潮汐、暴雨、雷电、暴雪、冰雹、寒潮、高温等。自然和人为因素相互交叉作用，对邮轮靠离泊安全产生较大威胁，存在事故灾难事件、突发自然灾害事件、社会安全事件、公共卫生事件等风险隐患。其中灾害性天气引起的邮轮旅游突发事件，特别是游客紧急疏散事件，将在今后很长一段时间内继续成为邮轮港单元事故防范的重点。邮轮港负有落实邮轮港区邮轮安全和应急管理的主体责任；负责突发事件的前期应急救援和处置工作，为现场指挥机构提供临时办公场所；负责突发事件引起的客流疏导工作，维护口岸公共秩序；协助相关单位做好突发事件的后勤保障和善后处置工作。

表 1　邮轮港突发事件相关法律法规

层级	法律法规
国际层面	《联合国海洋法公约》
	《国际卫生条例》
	《国际船舶和港口设施保安规则》
	《国际海上人命安全公约》
国家层面	《中华人民共和国安全生产法》
	《中华人民共和国海上交通安全法》
	《中华人民共和国港口法》
	《中华人民共和国突发事件应对法》
	《中华人民共和国旅游法》
	《中华人民共和国国际海运条例》
	《国家突发公共事件总体应急预案》
	《水路交通突发事件应急预案》
地方层面	《上海市突发公共事件总体应急预案》
	《上海市突发事件信息报告工作管理办法》
	《上海市处置旅游突发事件应急预案》
	《上海市节假日期间非重大活动突发大客流交通应急保障预案》
	《宝山区突发公共事件总体应急预案》
	《宝山区空气重污染专项应急预案》

一 邮轮港突发事件类型

（一）邮轮港突发事件分级分类

邮轮港突发事件主要包括社会安全事件、公共卫生事件、自然灾害事件、旅客运输事件等。自然灾害事件主要包括由大雾、台风、大风、雾霾等灾害性天气引起的邮轮延误或停航。公共卫生事件主要是群体性不明原因疾病、传染病疫情、动物疫情、食品安全以及其他严重影响公众健康和生命安全的事件。社会安全事件主要包括发生在港区的恐怖袭击事件、经济安全事件和涉外突发事件和其他涉及口岸安全的事件等，如邮轮被劫持、人为纵火、被安置爆炸物、枪击等恐怖事件或出现重大刑事案件等危及邮轮和人员安全的突发事件。旅客运输事件主要包括水上交通事故、航道堵塞或中断、港口瘫痪受损、港口危险品事故、游客紧急疏散事件等。其中游客紧急疏散事件是指由各种原因引起的港区运输严重不畅，大量游客滞留港区且在港区实际滞留时间达 3 小时以上，造成或可能造成重大人员伤亡、财产损失和严重社会危害，并危及公共安全的紧急事件。

（二）邮轮港突发事件分级

邮轮港突发事件按照严重程度、影响范围及可控性等因素一般可分为四级：Ⅰ级（特别重大）、Ⅱ级（重大）、Ⅲ级（较大）及Ⅳ级（一般）。邮轮港单元内发生的Ⅲ级（较大）和Ⅳ级（一般）邮轮突发事件由吴淞口邮轮港属地宝山区政府主导处置。Ⅱ级（重大）及以上事件的应急处置由市政府统一指挥，宝山区政府配合支持。

（三）邮轮港突发典型事件

在自然灾害、旅客运输事件方面，自 2018 年 3 月 27 日傍晚起至 4 月 1 日，持续受大雾影响，港口多次封航，直接影响船舶进出港，上海港进出邮

表2　相关预案对邮轮突发事件的分级标准

预案	分级标准			
	Ⅰ级（特别重大）	Ⅱ级（重大）	Ⅲ级（较大）	Ⅳ级（一般）
《上海市处置旅游突发事件应急预案》	● 造成 30 人以上死亡或失踪 ● 造成 100 人以上受伤并住院救治 ● 食物中毒造成 100 人以上住院救治 ● 1000 人以上旅游者滞留	● 造成 10~29 人死亡或失踪 ● 造成 50~99 人受伤并住院救治 ● 食物中毒造成 30~99 人住院救治 ● 200~999 人旅游者滞留	● 造成 3~9 人死亡或失踪 ● 造成 10~49 人受伤并住院救治 ● 食物中毒造成 10~29 人住院救治 ● 20~199 人旅游者滞留	● 造成 1~2 人死亡或失踪 ● 造成 1~9 人受伤并住院救治 ● 食物中毒造成 1~9 人以下住院救治 ● 1~19 人旅游者滞留
《上海吴淞口国际邮轮港发展有限公司游客滞船事件应急预案》			● 滞船游客人数在 30 人及以上 500 人以下，发生群体性事件如打架、斗殴、闹事等，造成 3 人以上 10 人以下人员受伤，2 万元以下直接财产损失的事件	● 滞船游客人数在 5 人以上 30 人以下，发生群体性事件如闹事等，造成小范围人员受伤，或造成 2 万元以下直接财产损失的事件
《深圳市邮轮旅游突发事件应急预案》	● 造成 30 人以上死亡（含失踪），或危及 30 人以上生命安全，或 100 人以上重伤（中毒），或直接经济损失 1 亿元以上	● 造成 10~30 人死亡（含失踪），或危及 10~30 人生命安全，或 50~100 人重伤（中毒），或直接经济损失 5000 万元至 1 亿元	● 造成 3~10 人死亡（含失踪），或危及 3~10 人生命安全，或 10~50 人重伤（中毒），或直接经济损失 1000 万~5000 万元 ● 发生游客滞留人数 2000 人以上，或霸游客人数 300 人以上的突发事件	● 造成 3 人以下死亡（含失踪），或危及 3 人以下生命安全，或 10 人以下重伤（中毒），或直接经济损失 1000 万元以下 ● 游客滞留 500~2000 人，或霸船游客人数 100~300 人

轮发生大面积延误。原计划 3 月 27 日晚出境的"诺唯真喜悦号"延误至 29 日中午仍无法离港，后申请取消本次航程计划；原定于 3 月 29 日上午靠泊的天海"新世纪号"、歌诗达"赛琳娜号"延误至 30 日凌晨，并于当日中

午取消旅客出境航程计划；原计划 3 月 30 日凌晨出港的"福伦丹号"多次延误开船时间，跳港青岛后，开往天津；客班轮"新鉴真""苏州号"多次延迟入境时间；原计划 31 日 22：30 离港的"海洋量子号"要求提前 7 小时出境；原定于 31 日入境的"因锡亚"邮轮跳港，直接开往天津；原计划 4 月 1 日凌晨到港的访问港邮轮"千禧年号"延迟 13 小时后至下午入境。

在旅客运输事件方面，2017 年 5 月 10 日，上海长江段水域吴淞口警戒区 37 只集装箱落水，海事被迫临时封闭长江主航道。受事故影响，原计划分别于 11 日 1 时 30 分和 7 时 50 分靠泊的皇家加勒比"海洋量子号"邮轮、歌诗达"赛琳娜号"邮轮抛锚长江口等待清障。后由于清障进度缓慢，两船改为 12 日靠泊，与原计划 12 日靠港的天海"新世纪号"邮轮形成三船靠泊"盛景"。此次延误事件影响了 17504 名旅客的出行，由于涉及人数众多，旅客纠纷、航班延误及工期改变等问题激增，各职能部门和各有关单位奋战 48 小时，圆满完成三船共计上下船旅客约 17000 人的艰巨任务。

在自然灾害、旅客运输事件方面，2017 年 4 月 16 日，吴淞监督站接吴淞口国际邮轮港报告称受海面大雾影响，计划当日上午靠港的天海"新世纪号"邮轮无法按时到港，具体靠港时间无法确定。多部门紧急磋商，解决了当天计划登船的 2100 多名旅客的过夜住宿问题。2016 年 11 月 24 日，因大风原因，歌诗达"赛琳娜号"邮轮无法正常靠泊原计划中的济州港。船上旅客不满邮轮临时调整航线，在航程结束后 300 多名旅客滞船，造成下一航次的准备工作受到影响。

二 邮轮港突发事件分类应急处置

（一）突发事件预防与预警

邮轮突发事件预警信息包括气象预警信息（大雾、台风、潮汛、暴雨、雷电、暴雪、冰雹、寒潮等）、大客流信息、保安事件预警信息以及其他相关突发事件风险源信息等。根据突发事件性质、可能造成的危害以及影响范围，预警级别分为四级：Ⅰ级（特别重大）、Ⅱ级（重大）、Ⅲ级（较大）和Ⅳ级（一般），依次用红色、橙色、黄色和蓝色表示。预警信息应包括发布机关、发布时间、可能发生的突发事件类别、预警级别、起止时间、可能影响范围、警示事项、预防措施和咨询电话等。预警信息发布后，要密切关注风险情况，根据事态变化和专家组意见，适时调整预警级别。同时通知有关部门和单位采取相应预防行动。

表 3　邮轮港突发事件分级标准

指标	Ⅰ级 （特别重大）	Ⅱ级 （重大）	Ⅲ级 （较大）	Ⅳ级 （一般）
死亡、失踪或涉险人数	30 人以上	10~29 人	3~9 人	1~2 人
重伤（或工业中毒）	100 人以上	50~99 人	10~49 人	1~9 人
食物中毒	100 人以上	30~99 人	10~29 人	1~9 人以下
滞港人数	10000 人以上	5000~10000 人	2000~5000 人	500~2000 人
滞船人数	100 人以上	50~100 人 10~50 人 （出现肢体冲突）	10~50 人 （无肢体冲突）	1~10 人
紧急疏散人数	20000 人以上	10000~20000 人	5000~10000 人	1000~5000 人
直接经济损失	1 亿元以上	5000 万~1 亿元	1000 万~5000 万元	1000 万元以下
事件影响	特别重大不良影响	重大不良影响	较大不良影响	较小不良影响
预警分级	红色	橙色	黄色	蓝色
响应分级	Ⅰ级	Ⅱ级	Ⅲ级	Ⅳ级

（二）事件信息报告与通报

信息报告应遵循及时快速、准确高效、分级报告的原则。突发事件发生后，事发单位应在事发后30分钟内以口头方式、1小时内以书面方式报告，并执行初报、续报和终报制度。突发事件发生后，涉事旅游经营者根据突发

事件类型，立即启动相关应急预案，开展先期处置。同时立即将事故信息及所需应急力量上报。处理部门核实突发事件信息后，视情上报至应急处置指挥部及相关市级行业管理部门。应急处置指挥部确定事件等级，根据职责和规定权限启动相关应急预案，控制事态，并视情向当地政府报告。若是特殊情况难以在规定时限内以书面形式上报的，应当先以电话等形式上报并说明理由，等待条件许可时再补充上报。事件信息必须客观真实，内容简明准确、要素完整、重点突出。邮轮突发事件信息上报时应包含以下要素：事发时间、地点、简要经过、伤亡人数、影响范围、现场已采取措施及控制情况、发生原因初步分析、报告人及报告单位和联系方式。

（三）突发事件应急响应

国际邮轮突发事件应急响应分为四级：Ⅳ级、Ⅲ级、Ⅱ级和Ⅰ级，分别对应一般、较大、重大及特别重大突发事件。当突发事件发生在重要节假日、重大活动和重要会议期间，以及涉外、敏感、可能恶化的事件，应适当提高应急响应等级。Ⅳ级、Ⅲ级响应由属地应急处置指挥部直接决定发布和组织实施应急处置；Ⅰ级、Ⅱ级响应由属地政府报请或由市政府直接决定和组织实施应急处置。Ⅳ级、Ⅲ级应急响应启动后，属地应急处置指挥部根据实际需要组建现场应急处置指挥部，确定现场指挥长，通知相关应急工作组赶赴现场实施应急处置。Ⅱ级、Ⅰ级应急响应时，在市政府的统一指挥下，属地应急处置指挥部协调组织实施应急处置和救援工作。

（四）突发事件分类处置程序

当发生交通、爆炸、火灾等突发事件并影响到人身安全时，涉事旅游经营者以及从业人员必须立即采取避险措施，并迅速报告，请求救援。应急处置指挥机构按照分级响应协调各应急工作组开展紧急救援行动。做好船期变更和游客退票的准备工作。当发生公共卫生事件时，旅游经营者应密切关注到港邮轮的公共卫生安全事件，发现疑似传染病疫情时，立即向疾控、海关等报告，服从卫生防疫部门安排，做好消毒防疫、相关解释和安抚等工作。

在确认疫情种类为可放行病情类型的情况下，经综合评估，对邮轮实施放行。在确认疫情种类为限制放行类型的情况下，卫生防疫部门对邮轮实施卫生控制，旅游经营者和文旅部门做好相关人员的后勤保障工作。

当发生游客滞船事件时，旅游经营者要组织专业工作小组与滞留游客开展对话和协商，做好解释、劝导工作，并告知继续滞留船舶的法律后果。当邮轮公司委托港航公安协助处置游客滞船事件或船上社会治安事件时，港航公安按照分级响应及时上船处置。组织游客进入安置点，由旅游经营者继续与游客进行协商处理。当邮轮港区客流量超过或可能超过预定控制人数时，邮轮港区要立即采取限制进入、人员分流等有效措施，控制游客总量，合理疏导现场客流，严防发生踩踏、挤伤等事故。因自然灾害造成的航道堵塞或中断导致邮轮滞留时，海事部门应尽快开展修复抢通工作，做好现场通航控制和疏导工作。当因沉船、搁浅、碰撞、沉物而引起断航或航道堵塞时，海事部门应尽快组织开展沉船等碍航物的打捞工作，并及时向有关部门和受影响的船舶发布相关信息，避免堵航事件发生；迅速将事故船舶拖离航道，恢复航道畅通。

三　完善邮轮港突发事件应急管理机制路径

（一）强化应急处置指挥部

在应急状态下，根据情况需要组建邮轮港突发事件应急处置指挥部，建立统一领导、指挥协调的资源和力量，更好地应对突发事件。应急处置指挥部应统一指挥、协调邮轮港单元内突发事件的应急处置工作，发布指挥调度命令，并督促检查执行情况；决定启动和终止应急响应；当发生重大、特别重大突发事件时，由市政府统一指挥，按照市政府的指令，开展相应的应急行动；及时掌握事件动态并按规定上报；协调邮轮突发事件调查、评估等工作；统一部署事件的信息发布、新闻报道及相关重要事项。应急处置结束

后，要组织对突发事件的发生原因、性质、影响范围、受损程度、责任及经验教训等进行调查、评估与核实。

（二）构建事件应急工作组

建立统一的协调机构，做好值守应急、信息汇总、综合协调、督查指导等工作；接收、收集、整理、分析、上报邮轮突发事件相关信息，并初步判定事件等级；组织开展风险隐患排查、综合演练及宣传培训；负责组建邮轮突发事件应急咨询专家库；成立事件应急工作组，根据突发事件的发展态势和分类处置需要，启动一项或多项应急工作方案。应急处置指挥部下设邮轮联络协调组、邮轮通关、航行组、游客安置和后勤保障组、道路运输指挥协调组、社会治安组、医疗卫生组、对外联络信息发布组等应急工作组。应急工作组在应急处置指挥部的统一指挥下，开展现场应急处置和救援工作。

如联络协调组负责与气象局、邮轮公司、船代等单位的联络协调工作，了解掌握气象信息、船舶动态、游客滞船滞港情况、运输组织方案等，配合相关单位做好启动相关预案的协调工作。邮轮通关、航行组负责健全邮轮船期计划沟通协调机制，在确保有效监管的前提下，加快游客、物资通关验收和邮轮靠离港作业速度，有效应对邮轮瞬间大客流，确保口岸通关环境的安全、高效、便捷。

（三）强化各项保障工作

邮轮港应组建综合应急救援队，承担以抢救人员生命为主的应急救援工作。同时，根据邮轮港内防汛防台、抗震救灾、工程抢险、安全生产、环境保护、医疗急救、网络安全、水电油气"生命线"工程等情况，由相关运营管理单位建立相应的专职或兼职专业性应急救援队伍。有关单位根据各自职能，建立完善的应急物资储备体系，确保保障应急需要，并根据时间要求进行动态更新与管理。交通部门要与具有一定规模、信誉较好的道路客运企业签订突发公共事件运力征用协议，根据人员疏散需要，配合提供所需交通运能保障。就近确定若干安置点，并分别对应Ⅰ级、Ⅱ级、Ⅲ级和Ⅳ级游客滞留事件所需，建立分级启用名单，制定应急安置管理办法和运行程序，明确安置点责任人，储备应急物资，确保在紧急情况下广大游客的有序安置。建立突发事件医疗专家队伍和应急医疗救援队伍，组织储备医疗救治应急物资。根据需要及时赶赴现场开展医疗救治、疾病预防控制等医疗救援工作。公安根据处置工作需要，做好邮轮港内社会治安和事发现场秩序维护等工作。

（四）加强演练与教育培训

组织邮轮港综合演练和专项演练，相关单位要结合实际情况，开展形式多样的单项演练，提高本单位突发事件预防与应急处置能力。各相关单位要建立教育培训机制，制订教育培训计划，加强对本单位应急管理人员、工作人员和现场值班人员的教育培训。教育培训计划报邮轮港单元备案。加强对游客的安全教育引导，加强宣传，提升游客安全意识，更好地提高公众应对突发事件的能力。

参考文献

汪泓主编《中国邮轮产业发展报告（2021）》，社会科学文献出版社，2021。

汪泓主编《中国邮轮产业发展报告（2020）》，社会科学文献出版社，2020。

汪泓主编《中国邮轮产业发展报告（2019）》，社会科学文献出版社，2019。

汪泓主编《中国邮轮产业发展报告（2018）》，社会科学文献出版社，2018。

汪泓主编《中国邮轮产业发展报告（2017）》，社会科学文献出版社，2017。

黄宗盛、柏培洁、姬佳慧：《我国邮轮建造产业园区的现状及对策》，《水运管理》2022年第8期。

杨明、易小力：《广东发展邮轮产业价值链的现实基础和战略路径》，《新经济》2022年第8期。

张皓雯：《从法律角度看国际邮轮旅游业的困境与发展》，《科学导报》2022年6月28日。

王嵩、宋丹瑛：《基于文献计量学的中国邮轮旅游研究回顾与展望》，《科技和产业》2022年第6期。

许晓涛、孙妍：《环南海国家邮轮旅游产业合作路径探析》，《特区经济》2021年第8期。

李倩彧、孙瑞红、叶欣梁：《我国邮轮旅游绿色创新效率的空间格局》，《中国旅游评论》2021年第2期。

周淑怡、孙瑞红、叶欣梁：《邮轮旅游全国网络关注热度矩阵及营销策略研究》，载《2021中国旅游科学年会论文集》，2021年4月23日。

发 展 篇
Development Reports

G.16

中国内河游轮与远洋邮轮
游客体验比较研究

陈嘉玲　孙晓东*

摘　要： 新冠肺炎疫情下，我国"本土化度假"趋势逐渐明显，为内河游轮和沿海邮轮旅游发展带来机遇。深刻理解内河"游轮"与远洋"邮轮"两种不同类型产品的游客体验及差异性对满足游客需求、做大细分市场、完善邮轮产品体系具有重要意义。本文以在线评论为研究样本，采用词频分析、语义网络分析、情感分析、长尾分析等方法对我国内河游轮与远洋邮轮游客的出游体验要素、维度、情感进行了系统分析，特别对两种产品游客体验感知进行了比较分析，并提出差异化、针对性的发展策略。结果显示，内河游轮与远洋邮轮的整体游客满意度均较高，但在船上服务、岸上活动等方面的体验感知有所差异。基于研

* 陈嘉玲，华东师范大学经济与管理学部硕士研究生，研究方向：邮轮旅游、遗产旅游与文旅融合；孙晓东，博士，华东师范大学经济与管理学部教授，博士生导师，研究方向：邮轮旅游、旅游营销。

究结果，从本土邮轮品牌构建、沿海邮轮和内河游轮航线开发、岸上资源开发与旅游活动规划、基础设施建设与邮轮旅游目的地打造等方面提出了完善国内邮轮产品和服务体系的对策建议。

关键词： 内河游轮　远洋邮轮　游客体验

受新冠肺炎疫情的影响，我国游客出境旅游需求下降明显，国内旅游市场地位日益提升。在邮轮业，以长江三峡流域为主的内河游轮以及国内沿海邮轮旅游迎来了新的发展契机。目前，长江经济带的内河游轮客源较为充足，游客数量增长显著，游客评论信息也较为丰富，而沿海邮轮旅游还处于起步阶段，以"招商伊敦号"邮轮为代表推出了部分沿海航线产品，成为第一艘巡游中国沿海城市及岛屿的邮轮，在一定程度弥补了沿海邮轮市场的空白，但游客数量和点评信息还不是很多。本质上，目前我国沿海邮轮仍然具备典型的远洋邮轮特征，船舶体量较大，船上产品和服务、岸上观光活动等都较为丰富。

为了抓住新发展机遇，我国本土邮轮应在深刻理解内河"游轮"与远洋"邮轮"两种产品的游客体验及差异性的基础上，通过完善邮轮产品和服务体系满足游客需求，做大细分市场，促进整个邮轮旅游业健康、可持续发展。为此，本文聚焦我国内河游轮与远洋邮轮游客体验的差异，通过剖析不同类型邮轮产品的游客体验感知，指出现有内河游轮和沿海邮轮的不足之处，提出不应完全照搬国际远洋邮轮发展经验，而应创新本土邮轮产品，提升产品吸引力。

一　研究现状

在游客体验研究中，基于问卷调查和统计分析探索游客体验维度及满意度的成果较多。如蒋丽芹等以无锡惠山古镇为例，采用问卷调查法将游客体验感知细分为旅游资源、旅游交通、旅游餐饮、旅游购物、旅游服务等 5 个维度 31 个指标，并运用 IPA 分析法进行了满意度分析;[①]李萌等针对历史城镇目的地、海滨目的地，制作了游客在心理逃避、与众不同、好客服务等维度的 18 个题项组成的目的地浪漫属性量表;[②] 李飞等以滇越铁路为例，采用问卷、深度访谈相结合的方式，运用主成分分析法、多重响应分析法等方法对游客和居民在旅游开发利用、旅游产业要素、文化遗产认知、旅游线路组织等方面的感知异同进行了分析;[③] Yuksel 等使用结构方程模型研究了游客购物风险感知对游客情绪、满意度和忠诚度的影响;[④] Rahman 和 Zaman 等学者通过分析问卷构建了游客对当地食物偏好的感知与行为嵌入模型;[⑤] Rehman 和 Samad 等运用结构方程模型，以游客感知为中介变量，研究了在新冠肺炎疫情下，游客对当地美食的感知与行为意向。[⑥]

随着互联网和信息技术的发展，基于在线评论、游记等用户生成（UGC）数据和内容展开的研究也越来越多。现有研究多采用词频分析、语义网络分析、情感分析等对游客感知进行挖掘，涉及的案例地也多种多样，

---

① 蒋丽芹、熊乙：《历史文化街区游客满意度的影响因素——以惠山古镇为例》，《城市问题》2015 年第 5 期。

② 李萌、陈钢华、胡宪洋、霍梓锋：《目的地浪漫属性的游客感知：量表开发与验证》，《旅游科学》2022 年第 2 期。

③ 李飞、张雅欣、马继刚：《基于居民和游客双重视角的线性文化遗产感知研究——以滇越铁路为例》，《地域研究与开发》2022 年第 2 期。

④ Yuksel A., Yuksel F., "Shopping Risk Perceptions: Effects on Tourists Emotions, Satisfaction and Expressed Loyalty Intentions," *Tourism Management*, 2007, 28 (3).

⑤ Rahman M. S., Zaman M. H., Hassan H., Wei C. C., "Tourist's Peferences in Selection of Local Food: Perception and Behavior Embedded Model," *Tourism Review*, 2018, 73 (1).

⑥ Rehman S. U., Samad S., Singh S., Usman M., "Tourist's Satisfaction with Local Food Effect Behavioral Intention in COVID-19 Pandemic: A Moderated-mediated Perspective," *British Food Journal*, 2021 (1).

如古镇型旅游地凤凰古城①、武陵源风景名胜区②、沙漠型 5A 级旅游景区③、西安永兴坊④、桂林⑤等。UGC 数据体量大，内容开放丰富，能够最真实、最全面地反映大样本下游客的旅游体验感受。张珍珍等以西安为例，将问卷调查与网络评论分析结果进行比较，发现两种方法在识别游客目的地形象感知方面的一致性较高，在一定程度上表明内容分析具有一定的可靠性。⑥

与一般旅游体验研究相比，由于邮轮旅游行业起步较晚，统计数据不足且较难获取，邮轮旅游研究成果相对较少。孙晓东等利用邮轮评论家（www.cruisecritic.com）网站中专业型游客的点评数据，采用回归分析、词频分析、方差分析等方法，对邮轮属性和邮轮品牌定位进行了游客感知研究。⑦ 彭小飞则采用问卷调查的方式，研究了游客感知相容性对游客感知价值的影响。⑧ 孙晓东等基于携程旅行网（www.ctrip.com）的游客点评数据，采用内容分析（词频分析、语义网络分析、情感分析）和均值分析等方法，探讨了中国游客对邮轮产品和不同邮轮品牌的形象感知与情感表达。⑨ 王太灿等通过电话访谈和扎根理论，探究了从上海邮轮港出发游客对突发事件的

---

① 王永明、王美霞、李瑞、吴殿廷：《基于网络文本内容分析的凤凰古城旅游地意象感知研究》，《地理与地理信息科学》2015 年第 31 期。
② 文修绪、肖时珍：《武陵源风景名胜区旅游形象游客感知研究——基于网络点评文本数据》，《经营与管理》2022 年第 3 期。
③ 高冲、董治宝、姜有根、王晓枝、张欣：《基于文本分析法的沙漠型 5A 级旅游景区游客感知与旅游行为研究》，《中国沙漠》2022 年第 4 期。
④ 席岳婷、贺雅娟：《基于网络文本分析的美食街区游客感知研究——以西安永兴坊为例》，《经济研究导刊》2022 年第 6 期。
⑤ 关阳、张徐、苏振：《基于 Python 数据可视化的国内外游客桂林旅游感知对比分析》，《资源开发与市场》2021 年 37 期。
⑥ 张珍珍、李君轶：《旅游形象研究中问卷调查和网络文本数据的对比——以西安旅游形象感知研究为例》，《旅游科学》2014 年 6 期。
⑦ 孙晓东、徐美华：《邮轮属性评价与品牌定位——基于专业型游客的感知研究》，《地理科学》2020 年 10 期。
⑧ 彭小飞：《游客感知相容性对邮轮旅游者感知价值影响研究》，厦门大学学位论文，2018。
⑨ 孙晓东、倪荣鑫：《中国邮轮游客的产品认知、情感表达与品牌形象感知——基于在线点评的内容分析》，《地理研究》2018 年第 6 期。

风险感知[1]。值得注意的是，上述研究对象主要是远洋邮轮市场，鲜有关于内河游轮游客感知方面的研究。

在内河游轮研究方面，国外研究成果较为丰富，主题多样，涉及内河游轮市场变化方向[2]、内河游轮发展的决定因素[3]、内河游轮产品特征[4]、内河游轮产品质量评估[5]、内河游轮航线设置[6]、内河游轮营销组合方式[7]、河道环境质量对内河游轮游客的健康影响[8]、内河游轮游客忠诚度[9]、代际变化对内河游轮游客偏好的影响[10]等。与国外研究相比，国内内河游轮的研究起步较晚，数量较少，主题也较局限。比如，王宁将内河游轮与客运班轮和酒店进行比较，认为应运用主题定位模式、专业化方式打造长江三峡游轮目的地；[11] 王金凤采用实地调研、比较研究等方法，探讨了三峡游轮的旅游产品

① 王太灿、孙瑞红、叶欣梁：《新冠疫情下上海邮轮游客风险感知研究》，《2020 中国旅游科学年会论文集》，2020 年 4 月 1 日。

② Mankowska M. , "Determinants and Directions of Change in the European River Cruise Market," *Scientific Journals of the Maritime University of Szczecin – Zeszyty Naukowe Akademii Morskiej W Szczecinie*, 2019, 59（131）.

③ Urbanyi-Popiolek I. , "The Analyses of Determinants Affecting the River Cruising in Poland in Comparison with European Tendencies," *Scientific Journals of the Maritime University of Szczecin – Zeszyty Naukowe Akademii Morskiej W. Szczecinie*, 2019, 59（131）.

④ Brodaric P. , "Logistics in the River Cruise Products," Proceedings of the 3rd Logistics International Conference, 2017; TomeJ. K. , Lund-Durlacher D. , "Research Note: River Cruise Characteristics from a Destination Management Perspective," *Journal of Outdoor Recreation and Tourism-Research Planning and Management*, 2020（30）.

⑤ Bezrukova N. , "Systematic Aapproach to the Quality Assessment of River Cruise Product," Services in Russia and Abroad, 2016, 10（3）.

⑥ Guedes A. , Rebelo J. , "River Cruise Holiday Packages: A Network Analysis Cmbined with a Geographic Information System Frame Work," *Tourism Management Perspectives*, 2021, 37（1）.

⑦ Ruzic I. , Bosnic I. , Kelic I. , "Rizer Cruise as Tourism Product: Marketing Approach," *Interdisciplinary Management Research XII*, 2016（12）.

⑧ Jang C. S. , Liang C. P. , Chen S. K. , "Spatial ADynamic Assessment of Health Risks for Urban River Cruises," *Environmental Monitoring and Assessment*, 2019, 191（1）.

⑨ Mirasukma R. , "Factors Influencing Tourist's Loyalty: Melaka River Cruise," UTeM, 2013.

⑩ Cooper D. , Holmes K. , Pforr C. , Shanka T. , "Implications of Generational Change: European River Cruises and the Emerging Gen X Market," *Journal of Vacation Marketing*, 2019, 25（4）.

⑪ 王宁：《基于游轮与客班轮、酒店差异比较的长江三峡游轮目的地打造》，《三峡论坛》（理论版）2010 年第 6 期。

结构优化路径;① 罗尚焜等通过分析世界五大内河游轮母港城市特征，探讨了内河游轮母港城市选址条件;② 林娟采用问卷调查、员工访谈、数据分析等方法，研究了长江三峡游轮市场拓展的营销新策略;③ 王太灿等采用内容分析法对内河游轮公司官方宣传片、文字资料、飞猪和同程平台上的游客评论数据进行研究，探讨了游客对内河游轮的形象感知。④

综上，目前大部分邮轮研究的对象是远洋邮轮市场，内河游轮方面的研究较少，且少有研究将多种类型的邮轮产品进行比较分析。基于此，本文将基于在线点评数据，采用内容分析法对内河游轮、远洋邮轮（沿海邮轮）的游客体验感知进行比较研究，从体验要素、体验维度、情感表达等方面识别游客对两种类型邮轮产品的感知差异，从而帮助行业规划设计更符合游客偏好的内河游轮产品，扩大我国内河游轮市场，促进内河游轮旅游快速发展。

二 数据来源与研究方法

（一）数据来源与整理

本研究利用八爪鱼软件爬取了2015～2022年携程网站（https：//vacations.ctrip.com）中有关"三峡游轮"等内河游轮航线的4652条游客点评数据，以及有关歌诗达邮轮"大西洋号""赛琳娜号"，皇家加勒比游轮"海洋水手号""海洋航行者号"，地中海邮轮"辉煌号""抒情号"，诺唯真游轮"喜悦号"，公主邮轮"盛世公主号""蓝宝石公主号"，丽星邮轮"双子星号""双鱼星号"等11艘邮轮的远洋航线的34733条游客点评数据。通过人工阅读评论进行数据清洗，删除其中的重复评论、空白评论以及与体验感

① 王金凤：《三峡游轮旅游产品结构及优化研究》，云南大学学位论文，2017。
② 罗尚焜、吴杰：《内河游轮母港城市选址研究初探——国际五大内河游轮母港城市分析》，《商场现代化》2015年第Z1期。
③ 林娟：《长江三峡游轮旅游市场拓展策略研究》，西南大学学位论文，2020。
④ 王太灿、叶欣梁、孙瑞红：《基于在线评论的我国内河游轮形象感知研究》，《上海经济》2021年第4期。

知无关的无效评论，最终得到 4058 条内河游轮评论数据和 33111 条远洋邮轮评论数据。

（二）研究方法

本研究利用 ROST CM6 软件对游客点评数据进行词频分析、语义网络分析以及情感分析。通过 MATLAB 软件对词频进行曲线拟合，从而进行长尾理论分析。词频分析能够统计游客评论中各词的出现频率，找出隐藏在评论中的关键信息，[①] 包括产品要素、体验维度等，识别游客对不同类型产品的核心体验感知及其差异性。长尾分析则可以识别出游客的边缘体验感知，一定程度上反映出产品差异化中的"蓝海"。语义网络分析能够解构词语之间的联系，情感分析则能有效把握游客对两种产品的积极情绪与消极情绪的分布情况。从游客的核心体验感知与边缘体验感知以及积极情绪与消极情绪等方面入手，可以更为全面地把握游客的感知与偏好，从而更有效地优化内河游轮与远洋邮轮产品，做大做强市场。

三 游客体验感知要素分析

（一）词频比较分析

在实际点评中，由于表达习惯不同，游客点评用词会存在差异，比如游客点评中会出现"邮轮""游轮""油轮""轮船""游船"等不同用词，"风景""景色""风光"等不同表达。为了统一邮轮名称、旅游活动以及表达方式，在进行分词和提取词频时，分别对内河游轮评论和远洋邮轮评论建立自定义词表和归并词群表，比如，将内河游轮点评数据中的"邮轮""游轮""油轮"等归并为"游轮"，将远洋邮轮点评数据中的"邮轮""游

[①] 孙晓东、倪荣鑫：《国际邮轮港口岸上产品配备与资源配置——基于产品类型的实证分析》，《旅游学刊》2018 年第 7 期。

轮""油轮"等归并为"邮轮",等等。此外,通过人工阅读词频表,将其中的同义词进一步进行归并,筛选出排名前100的高频词。分析发现,高频词主要包括出游信息类、体验评价类、景点项目类和生活服务类,如表1和表2所示。

出游信息类的核心词包含了出游伙伴"老人""小孩"等和邮轮名称"总统""黄金""神女""公主""歌诗达"等。在出游伙伴方面,内河游轮点评中出现最多的是"老人",而远洋邮轮点评中出现最多的是"小孩",可能的原因是,远洋邮轮航程时间较长且费用高昂,由于身体健康、消费观念等原因,航程较短且价格较划算的内河游轮更适合老年群体。此外,内河游轮点评中"朋友"比"家人"出现的频次高,远洋邮轮点评中"家人"比"朋友"出现的频次高,这在一定程度上说明远洋邮轮更适合亲子游、家庭游。辛欣等对我国远洋邮轮游客构建的用户画像也解释了这一现象。①

体验评价类的核心词包括针对总体感知的"不错""满意""开心"等,针对活动感知的"丰富""精彩"等,针对餐饮住宿感知的"舒适""干净""齐全""好吃",针对人员感知的"周到""热情""贴心"等。此外,内河游轮点评中出现较多对景点感知的"优美"等,反映出内河游轮注重岸上观光的特点。研究发现,游客总体评价的积极词语大多都处于高频词前15%的位置,说明两类产品的游客体验都较好。一个有趣的现象是"豪华"出现在内河游轮的高频词中,但未出现在远洋邮轮的高频词中,可能与游客心理预期有关。大部分游客在出游前对远洋邮轮会存在"豪华"的预期,而对内河游轮"豪华"的预期较少。

在景点项目类高频词中,内河游轮点评中出现了反映旅游景点的"三峡""白帝城""重庆""丰都"等,反映出游状态的"船上""下船""岸上"等,反映岸上活动的"游览""表演"等。远洋邮轮点评中则出现了"中国""日本""海上""游泳"等国际性、海洋特色的高频词,但"观光""游览"

---

① 辛欣、马珑鑫、田旭冬、曲延瑞、刘伟:《基于评论大数据聚类的中国邮轮游客用户画像构建》,《装饰》2022年第2期。

"风景""景色"等的词频较低。可以看出，内河游轮在岸上观光活动方面能带给游客更佳的体验，而远洋邮轮更注重船上设施和服务配备。

生活服务类的核心词包括"房间""阳台"等与住宿有关的词，"自助餐""餐厅"等与餐饮有关的词，"服务员""导游"等与人员服务有关的词。其中，两类产品评论的高频词中都出现了"阳台"，反映了当前船舶设计的基本趋势。"导游"在内河游轮点评中提及较多，从侧面反映出我国内河游轮仍然采用传统跟团游形式，在观光游览活动中配备了导游讲解服务；而在远洋邮轮市场，"领队"一词体现了出入境旅游特征，在游客服务中的作用更大。此外，与内河游轮相比，"免税店""中餐""西餐"等在远洋邮轮点评中出现较多，表明远洋邮轮上的餐饮、购物类别丰富，而内河游轮则有所欠缺。

表 1　内河游轮游客点评的高频词

排名	高频词	频次	排名	高频词	频次
1	游轮	2130	20	人员	444
2	服务	1906	21	总体	440
3	不错	1353	22	餐饮	433
4	旅行	1220	23	活动	422
5	船上	1187	24	设施	402
6	满意	1167	25	导游	398
7	风景	1115	26	态度	391
8	行程	1098	27	老人	381
9	开心	1078	28	热情	363
10	三峡	1013	29	自费	358
11	安排	940	30	下船	326
12	房间	811	31	重庆	318
13	景点	726	32	选择	311
14	体验	595	33	适合	311
15	玩的	559	34	时间	292
16	这次	511	35	小孩	291
17	舒适	502	36	合理	289
18	周到	493	37	值得	288
19	出行	482	38	干净	285

续表

排名	高频词	频次	排名	高频词	频次
39	餐厅	285	70	娱乐	155
40	自助餐	279	71	岸上	155
41	长江	271	72	一路	153
42	下次	268	73	感谢	153
43	整个	261	74	讲解	149
44	环境	256	75	美维凯悦	147
45	住宿	252	76	表演	146
46	丰富	240	77	建议	141
47	游览	237	78	喜欢	140
48	优美	233	79	码头	134
49	游玩	227	80	性价比	132
50	朋友	218	81	神女	131
51	黄金	217	82	世纪荣耀	131
52	总统	212	83	问题	130
53	每天	215	84	贴心	127
54	豪华	210	85	好评	126
55	晚上	193	86	携程	126
56	轻松	190	87	有机会	125
57	阳台	188	88	家人	122
58	全程	187	89	白帝城	115
59	第一次	186	90	方便	114
60	升级	185	91	乘坐	109
61	大坝	183	92	心情	107
62	游客	172	93	地方	107
63	服务员	172	94	感受	104
64	父母	170	95	齐全	103
65	免费	168	96	旅途	102
66	沿途	159	97	丰都	101
67	卫生	157	98	天气	99
68	宜昌	156	99	甲板	98
69	耐心	156	100	味道	97

表 2　远洋邮轮游客点评的高频词

排名	高频词	频次	排名	高频词	频次
1	邮轮	24776	35	阳台	2775
2	服务	12805	36	舒适	2734
3	不错	10726	37	免费	2597
4	船上	10051	38	第一次	2423
5	活动	6938	39	热情	2417
6	餐饮	6725	40	购物	2314
7	餐厅	6490	41	中国	2233
8	小孩	6401	42	周到	2216
9	房间	5636	43	出行	2191
10	满意	5473	44	上船	2140
11	旅行	5214	45	态度	2061
12	开心	5151	46	下次	2037
13	感觉	4560	47	住宿	2026
14	娱乐	4222	48	品种	1981
15	总体	4220	49	领队	1815
16	表演	4161	50	排队	1716
17	时间	4073	51	东西	1699
18	行程	4059	52	节目	1659
19	自助餐	3958	53	食物	1616
20	下船	3936	54	父母	1609
21	岸上	3854	55	免税店	1512
22	体验	3644	56	味道	1508
23	服务员	3573	57	导游	1470
24	适合	3484	58	喜欢	1463
25	携程	3405	59	晚上	1460
26	人员	3354	60	精彩	1448
27	老人	3320	61	出游	1381
28	丰富	3180	62	建议	1343
29	选择	2983	63	价格	1336
30	安排	2970	64	日本	1316
31	每天	2970	65	游客	1295
32	这次	2810	66	口味	1294
33	设施	2786	67	推荐	1211
34	公主	2781	68	值得	1204

续表

排名	高频词	频次	排名	高频词	频次
69	吃饭	1200	85	海上	964
70	游泳	1175	86	游玩	939
71	享受	1154	87	中餐	921
72	干净	1097	88	问题	893
73	家人	1095	89	海景	832
74	西餐	1078	90	剧院	829
75	收费	1050	91	朋友	821
76	环境	1045	92	晕船	809
77	泳池	1037	93	台风	798
78	景点	1029	94	轻松	782
79	打扫	1015	95	感受	772
80	性价比	1001	96	观光	770
81	好吃	987	97	有机会	775
82	美食	985	98	歌诗达	728
83	卫生	982	99	期待	695
84	整个	976	100	皇家加勒比	687

（二）长尾比较分析

利用 MATLAB 软件，以评论词的频数和排序为变量，分别对内河游轮和远洋邮轮的词频进行曲线拟合，如图 1 和图 2 所示。从拟合结果可知，内河游轮评论词在拟合指数函数 $[y=(p_1)/(x+q_1)$，其中 $p_1=1.221\times10^4$（1.168×10^4，1.273×10^4），$q_1=4.782$（4.396，5.168）］后，模拟方程判定系数 $R^2=0.9814$，调整后 $R^2=0.9812$，判定系数大于 0.90，表明频率分布符合指数衰减规律，具备长尾分布特征。类似地，远洋邮轮评论词拟合曲线也呈现长尾分布特征，其中符合幂函数 $y=ax^b$，$a=2.364\times10^4$（2.29×10^4，2.439×10^4），$b=-0.6569$（-0.6731，-0.6407），模拟方程判定系数 $R^2=0.9787$，调整后 $R^2=0.9784$，拟合优度很高。

内河游轮与远洋邮轮前 20% 的高频词的累计频率分别为 53.68% 和 50.55%，均超过 50%，说明邮轮游客的体验感知虽然较为丰富，但呈现出

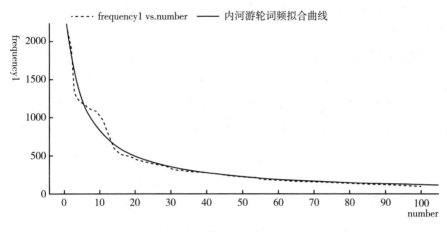

图 1 内河游轮词频曲线拟合

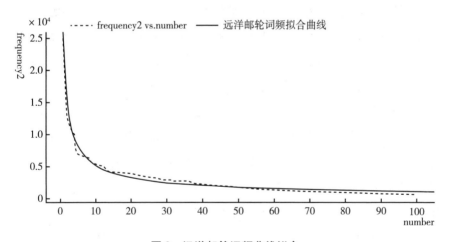

图 2 远洋邮轮词频曲线拟合

一定的集中性。前 20%的高频词体现了游客的主流感知,值得关注。但根据长尾理论,后 80%的要素也不容忽视。Pan 等研究发现长尾词使用者的出游意向更强。① 因此,对长尾词进一步分析可以更全面把握游客体验,从而

①　Pan B. , Li X. R. ,"The Long Tail of Destination Image and Online Marketing," *Annals of Tourism Research* , 2010, 38 (1).

更有针对性地提出改进与优化策略，在提高游客满意度的基础上，深挖各自的细分市场。

在长尾词中，内河游轮点评中包含了"天气""甲板""味道"等高频词。进一步分析原始点评后发现，凉爽的天气能提升游客愉悦感，天气炎热则会增加游客的疲劳感，下雨会造成出行不便，而云雾缭绕的天气可能会使小三峡等风景更加优美。邮轮公司在规划和推介岸上行程时可以考量天气因素，甚至可以根据不同的天气情况安排不同的行程，并尽量减少因天气原因而造成的行程取消、提前返航、行程更改等情况。此外，"甲板"反映了船上的活动空间情况，比如部分游客认为"世纪荣耀号""华夏神女号"甲板空间大，能提升观景和娱乐活动的体验感，但同时会有嘈杂吵闹的缺点，而甲板空间较小的内河游轮则容易引发游客不满。因此，企业一方面可以通过改造升级，提升甲板空间利用率，或者合理安排船上活动弥补甲板空间不足的缺点。另外还有游客反映新游轮的客房、甲板、厕所等区域有刺鼻的味道，这会对邮轮体验产生消极影响。我国内河游轮发展还处于起步阶段，游轮建造标准与国外相比还存在较大差距，应将环保放在船舶建造和运营的重要位置。

远洋邮轮长尾词中包含了"景点""台风""观光"等，特别是游客对岸上活动存在不同程度的负面情绪，主要体现为游览时间仓促、深度游不足、景点交通堵塞、景点质量不高、观光过程枯燥等。因此，邮轮公司在开展岸上游览活动时，要进行全面的市场调查，了解游客的需求，规划和设计多样化的游览产品，建议游客自助规划游览线路，甚至向游客提供较高水平的深度游攻略。与内河游轮不同，台风是远洋邮轮受影响的主要天气因素，可能会造成航程改变、游客晕船等，应在航线规划和行程安排中提前予以规避，或采取必要的事后补救措施。内河游轮在遇到恶劣天气等不可控因素时，也可借鉴远洋邮轮的做法。

分析发现，采取补救措施确实能减轻甚至消除游客的不满情绪。比如，"问题"一词同时出现在两种点评的长尾词中。部分游客在两类点评中均提及问题没有得到很好的解决，从而表现出不满的情绪和体验感知；相反，如果问题得到工作人员的重视并予以解决，能有效提高游客的整体满意度。因此对于旅行前、旅行中、旅行后出现的问题，企业都需要积极地予以解决，否则导致的在线负面口碑容易引发游客不满情绪的无限外溢。

（三）语义网络比较分析

高频词分析和长尾词分析能够识别出游客体验感知的核心词和边缘词，但无法挖掘要素之间的关系，而语义网络分析可以通过共现矩阵以及核心层、次核心层、次外围层和外围层等结构反映词语之间的关系和重要度层级，如图3和图4所示。

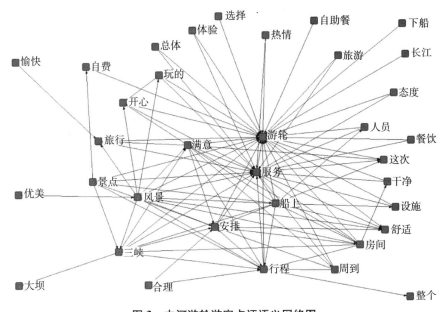

图3 内河游轮游客点评语义网络图

语义网络分析显示，内河游轮的核心层词语包括"游轮""服务""船上""满意""风景""行程""安排""三峡""房间"等，且"游轮"与"服务"、"游轮"与"房间"共现频率较高。远洋邮轮的核心层词语包括"邮轮""服务""餐厅""船上""小孩""房间""餐饮"等，且"邮轮"与"服务"、"邮轮"与"房间"的共现频率较高。其中，"邮轮""服务""船上""房间"是两种产品共同的核心词语，且"船上"与"服务"的共

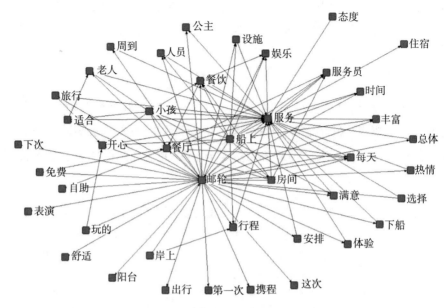

图4 远洋邮轮游客点评语义网络图

现频次较高，说明游客对游轮/邮轮上的服务、住宿等感触较深。此外，内河游轮中"三峡"、"风景"与"游轮"的共现频次较高，说三峡游轮是我国内河游轮的主要产品，而岸上观光游轮令人印象深刻。远洋邮轮中"餐饮"、"房间"、"餐厅"与"邮轮"的共现频次较高，说明游客体验感知与船上餐饮、住宿关系密切。

次核心层是核心层词语的延伸与拓展，反映了游客的"进一步"感知。"景点""开心""旅行""这次""玩的""周到""舒适"等是内河游轮的次核心层词语，远洋邮轮的次核心层词语包括"每天""服务员""开心""适合""老人""娱乐""行程""设施""满意""时间""人员""旅行""丰富"等，主要涉及游客对服务的体验感知，如服务周到、船上舒适、活动丰富等。其中，内河游轮游客更多的是对游轮带来的积极情绪的表达，远洋邮轮游客在次核心层的情绪表达不是很多，而是关注工作人员、娱乐设施、行程时间安排等，这在一定程度上体现了远洋邮轮能够提供更为丰富的船上设施与服务体验，但在岸上观光安排上不够细致，缺少具体的景点信息，仅涉及整体行程时间安排。

在次外围层与外围层，内河游轮涉及风景优美、旅行愉快、安排合理、景点自费、房间干净、人员热情等游客的体验感知，远洋邮轮则涉及表演、热情、舒适等体验感知。虽然远洋邮轮的词语也涉及"安排""岸上""下船"等，但缺少"合理"性词语的共现，说明远洋邮轮的岸上行程安排有待进一步改进。

（四）情感比较分析

研究发现，积极情绪会增加旅游产品对游客的吸引力，[①] 消极情绪会降低游客的体验感，而中性情绪可能会随着游客接触到的外部环境以及身心状态等的变化而转变为积极情绪或消极情绪。全面了解游客的情感，有助于进一步维持游客积极情绪，改进带来消极情绪的体验要素，从而提高游客整体情感、满意度和忠诚度。

情感分析可以基于情感词语统计游客对内河游轮和远洋邮轮的情感，如表3和表4所示。分析发现，两种产品的游客情感较高，其中内河游轮的积极情感更高，占87.69%，消极情感占6.62%；远洋邮轮的积极情感占79.98%，消极情感占12.02%。消极情感的存在说明邮轮的服务与设施设备等还有提升改进的空间。

表3　内河游轮游客情感分析统计结果

单位：条，%

程度	积极情感分段统计结果		消极情感分段统计结果	
	评论数量	占总评论比例	评论数量	占总评论比例
一般	868	23.27	192	5.15
中度	927	24.85	50	1.34
高度	1476	39.57	5	0.13

---

① 成永坤、朱菊芳、牟向前：《滑雪游客的产品认知、情感表达及满意度——基于网络评价文本分析》，《体育成人教育学刊》2020年第4期。

表4   远洋邮轮游客情感分析统计结果

单位：条，%

程度	积极情感分段统计结果		消极情感分段统计结果	
	评论数量	占总评论比例	评论数量	占总评论比例
一般	9350	25.52	3366	9.19
中度	8132	22.20	900	2.46
高度	11817	32.26	136	0.37

四   国内邮轮产品存在的问题及改进建议

词频分析发现，游客点评中的高频词主要包括出游信息类、体验评价类、景点项目类和生活服务类。在出游伙伴方面，老人或朋友是内河游轮的参与主体，儿童、家人是远洋邮轮的参与主体。内河游轮游客体验的更多的是游览观光长江三峡地区的景色风光，而远洋邮轮船上的设施设备一般比较齐全，除了岸上观光外，邮轮的船上活动与项目也非常丰富；配置阳台房是发展趋势。"天气""甲板""味道"等是内河游轮的长尾词，"景点""台风""观光"等是远洋邮轮的长尾词，邮轮公司应该关注此类低频但具备"蓝海"特点的要素。语义网络共现分析发现，内河游轮主要是三峡游轮产品，游客体验与岸上风景有关，岸上观光游览是其特色；而远洋邮轮游客的主要体验与船上餐饮、住宿、服务相关，游客获得的服务体验更加丰富。在岸上产品方面，远洋邮轮游客关注了时间宽裕程度，而内河游轮游客关注了岸上景点质量。情感分析发现，两种产品游客的积极情感较高。

（一）影响游客体验的问题

情感分析只能反映游客评论的总体情感，但消极情绪产生的原因需要结合具体点评内容进行识别。进一步探究发现，游客对内河游轮的消极情感主要表现在以下几个方面：第一，登记入住流程混乱，没有工作人员引导排队，影响游客入住体验；第二，客房隔音效果较差，容易影响游客休息；第三，客房、卫生间、甲板等区域有难闻的味道；第四，餐饮种类较少，菜品质量较低；第五，船舶较旧，与五星豪华品牌的形象不符；第六，船上玩乐设施较少，活动空间较小；第七，整体邮轮产品价格偏高；第八，岸上游览景点安排令人不满意；第九，与导游有关的一系列问题；第十，由疫情带来的诸多不便；等等。

游客对远洋邮轮的消极情感主要表现为：第一，船上的娱乐设施虽然较多，但有些比较无聊，且适合小孩的娱乐项目不多；第二，中文服务不足，工作人员多为外国人，沟通困难；第三，邮轮船舶比较老旧；第四，餐饮不合口味，品类重复较多，餐厅服务不到位；第五，游客较多，进行船上活动以及下船游览时比较无序；第六，邮轮上的空调温度较低，容易令游客感到不舒适；第七，岸上游览活动的免费景点可观性不强，自费景点收费偏高；第八，自助餐区域人太多，食物甚至需要抢，且食物浪费现象严重；第九，实际邮轮服务与宣传不符，性价比不高；第十，购物店较少，商品品种不多，不能很好地满足游客的购物需求等。

（二）对策与建议

1. 培育本土化的邮轮品牌

目前我国邮轮市场航线以出境游为主，邮轮主要为国外知名品牌皇家加勒比游轮、歌诗达邮轮、公主邮轮等，而国内邮轮品牌较少，主要有"蓝梦之星号""鼓浪屿号""中华泰山号""招商伊敦号"等远洋邮轮，以及"世纪和谐号"等内河游轮。国外邮轮在接待我国邮轮游客时，存在沟通交流不畅、西餐不合口味、中餐不地道等问题，这在一定程度上影响了邮轮游客的体验。本土化邮轮品牌不仅包括中资邮轮，还包括深耕中国消费市场、了解国内游客需求的国际邮轮。

2. 开发多元化的邮轮航线

受疫情等影响，远洋邮轮市场遭受冲击。从长远来看，内河游轮与国内沿海邮轮对疫情等突发公共事件的抵御能力更强，受到的影响相对较小。目前，我国内河游轮航线较少，较为单一，多为三峡游轮。沿海航线能在一定

程度填补国内沿海邮轮市场的空白，"招商伊敦号"成为第一艘巡游中国沿海城市及岛屿的邮轮。我国要进一步加强内河游轮、近海邮轮与沿海邮轮的航线开发，同时注重航线的资源配置，让游客有多样化的航线选择，推动邮轮市场发展，提高抵御风险的能力。

3. 规划具有吸引力的岸上观光体验活动

由于邮轮靠岸时间有限，岸上行程一般都安排得较为紧凑，以观光游览为主，游客游玩的景点较少，这对游客体验造成了一定的负面影响。研究发现，在岸上活动方面，内河游轮更适宜开发深度游、具有高吸引力的体验产品。目前，内河游轮游览活动以观光长江沿岸特别是三峡等自然风景为主，可适当增加人文景观以及参与性强的体验活动。远洋邮轮岸上游览活动存在时间仓促、景点质量一般、游玩不够深入等问题，沿海邮轮岸上产品的体验性则相对较高。比如，"招商伊敦号"岸上旅游产品以当地特色文化为主题，且具有一定的灵活性，除了已包含的游览项目外，还提供付费升级项目，并为游客提供自主探索的接驳服务。文化探索是岸上活动的主题，包括探索佛教文化、探访文化遗产、制作非遗南国风筝、DIY 花砖图案、体验影雕工艺等。沿海航线的岸上产品主题鲜明、独特，但内容单一，没有形成有吸引力的产品体系，另外对游客自助游方面的服务也比较缺乏。

4. 打造邮轮旅游目的地

国外邮轮旅游发展较快，打造了不少世界著名邮轮旅游目的地，如迈阿密、巴塞罗那、新加坡等。我国在积极建设沿海邮轮港口城市方面取得了一定的成果，但对邮轮旅游目的地的打造还有所欠缺，邮轮出入境市场发展不平衡，内河游轮的航线目的地较为单一，主要是三峡、宜昌、重庆等，同时存在简单采用国外邮轮产品的营销模式而忽视区域邮轮特色发展的问题。[①]我国要借鉴国外邮轮发展经验，同时根据国内和国际游客不同的需求，制定具有中国特色的邮轮旅游产品开发和营销策略，针对不同类型的游客建立全

---

① Zhao G. , "Analysis of Marketing System on River Cruises Tourism Industry-Taking the New Three Gorges Cruise Tour for Example," 2013 3rd International Conference on Education and Education Management (EEM 2013), 2013 (25).

面的邮轮市场营销体系，打造出国际著名的邮轮旅游城市目的地，逐步扩大我国邮轮入境市场。

5.改善邮轮船上基础设施

尽管目前邮轮上的基础设施十分齐全，但仍有改进空间。比如，有些邮轮房间整体浴室的台阶较高，一些腿脚不方便的人士可能上台阶有点费劲，可以考虑针对老人、残障人士等设计一些无障碍房间。邮轮公共区域的空调温度过低，并不会令每位游客都感到舒适，可以设置一些温度较高或者温度可以自行调节的区域。这些基础设施改善起到的作用可能会与双因素理论中激励因素起到的作用类似，即使不改善这些基础设施，邮轮游客也不会产生不满情绪，但改善之后会令游客更加满意，从而形成口碑效应。

五 未来展望

虽然本文对内河游轮和远洋邮轮游客体验感知的比较分析是基于大量真实、有效的用户数据，能够反映游客完整的心理感知状态，但仍存在一些局限性。第一，游客评论数据仅为文本数据，未来可关注视频、图片等非结构化数据。第二，研究方法仅为内容分析，游客评论仅涉及旅行结束后的感受。未来研究可采用问卷调查、访谈、内容分析相结合的方法，并扩展为旅游前、旅游中和旅游后三个阶段，进一步探索游客的心理预期、旅游中的身心状态以及旅游后的满意度等。特别是游客出游选择很大程度上取决于对心理预期价值的判断，[①] 因此，准确评估游客心理预期对提升邮轮游客的满意度、重游率、正向口碑推介作用都具有重要的意义。

---

① 冯珍：《旅游目的地游客心理预期价值评估》，《统计与决策》2014 年第 14 期。

参考文献

汪泓主编《中国邮轮产业发展报告（2021）》，社会科学文献出版社，2021。

汪泓主编《中国邮轮产业发展报告（2020）》，社会科学文献出版社，2020。

汪泓主编《中国邮轮产业发展报告（2019）》，社会科学文献出版社，2019。

汪泓主编《中国邮轮产业发展报告（2018）》，社会科学文献出版社，2018。

汪泓主编《中国邮轮产业发展报告（2017）》，社会科学文献出版社，2017。

李萌、陈钢华、胡宪洋、霍梓锋：《目的地浪漫属性的游客感知：量表开发与验证》，《旅游科学》2022年第2期。

李飞、张雅欣、马继刚：《基于居民和游客双重视角的线性文化遗产感知研究——以滇越铁路为例》，《地域研究与开发》2022年第2期。

席岳婷、贺雅娟：《基于网络文本分析的美食街区游客感知研究——以西安永兴坊为例》，《经济研究导刊》2022年第6期。

关阳、张徐、苏振：《基于Python数据可视化的国内外游客桂林旅游感知对比分析》，《资源开发与市场》2021年第11期。

张颖超：《探索海南邮轮旅游运营模式》，《中国社会科学报》2022年1月4日。

苏翔、徐叶薇：《中国消费者豪华邮轮需求偏好识别研究》，《经营与管理》2022年10月15日。

孙晓东、林冰洁：《中国邮轮产业有形之手：政策创新与产业演化》，《旅游科学》2021年第6期。

G.17
推进中国邮轮旅游发展
示范区建设路径研究

汪 泓 叶欣梁*

摘　要： 发展邮轮经济是上海国际航运中心建设的重要内容和世界著名旅游城市建设的重要支撑，是响应我国改革开放和扩大内需战略、推进上海国际航运中心和世界著名旅游城市建设的重要战略举措。上海位于长江入海口，亲水条件优越、岸线资源丰富、水深条件良好，并建成了目前亚太地区硬件设施最好、规模最大的国际邮轮母港——吴淞口国际邮轮港。2012 年，国家旅游局批准上海成为中国首个邮轮旅游发展实验区，推动吴淞口国际邮轮港三年登顶亚洲第一、五年问鼎全球前四。2019 年 7 月，文化和旅游部正式批复同意支持上海创建中国邮轮旅游发展示范区。2019 年 9 月，文化和旅游部正式同意在上海设立首个中国邮轮旅游发展示范区，为上海邮轮经济发展提供更高层次的发展平台。文化和旅游部发布的《"十四五"文化和旅游发展规划》明确提出，推进中国邮轮旅游发展示范区（实验区）建设，为邮轮示范区发展提出了新的要求。

关键词： 邮轮旅游　邮轮经济　邮轮旅游示范区

---

* 汪泓，博士，中欧国际工商学院院长，教授，博士生导师，研究方向：邮轮经济；叶欣梁，博士，上海工程技术大学管理学院副院长，教授，研究方向：邮轮旅游与可持续发展。

对照国际上主要的邮轮经济发达城市，上海具备成为我国邮轮经济发展引擎的有利条件。上海具备完善的城市功能，作为我国对外开放的窗口，上海是世界高端服务业、先进制造业和资本转移的重要承接地之一，国际化程度高、城市功能完善，在商务商业、服务环境、人才资源、装备制造、高新技术等方面形成了一定的比较优势。上海具备一定的产业基础，建有世界级的现代化码头和停泊设施，其中吴淞口国际邮轮港达到亚太地区一流水平，此外还拥有国产大型邮轮建造基地。上海拥有巨大的市场，作为长三角城市群的核心城市，以长三角地区为腹地，形成了由庞大的高收入消费群体组成的客源市场。上海具备完善的立体交通网络优势，位于西太平洋东亚航线之要冲和沿海港口城市弧线的中心点，具有完善的国际航空线路和陆上交通网络，是国际、国内客流的主要集散地。上海拥有丰富的旅游资源，城市人文旅游资源丰富，且在发达的高铁与高速公路网络支撑下，形成了以上海为中心、覆盖长三角主要城市的一日和半日旅游圈。

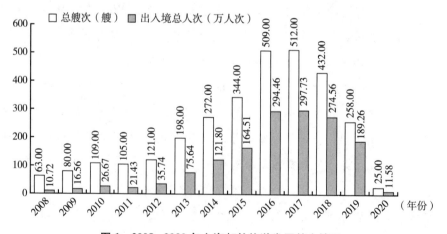

图1 2008~2020年上海邮轮旅游发展基本情况

资料来源：中国交通运输协会邮轮游艇分会。

一 中国邮轮旅游发展示范区建设定位

（一）中国邮轮旅游发展示范区建设要求

上海要建成世界著名旅游城市，就要加快重大旅游项目建设，创新培育旅游产品，大力提升城市形象，将建设中国邮轮旅游发展示范区作为新起点。文化和旅游部提出，要充分发挥中国邮轮旅游发展示范区的优势，推动邮轮产业政策创新，引领中国邮轮经济高质量发展，增强服务国家战略发展能力，打造邮轮经济高质量发展的全国样板，为各地提供可复制、可推广的经验。文化和旅游部发布的《"十四五"文化和旅游发展规划》明确提出，发展海洋及滨海旅游，推进中国邮轮旅游发展示范区建设。国务院发布的《"十四五"旅游业发展规划》明确提出，有序推进邮轮旅游基础设施建设，推进上海、天津、深圳、青岛、大连、厦门、福州等地邮轮旅游发展。

（二）中国邮轮旅游发展示范区建设内涵

上海建设中国邮轮旅游发展示范区，应聚焦邮轮产业高质量发展，强化服务国家战略发展能力提升，打造邮轮产业高质量发展的全国样板。中国邮轮旅游发展示范区要"先试先行"，突出创新功能，坚持解决现实突出问题与攻克面上共性难题相结合，积极探索邮轮产业发展的体制机制、政策法规、标准规范等制度创新，实现产业、服务、市场等相关领域的创新突破，优化邮轮产业发展环境。发挥上海邮轮产业发展对全国的引领示范作用，率先从以硬件建设为主转向"软硬融合、以软为主"，从港口建设为重点转向邮轮发展与城市功能提升和经济结构转型相融合，推动形成以上海为中心、辐射带动长三角及其他沿海地区邮轮经济有序发展的良性格局。以国际邮轮母港为核心，整合邮轮上下游产业链，培育邮轮综合服务功能，建立具有区域特色、竞争优势的邮轮产业链服务体系，推动上海邮轮经济由单纯提供邮轮港口服务向提供综合服务转变。

（三）中国邮轮旅游发展示范区主要功能

一是国际邮轮母港功能，以建设国际邮轮游客集散地为目标，完善港口软硬件设施，拓展以日韩、东南亚为主的近海邮轮航线，以及欧美、澳洲地区的远洋国际邮轮航线，成为服务长三角乃至全国的邮轮旅游集散中心。二是改革示范功能，在邮轮经济发展的政策法规、服务体系、管理体制和综合环境等方面争取突破，努力构建与国际惯例接轨的体制环境，为上海邮轮产业率先发展提供制度保障和动力源泉，为全国邮轮经济发展提供经验和示范。三是港口服务功能，以提升国际邮轮港口服务功能为目标，完善口岸、港口、船舶综合服务系统，拓展服务领域，提高服务质量，逐步形成集口岸通关、信息咨询、船舶维修保养、后勤补给、船供物流、航运代理、金融保险、海事支持、交通转换等多种服务功能于一体，具有国际服务水平的港口综合服务区。四是休闲商务功能，积极培育水上旅游、旅游集散、生态旅游等休闲功能，创造宜人的邮轮港口旅游休闲环境，进一步完善与邮轮活动相配套的总部经济、商业商务、酒店餐饮、休闲娱乐、教育培训等功能，成为时尚、便捷的高端商务商业区，以及市民和游客高度集聚的游憩商务区。

（四）中国邮轮旅游发展示范区示范引领

在建设中国邮轮旅游发展实验区的基础上，建立中国邮轮旅游发展示范区，在更高起点、更高层次、更高目标上推进邮轮市场高品质发展，打造邮轮产业高质量发展的全国样板。探索形成符合中国邮轮产业发展特征的体制机制，优化中国邮轮产业发展环境；进一步激发邮轮旅游消费潜力，提升中国邮轮产业能级。上海要对接"一带一路"、长江经济带发展及长三角一体化国家发展战略，充分发挥中国邮轮旅游发展示范区的先发优势，推动邮轮经济产业政策创新，引领中国邮轮产业高质量发展，强化服务国家战略发展能力提升，建设具有国际竞争力的邮轮旅游消费新高地，在市场培育、游客服务、港口运营、产业集聚、文化发展、制度创新等方面起到示范引领作用。推动邮轮产业发展政策制度创新，成为全国邮轮旅游业深化改革的新高地；搭建国际邮轮产业合作平台，打造邮轮产业发展区域对外开放新高地；推动邮轮港口联动发展，成为沿江沿海联动发展新高地；推动邮轮经济全产业链发展，成为上海经济高质量发展的新高地。

二 中国邮轮旅游发展示范区产业布局

中国邮轮旅游发展示范区坚持"高端突进、集聚发展、服务引领、协调联动"，强化区域优势特色和服务功能，形成以邮轮运营管理服务为核心、邮轮旅游和邮轮商业休闲为配套、相关服务业为延伸的现代邮轮经济产业体系。依托沿黄浦江及沿长江的滨江功能发展带和沿宝杨路、同济路的交通发展轴，向南、北和西部腹地延伸，形成由国际邮轮港核心功能区、邮轮产业服务配套功能区、现代服务延伸功能区和结构调整储备功能区四大板块组成的、以点到面的辐射型功能布局。促进吴淞口国际邮轮港与上海港国际客运中心功能互补、错位发展，协同打造上海国际邮轮母港。加强与宁波、舟山、镇江、太仓等江浙港口城市的合作，构建以上海为邮轮母港的长三角地区邮轮服务网络。

表1　中国邮轮旅游发展示范区功能区域

功能区域	主要内容
国际邮轮港核心功能区	服务于邮轮以及游客,集聚邮轮靠泊、港口服务、邮轮运营、游客服务等邮轮服务业和"一关两检"等行政执法职能。按照国际标准建设邮轮码头及相关配套设施,提高邮轮以及游客管理服务水平,吸引邮轮运营和邮轮旅游等引领性行业进入,形成集聚态势,提供高标准和国际化的商务环境；围绕邮轮游客短途目的地的目标,打造宝山滨江邮轮旅游集聚区,强化旅游产品设计开发以及组合,提升客流集散能力,提供满足各层次需求的商业娱乐、酒店服务等各类配套
邮轮产业服务配套功能区	为邮轮服务提供配套,提供一定规模的交通集散功能,集聚旅游休闲、商业娱乐及配套餐饮住宿服务产业,成为休闲商务配套功能主要载体。优化商务办公环境,集聚旅游、酒店管理、高端商业等旅游休闲相关的企业,及金融保险、咨询等为邮轮服务和旅游休闲配套专业服务企业

功能区域	主要内容
现代服务延伸功能区	围绕邮轮客流、物流商流，集聚物流配送、高端会展和相关教育、培训等功能，发展面向大众消费需求和以邮轮产业功能延伸配套为特色的现代服务业。通过基础建设、环境营造、人气集聚、品牌树立等举措改善综合环境，发展文化创意、中高端商业娱乐、休闲观光等面向公众消费需求的现代服务业，鼓励物流、会展、培训中介、贸易等现代服务业
结构调整储备功能区	覆盖宝山滨江范围沿长江、黄浦江、蕴藻浜等产业结构调整地区。作为邮轮经济壮大发展的储备空间，统一规划，分步开发，逐步推动产业结构调整升级，为邮轮综合改革试点拓展预留空间。有序推动产业结构调整，推进传统产业转型和城市面貌转变，逐步形成与邮轮经济发展相匹配的配套环境

（一）核心产业：邮轮旅游服务

依托国际邮轮港以及区位交通优势，集聚维护保养、补给采购、信息服务、集疏通关等企业，打造成为具有较强竞争力的专业性邮轮服务基地。有针对性地推进邮轮维护和保养设施建设，积极引进和培育邮轮专业维修机构，构建废品处理、邮轮维修、邮轮保养等服务体系。以港区为核心，设立专门的补给仓库，引进培育邮轮补给采购企业，拓展后勤配套服务供应领域，提高物资采购服务水平。发展集疏组织，满足邮轮游客需求，重点发展集疏代理服务，船票及车票、机票等各类票务订购服务，酒店预订代理服务等。

（二）配套产业：旅游休闲、商业零售

完善邮轮产业发展配套服务，形成上海北部的休闲体验旅游目的地和区域性商业中心。旅游休闲领域，一是突出邮轮特色，积极吸引更多国际邮轮访沪，依托本市和长三角地区旅游资源，开发文化性强、主题突出的系列岸上旅游线路，打造独具海派特色的邮轮旅游品牌；二是发挥生态优势，大力发展生态旅游和水上娱乐，增加游客参与度；三是融合红色元素，充分依托

吴淞炮台遗址、抗日战争纪念馆、海军博物馆等红色资源，进一步挖掘宝山滨江地带丰富的红色人文景观资源，吸引国内外游客；四是利用工业资源，依托工厂企业、工程等开展参观游览、体验购物等活动。在商业零售领域，一是发展高端商业，大力发展特色购物街、品牌折扣店、高端购物中心等个性化、舒适化的高端商业业态，提供满足商务和休闲需要的商业服务；二是完善配套商业，推进连锁零售点、便利店、超市等商业网络建设，满足旅途需要和工作生活需要，营造便利的商业服务环境。

（三）延伸产业：金融、中介、研发、培训、文化创意、会展贸易

依托核心产业与配套产业营造出的发展环境培育综合服务功能，成为宝山现代服务业发展的新空间。一是吸引和集聚相关金融机构，逐渐构建并完善促进邮轮产业发展的金融服务体系。二是发展邮轮技术交易、科技信息、产品测试、标准认证、科技孵化、创业投资、检验检测、知识产权、软件信息、法律咨询等相关中介服务业，推进邮轮中介公共平台建设。三是通过技术引进、合作和自主创新相结合，加强邮轮研发科研和技术储备，逐步形成邮轮研发能力；通过老厂房的功能置换与调整，发展工业研发，集聚国家级、市级工业研发总部和国内外知名的研发企业。四是发展邮轮产业培训，开展邮轮港接待、邮轮旅游服务、邮轮检验等方面的人才专业培训。五是文化创意，以老厂房、老仓库为载体，重点发展以文化博览、工业设计、建筑设计、时尚消费设计为特色的创意产业，打造仓库文化与河岸文化相融合的创意产业集聚带，打造与邮轮旅游相结合的文化创意产业。六是会展贸易，建设一批兼具商贸、休闲等多功能的商贸设施，促进集办公楼、酒店、会展于一体的综合发展。

三　中国邮轮旅游发展示范区建设主要举措

（一）强化制度创新示范引领

坚持现有政策延伸与争取先行先试相结合、全面谋划与有序推进相结

合、财税扶持与环境营造相结合、扩大开放与鼓励自主相结合的总体原则，立足推动上海国际航运中心建设、发挥邮轮经济带动效应、争取改革创新先行先试、提升邮轮产业规模能级、引导设施资源高效利用的导向，积极争取国家层面的政策突破和市级层面的政策支持。鼓励和支持外商投资先进邮轮制造业和邮轮服务业，建立邮轮企业地区总部、研发中心、创新中心等功能性机构，鼓励和支持海外高层次人才创新创业。支持外资发展豪华邮轮制造、设计研发等产业链高端环节，支持外资邮轮装备、关键零部件项目落地。鼓励邮轮企业拓宽融资渠道，探索运用融资租赁、融资租赁单船项目等方式进行资本运作。与境外港口城市合作推动互为母港的航线发展，吸引更多访问港邮轮，促进入境邮轮旅游发展。

（二）强化绿色融合发展示范引领

立足国际化的视野和海纳百川的包容能力，尊重不同国家不同人群的生活习惯和文化偏好，营造和谐的政策环境、文化环境和生态环境。树立服务意识，坚持依法行政，提高行政效能，搭建开放平台。吴淞口位于黄浦江与长江交汇处，具有江、河、海口景致生态，宝山拥有较为深厚的文化底蕴和丰富的历史遗产，吴淞炮台、吴淞军港、化成祠和海军博物馆等人文荟萃的革命遗址，是上海近现代革命的纪念地和爱国主义教育基地，可成为宝山发展国际邮轮产业的重要人文资源，具有极大的开发价值。挖掘区域历史文化资源，提升人文环境。注重文化内涵的挖掘与提升，加强历史文化遗存保护，争取市级重大文化项目落户，培育形成以邮轮为特色的宝山文化品牌。加强长三角区域联动，丰富邮轮旅游与短途陆上旅游的结合形式，实现邮轮旅游与长三角地区海岛游、水上游的联动发展，为到港后的国际邮轮旅客提供多样化的旅游产品。注重生态修复保护开发，优化自然环境。以更高标准保护生态资源和自然环境，合理规划和保护利用河口湿地、森林公园、城市绿地等各类生态系统，控制开发强度，减少污染排放，推动绿色发展。

（三）强化产业链延伸示范引领

拓展邮轮港口服务功能，加强港城融合，为游客及消费者提供良好的旅游、休闲生活环境。构建便捷、高效的邮轮港口配套交通网络，为游客提供快速进出城市的运输服务。充分发挥上海区位优势、政策优势，提升综合配套服务能力，吸引本土邮轮建造、运营及配套企业落户，打造服务体系完善、政策优势明显的邮轮企业总部基地，吸引邮轮企业地区总部以及全球运营中心落户。对标国际标准，完善本土邮轮发展专项政策，放宽本土邮轮发展强制报废年限、船员国籍限制。以邮轮自主设计建造为突破重点，加强对邮轮设计制造核心技术的攻关，推动国内外邮轮设计建造相关机构及功能性平台集聚，打造邮轮建造配套产业集群，建立国家邮轮核心技术研究和产业化服务基地。

（四）强化体制机制示范引领

邮轮产业发展需要跨部门、跨行业、多层级间的协调合作。进一步完善邮轮港相关基础设施和公共服务体系，营造更加宽松便捷、与国际完全接轨的营商环境，率先建立充满活力、富有效率、更加开放、有利于邮轮经济发展的体制机制。在实验区创建过程中已形成的港口运营、游客服务、应急保障等机制的基础上，重点围绕高质量、高品质发展，积极探索在市场培育与规范、产业统筹与促进等方面建立相应管理推进模式。政府部门要发挥引导作用，统筹市场资源，制定实施邮轮产业政策，加强市场主体分类指导；推进邮轮市场诚信体系建设，净化市场环境；健全和完善邮轮旅游应急指挥和协调机制，研究建立政府、社会组织及邮轮旅游相关企业间的沟通协调机制。压实邮轮公司、销售代理机构等市场相关主体责任，加大市场推广力度。对接国际标准，发挥行业协会在协调行业内部发展、研究市场走势、建立行业标准化及邮轮旅游目的地整合推广等方面的作用，最终建立以政府为引导、以企业为主体、以行业协会为引领的管理模式。

参考文献

汪泓主编《中国邮轮产业发展报告（2021）》，社会科学文献出版社，2021。

汪泓主编《中国邮轮产业发展报告（2020）》，社会科学文献出版社，2020。

汪泓主编《中国邮轮产业发展报告（2019）》，社会科学文献出版社，2019。

汪泓主编《中国邮轮产业发展报告（2018）》，社会科学文献出版社，2018。

汪泓主编《中国邮轮产业发展报告（2017）》，社会科学文献出版社，2017。

周淑怡、孙瑞红、叶欣梁：《邮轮旅游全国网络关注热度矩阵及营销策略研究》，2021年中国旅游科学年会。

赵立祥、谢子轶、杨永志、高振迪、计明军：《基于收益管理的邮轮客舱分配与定价模型》，《中国管理科学》2022年第1期。

吴琼、张永锋：《新冠肺炎疫情对邮轮经济的影响机制和政策分析》，《交通运输工程与信息学报》2021年第1期。

金雪、於世成：《后疫情时代国际邮轮复航的风险与对策思考》，《对外经贸实务》2021年第3期。

于萍：《邮轮应急疏散过程建模、模拟与布局优化分析》，《中国安全科学学报》2021年第9期。

张石俊：《基于长三角一体化邮轮旅游产业的发展路径》，《中国集体经济》2021年第26期。

勾艺超、王成金：《加勒比海邮轮航运网络港口分异与网络结构》，《中国生态旅游》2021年第4期。

G.18
上海国际邮轮旅游度假区产品体系研究

孙瑞红　郧振华*

摘　要：　"十四五"时期，文化和旅游部提出，发展海洋及滨海旅游，推进中国邮轮旅游发展示范区建设。上海市明确提出，深化世界著名旅游城市建设，推进宝山邮轮等一批旅游度假区建设。上海市宝山区强调，高标准建设以吴淞口国际邮轮港、上海国际邮轮产业园、邮轮滨江带为主体的中国邮轮旅游发展示范区。为全面提升上海市宝山滨江发展功能，塑造上海水上旅游门户品牌形象，聚焦中国邮轮旅游发展示范区和上海国际邮轮旅游度假区建设，做强"码头"、激活"源头"、勇立"潮头"，发挥万里长江口、百年吴淞口的资源优势，整合周边资源联动发展，加强城市规划和设计，科学优化功能和布局，加快实施一批重点项目，打造以邮轮、游船、游艇等"三游"业态为特点，以"三游假日"为主题，设施完善、配套齐全的国家级滨水旅游度假区。

关键词：　邮轮旅游　度假区　产品体系

　　上海国际邮轮旅游度假区位于上海市宝山区。宝山区地处黄浦江和长江的交汇点，区位条件优越，堪称上海"水路门户"，是"一带一路"桥头堡的重要节点、长江经济带起点，也是长三角城市群沿江发展走廊重要的构成空间。2019年9月，文化和旅游部正式批复设立中国首个邮轮旅游发展示

---

* 孙瑞红，博士，上海工程技术大学管理学院讲师，研究方向：可持续旅游与邮轮经济；郧振华，博士，上海商学院酒店管理学院副教授，研究方向：可持续旅游与环境管理。

范区。2020年1月，上海市发改委同意设立上海邮轮服务业创新发展示范区，成为本市第三批服务业创新发展示范区。2020年4月，上海市文旅局认定宝山区吴淞口国际邮轮旅游休闲区为本市首批上海市全域旅游特色示范区域之一。2016年12月，宝山区成功创建上海市服务贸易（邮轮旅游）示范基地，2019年1月，宝山区获批上海邮轮服务贸易创示范新区，成为"上海服务贸易特色区"的首个试点区。吴淞炮台湾湿地森林公园正式被授牌为"国家湿地公园"。实施吴淞滨江示范段贯通开放工程，实现3.8公里三线贯通和滨江岸线开放，炮台湾公园、滨江公园、淞沪抗战纪念公园等2000亩景观绿化全面提升。当前，宝山滨江已建成一个亚洲最大的邮轮港口、两家五星级酒店（在建）、五大场馆、六大生态公园、50万方商业商务、3平方公里可开发水域和超过2000亩生态景观绿化。2022年7月11日，作为上海国际邮轮旅游度假区重要功能配套项目，宝山首家以邮轮、游船、游艇（帆船）为主题的多功能性城市会客厅——"阅江汇·三游会客厅"启用。

一 上海国际邮轮旅游度假区环境资源分析

（一）旅游客源市场分析

由于我国基尼系数高且人口基数大，在人均GDP不高的情况下，有很多人已经达到发达国家的消费水平，我国旅游休闲度假显示出超前发展态势。从旅游动机来看，上海市国际游客主要来自港澳台、日本、美国等区域。游客主要动机为商务旅游。从出游方式来看，老年人选择团体旅游的比重较大，其他年龄段游客选择与亲戚、朋友或个人出游得居多。从受教育程度来看，学历越高的游客选择独立旅游的比重越大。在停留时间方面，国际游客一般都具有较好的经济实力和充足的可自由支配的闲暇时间，平均逗留时间4天左右。

从性别来看，女性每日旅游支出比男性少，但女性在购物、美容、康体等高消费活动方面的消费预算较大。按受教育程度来看，基本呈现受教育程度越高，高消费比重越大的特征。硕士及以上学历的游客旅游消费预算最大。游客最关注的是住宿饮食，其次是地理位置、环境、安全、设施等因素，对服务和星级标准等信息的关注较少。从年龄来看，以中青年和中老年为主体客群。25~45 岁的中青年游客最多，其次是 45~64 岁的中老年游客，再次是 15~24 岁的青少年游客。65 岁以上的老年游客和 14 岁以下的游客比例最小。长三角度假经济发展进入成熟时期，休闲需求旺盛，消费能力增强；恩格尔系数也反映出长三角地区城市居民消费已从基本生存型逐渐向发展型、享受型过渡，消费结构发生历史性变革。

表1 人均收入与旅游需求关系

人均GDP	旅游需求	主要旅游形态	出游方式
1000 美元	国内旅游需求增长	观光旅游	团队
1000~2000 美元	国内旅游需求增长且有出境旅游	休闲旅游	散客、家庭自助式、自驾游比例增加
2000~3000 美元	出国旅游增长期	休闲旅游为主度假旅游为辅	以散客、家庭自助式、自驾游为主
3000~5000 美元	旅游需求呈爆发式增长出国旅游呈井喷式增长	度假旅游	休闲需求增加和消费能力增强，出游方式多样化
5000 美元以上	国内旅游、出国旅游需求	发展成熟的度假经济	休闲需求增加和消费能力增强，出游方式多样化

长三角地区经济实力雄厚且居民消费意愿较强，拉动消费升级，长江三角洲区域城市群的度假旅游发展较快。特别是上海、杭州、南京、苏州等城市的国际化程度和生活水平较高，度假需求较为旺盛。

（二）旅游特色资源分析

吴淞口文化是上海国际邮轮旅游度假区的本底特色，与长江口生态一起构成旅游度假的基础环境，应突出万里长江口的生态优势，讲好长江大保护与高质量发展的故事，打造最美的长江口滨江岸线，创建长江口生态与文化

地标。作为上海最大的通江达海水上客运码头集聚区，度假区拥有国际邮轮旅游、长江口游轮旅游、黄浦江游船旅游，以及现代游艇、帆船运动的核心载体，这是其他度假区所不具备的核心优势，是未来旅游度假的核心产品。度假区拥有滨江湿地1处，公园5处，滨江岸线约8.3公里。其中吴淞口炮台湾湿地公园拥有11公顷生态滩涂湿地，滨江公园、长滩坡地公园、长滩瀑布公园及淞沪抗战纪念公园形成了最美的滨江风景线，构成了旅游度假的最美环境；生态岸线以炮台湾湿地公园岸线为主，长度约1.6公里。应突出百年吴淞口的文化优势，讲好五个百年与宝山历史文化故事，打造最有历史记忆的度假区，与其他山、湖、滨海、主题公园度假区错位发展。度假区拥有以"百年开埠""百年工业""百年市政""百年教育""百年军事"为代表的百年吴淞口文化资源与故事，更有着红色旅游、研学旅游、美食旅游基因，要营造旅游度假的文化氛围。

（三）周边旅游产品比较

目前，上海市共有旅游度假区7家，其中，国家级旅游度假区1家，市级旅游度假区4家。上海市外周边城市，仅杭州、湖州、南京、苏州、无锡、常州、合肥就有11家国家级旅游度假区，度假区数量较多，市场竞争激烈。但周边度假区大多依托温泉、山地或河湖等自然资源，与上海国际邮轮旅游度假区资源禀赋相似的度假区较少。因此，在上海国际邮轮旅游度假区的发展中，必须做好"三游假日"的文章，以实现与周边度假区的异质化发展。上海市现有的旅游度假区主要类型包括山水休闲度假型、生态乡村型、主题游乐型，上海国际邮轮度假区与这些度假区的旅游资源存在差异，其"邮轮+"的发展方向也区别于其他度假区，因此竞争压力较小。吴淞口国际邮轮港是国际航运的重要轴心，上海国际邮轮度假区以邮轮港为依托，港口度假特色尤为明显；应打造以滨水休闲度假、体育运动赛事为核心功能，并汇集长江口水上航线、主题游乐、健康养生度假、保税展销购物等多元业态的高品质滨水运动休闲度假胜地。

表 2　上海国际邮轮旅游度假区比较对象

所在省市	地区	国家级度假区	特色特点
上海市	松江区	上海市佘山国家旅游度假区	
	浦东新区	上海国际旅游度假区	迪士尼旅游
安徽省	合肥市	合肥市巢湖半汤温泉养生度假区	温泉养生
浙江省	杭州市	浙江省湘湖旅游度假区	古越湘湖、文化遗址
		淳安千岛湖旅游度假区	休闲度假、山水运动
		德清莫干山国际旅游度假区	生态度假、避暑胜地、乡村生活、民宿集群
	湖州市	浙江省湖州太湖旅游度假区	南太湖风光、生态农业
		湖州安吉灵峰旅游度假区	休闲度假、健康养生
江苏省	南京市	南京汤山温泉旅游度假区	温泉养生、疗养修生
	苏州市	阳澄湖半岛旅游度假区	滨水休闲、养生度假
	无锡市	无锡市宜兴阳羡生态旅游度假区	生态度假、体育运动
	常州市	天目湖旅游度假区	休闲度假
		常州太湖湾旅游度假区	依山傍水、动漫艺术、游戏文化、乡村生活

二　上海国际邮轮旅游度假区产品体系构建

（一）邮轮旅游产品

邮轮旅游产品是上海国际邮轮旅游度假区产品体系中的主线，是吴淞口邮轮港实现可持续发展的重要引擎。国际邮轮是度假区的最大特色与亮点，邮轮旅游是旅游度假区发展的支撑，既要做好邮轮旅游产品，开发多条航线，提升游客体验，又要打造邮轮延伸体验产品，为游客提供多元化的渠道，了解邮轮文化，爱上邮轮旅游。

表3　邮轮旅游产品体系

产品类型	产品介绍
邮轮旅游产品	在现有嘉年华集团、皇家加勒比、公主邮轮、诺唯真、地中海、丽星等邮轮公司开发的航线的基础上，探索与全新目的地的合作，推出主题特色航线，打造系列产品
	不断提升邮轮服务品质，进一步细化产品类型，打造"单程/往返""中短线/长线""观光型/度假型/主题型""大众型/高端型/奢华型"等多种特色产品组合，满足不同代际需求
延伸体验产品	邮轮主题公园（博物馆）：利用报废邮轮（或改造吴淞客运中心客运站大楼），打造邮轮体验目的地，发展博物馆、游乐设施、演艺活动、自助餐饮等业态，为游客提供了解邮轮、体验邮轮的平台，打造具有不可替代性的度假区核心产品
	邮轮文化体验馆：让邮轮旅客提前了解邮轮文化，领会邮轮价值，提升邮轮体验；通过邮轮文化体验，培育潜在消费客群
	邮轮母港观光专线：配合邮轮码头功能升级，打造特色母港观光之旅

（二）水上旅游产品

上海国际邮轮旅游度假区积极构建国际游、国内游、市内游三级产品体系。其中，国际游重点关注邮轮产品发展；国内游一方面要与沿海各兄弟港口保持良好的合作关系，另一方面要继续探索长江游的丰富体验形式；市内游则实现浦江游览的转型升级，同时深入开发崇明三岛游览线路，强化两岸联动。基于宝杨路长江口水上游码头及吴淞上海老码头，打造国际邮轮旅游度假区水上旅游品牌，助力宝山滨江"三游"产业发展。计划引入5~6艘主题游船，打造"最美长江口"系列航线游览主题产品，按照武汉"知音号"内容制作方式，注入宝山滨江本土特色，满足游客边吃饭边玩乐的需求；在两大码头原有航线的基础上新增定制游航线，覆盖长江口及上海市水上旅游重点目的地。

（三）餐饮住宿产品

上海国际邮轮旅游度假区处于起步阶段，旅游住宿设施与产品丰富程度还有待提升，要引导住宿设施朝着多元化的方向发展，丰富住宿业态，大力发展新型住宿形式和度假接待设施，引进知名度假酒店品牌与度假地产，开展高端酒店和主题酒店的品牌化运营。同时鼓励引导非标准住宿的发展，如主题民宿、帐篷营地等特色住宿，构建体验型住宿体系，丰富旅游度假体验。根植于度假区自然环境，本地餐饮以"鱼"为特色，深入挖掘本地特色食材，以菜品特色化、服务规范化为核心方向，打响特色菜品牌，打造一份原汁原味的本地特色菜谱；引入国内外知名连锁餐饮品牌，满足不同层次游客的需求；重点打造塘后路美食文化集中街区，提升游客体验；远期深挖和丰老街美食潜力，建设度假区特色小吃街。

（四）运动健身产品

依托上海国际邮轮旅游度假区发展"三游"产业的优势，以帆船运动为核心元素，打造具有较强互动性与参与性的系列水上运动健身项目，积极研判可以引入的水上极限运动项目，让游客在宝山滨江地区充分享受水上运动带来的自由、刺激、趣味体验；同时打造青少年水上运动培训基地，为家庭亲子类游客提供专业服务，培养青少年水上运动爱好。以度假区内长江口生态资源与吴淞口文化资源为基础，以度假区游客需求为导向，以深度体验、休闲娱乐等为主题，构建饮食休闲、观光休闲、亲水体验娱乐、休闲度假、休闲购物等旅游产品体系。

（五）主题节事活动

突出上海国际邮轮旅游度假区的资源特色，策划一系列具有品牌效应和示范意义的旅游节事，举办一系列休闲性、体验性和参与性较强的活动，通过品牌旅游节事的举办汇聚客流与人气，促进旅游消费升级，打响度假区品牌。举办邮轮大会，邀请国际国内相关企业、专家参与，依托上海吴淞口国际邮轮港，聚焦邮轮旅游、邮轮消费、邮轮市场、邮轮运营、邮轮产业等话题，探索建立适应中国邮轮市场发展趋势的管理模式、同国际邮轮发展规则相适应的制度体系、邮轮经济全产业链发展体系和邮轮发展服务配套体系，

增强全国邮轮旅游发展核心引擎功能，建设具有国际竞争力的邮轮旅游消费新高地。举办邮轮主题晚会，与上海旅游节联动，引入花车进行宝山巡游及定点展示，以"邮轮+"为抓手，开展邮轮体验周活动，举办邮轮文旅交流活动等。

三　上海国际邮轮旅游度假区旅游产品配套体系

（一）旅游交通配套

明确"三横"（富锦路、宝杨路和淞滨路）对外快速通道，增加外围主干道进入交通标志。宝杨路是进入度假区的东西主干道，富锦路和淞滨路分别是北部次通道和南部次通道，三条道路分别与度假区三个主次入口相连；上述快速通道要与上海市主城区及周边高速出入口连接，沿线须设置相应的交通导引标志。明确"一廊两环"内部交通游线，按照主次游线标准贯通。其中，"一廊"是指由塘后路和吴淞口路组成的贯通度假区南北旅游片区（长江口文化公园、零点广场、炮台湾湿地公园、塘后老街等）的主景观廊道；"两环"分别是北部"长滩环线"和南部"百年记忆小镇环线"。打造多条主题旅游道路，构建集蓝道、绿道、快道、慢道、视道、信道于一体的综合旅游道路体系。

（二）停车场配套

结合度假区未来的发展和度假区内道路体系以及项目设置，在度假区内规划建设1处大型综合停车场（国际邮轮中心区）、2处商住综合体停车场（阅江汇片区、长滩片区），辅以多个分散中小型停车场，充分满足度假区游客停车需求。一是优化现有停车场，对部分零散停车点依据地区进行统一管理，提升停车场环境，说明收费标准，利用智慧管理系统便利出行，制作电子车位标识，明确空余车位数量；二是将商住综合体可用停车位纳入度假区总停车位范围，并在度假区停车地图中予以说明，与物业单位协同管理；三是在宝杨路附近水厂及炮台湾湿地公园西门建设立体停车场，利用空间扩大可利用停车面积，缓解车位压力，实现道路分流；四是加强管理路侧停车位，根据主次游线重新划分停车范围，避免在主要游线设置停车位。

（三）游客服务中心配套

按照国家级旅游度假区建设要求和《旅游信息咨询中心设置与服务规范》，综合考虑度假区客流量、游线设计，结合土地利用现状，在整个度假区新建或改建不同规模、不同辐射范围的游客服务中心/点，为游客提供必要的咨询、票务、医务、寄存、休息等服务。改造提升零点广场现有功能，以零点广场一楼空间为基础打造一个高标准的度假区会客厅（按一级游客服务中心标准），增设度假区规划展示厅、智慧旅游服务与管理中心功能。突出邮轮文化主题，周边配套相应的商业特色购物与咖啡书吧茶座等休闲服务功能，营造休闲、时尚、温馨的公共休闲空间，同时完善内部信息咨询、票务预订、宣传等游客中心基本服务设施功能，完善周边停车场配套，打造度假区主要接待服务中心。

（四）旅游购物网点配套

依托"水上旅游""邮轮旅游"等优势，挖掘当地邮轮、游艇、帆船、湿地、吴淞五个百年文化等资源，融合文化创意、现代化营销等手段，全力打响"三游购物"品牌，面向市场，开发一批集特色、品味和品牌于一体的拳头产品，加快江海购物文创产品深度开发，延长产业链条，进一步增加市场份额，带动度假区发展。进一步开发邮轮港进出境购物免税店、阅江汇、长滩商业广场、半岛1919文化创意产业园、百年宝山美好生活文化集市等的购物潜力。旅游购物网点的建筑风格、外观设计和内部环境应与周围环境相协调，增强购物设施建筑的观赏性，使得旅游购物网点成为景观的一部分，与度假区的主题相吻合。

参考文献

汪泓主编《中国邮轮产业发展报告（2021）》，社会科学文献出版社，2021。

汪泓主编《中国邮轮产业发展报告（2020）》，社会科学文献出版社，2020。

汪泓主编《中国邮轮产业发展报告（2019）》，社会科学文献出版社，2019。

汪泓主编《中国邮轮产业发展报告（2018）》，社会科学文献出版社，2018。

汪泓主编《中国邮轮产业发展报告（2017）》，社会科学文献出版社，2017。

王仁鑫：《国内外邮轮旅游研究前沿——基于 CNKI 和 Web of Science 的统计分析》，《中国水运》2022 年第 2 期。

苏翔、徐叶薇：《中国消费者豪华邮轮需求偏好识别研究》，《经营与管理》2022 年 10 月 15 日。

孙晓东、林冰洁：《中国邮轮产业有形之手：政策创新与产业演化》，《旅游科学》2021 年第 6 期。

张石俊：《基于长三角一体化邮轮旅游产业的发展路径》，《中国集体经济》2021 年第 26 期。

赵立祥、谢子轶、杨永志、高振迪、计明军：《基于收益管理的邮轮客舱分配与定价模型》，《中国管理科学》2022 年第 1 期。

吴琼、张永锋：《新冠肺炎疫情对邮轮经济的影响机制和政策分析》，《交通运输工程与信息学报》2021 年第 1 期。

金雪、於世成：《后疫情时代国际邮轮复航的风险与对策思考》，《对外经贸实务》2021 年第 3 期。

Contents

I General Reports

Abstract: With the global epidemic situation entering a stage of stability, the number of cruise ships returning to service in the world has continued to grow. Since July 2020, more than 100 countries and regions in the world have reopened cruise ships. The cruise fleets under the major cruise brands of the world, Royal Caribbean International Cruise, Carnival Cruise, Norwegian Cruise, have all returned to service. The COVID-19 epidemic accelerated the adjustment of the global cruise market pattern, some cruise ships were disassembled, some cruise brands were sold, and Genting Hong Kong announced bankruptcy. The pattern of the global cruise market is being restructured and adjusted to meet the needs of the normal operation of the cruise market after the resumption of flights and lay a foundation for the development of the cruise market. The major cruise companies optimized the regional route deployment, and launched the regional cruise route deployment in 2023 and 2024, providing strong support for promoting the revitalization of the cruise market. The cruise construction market has been steadily

promoted, and many cruise companies launched new cruise ships to optimize the supply of transport capacity in the cruise market. The construction of international cruise ports has been continuously promoted, and cruise companies have also paid more attention to cruise product innovation, providing a strong guarantee for improving operational capacity and tourist services. Cruise companies pay more attention to sustainable development, adopt alternative fuels and innovative technologies, expand the scale of green energy powered cruise ships, and strive to achieve the goal of zero net emissions by 2050, so as to achieve zero port emissions. In a word, the impact of the epidemic on the cruise industry is phased, which puts forward higher requirements for the development of the global cruise industry, but will not change the long-term trend of the global cruise tourism. With the steady recovery of the cruise industry, the reorganization and integration of the cruise industry, the cruise market will glow with vitality, and the cruise industry will enter a new historical stage.

Keywords: Cruise Market; Cruise Economy; Cruise Industry Chain

G. 2　Research on the Development of China's Cruise Industry from
　　　2021-2022: The Cruise Industry Chain Continues to Advance,
　　　and the Cruise Ship is Ready to Resume Its Voyage
　　　　　　　　　　　Wang Hong, Shi Jianyong and Ye Xinliang / 026

Abstract: Due to the continuous impact of the COVID-19 epidemic, the cruise industry has experienced unprecedented challenges in the past two years. Under the overall deployment of the national epidemic prevention and control, there is great uncertainty about the full resumption of cruise tourism in China. In particular, except for the domestic coastal routes operated by the five-star red flag cruise line "China Merchants Eaton", the rest of foreign cruise ships have been suspended and have not recovered so far, but China's cruise industry chain continues to advance, In particular, great progress has been made in the upstream of the industrial chain. Build a local cruise ecosystem to achieve high-end breakthroughs in the cruise industry. The construction of the first domestic large-scale cruise ship has created node after node breakthroughs, and has entered the key interior decoration stage. The construction of the second domestic large-scale cruise ship has officially started on August 8, 2022, promoting the independent and controllable core supporting of high-end marine equipment, and accelerating the development of cruise ship design and construction. At the same time, Chinese funded cruise ships continue to improve their independent operation capability, cruise ships such as "Vision" continue to improve the construction of cruise ship epidemic prevention safety system, and China Shipping Carnival Cruise officially unveiled a new corporate brand logo, striving to become a Chinese cruise flagship enterprise with full operation capability. After the incubation period of the epidemic, Chinese cruise companies will participate in the competition in the Chinese cruise market with a new look. International cruise lines are still confident in the Chinese market and will continue to dispatch large ships and new ships to serve the Chinese market. The competition pattern of the Chinese cruise market will accelerate its evolution.

Keywords: Cruise Industry Chain; Cruise Manufacturing; Market Pattern

G.3 Top Ten Hotspots of China's Cruise Industry Development
from 2021-2022

Ye Xinliang, Qiu Ling and Wang Qianfeng / 050

Abstract: As an emerging force in the development of the global cruise industry, China should give full play to its institutional advantages in responding to emergencies such as epidemics, and give full play to China's late mover advantages of light overall assets and strong flexibility in adjusting the development direction, so as to strive for a greater position in the development of the global cruise industry. The hot spots in the development of China's cruise industry in 2021 −

2022 include the construction of domestic large cruise ships, independent design and research of cruise ships, Chinese cruise enterprise brands, improvement of independent operation capability, formation of new layout for coastal cruise tourism and cruise port construction, comprehensive development of cruise home port area, participation of cruise ports and Chinese cruise ships in epidemic prevention and control, cruise industry planning policies, and the holding of cruise forums, including the construction of domestic large cruise ships entering a new stage, Assist the development of China's cruise economic industry chain; China has strengthened independent design and R&D of cruise ship construction, opening a new era of independent design of cruise ships in China; China Shipping Carnival Cruise Line unveils a brand new corporate logo, striving to build a flagship cruise enterprise in China; Chinese cruise lines continue to improve their independent operation capabilities, opening a new prelude to China's cruise line self operation; Investing in Viking cruise ships to explore new development models and lead the new development of China's coastal cruise tourism; The cruise port construction in China forms a new layout, which strongly supports the development of the cruise industry in China; Accelerate the comprehensive development of the cruise home port area, and lead the new direction of the district port linkage development; Cruise ports and Chinese funded cruise ships participate in epidemic prevention and control, reflecting China's role in cruise development; The cruise industry planning policy has been continuously improved, leading the new direction of cruise industry development; Various cruise forums have been held to discuss the new development situation of the international cruise industry.

Keywords: Cruise Industry Chain; Local Cruise; Cruise Manufacturing

Ⅱ Special Topics

G.4 Pilot Study on Chinese Funded Cruise Lines

Shi Jianyong, Ye Xinliang and Zou Lin / 067

Abstract: The cruise line refers to the route that starts from the cruise port, sails within the approved waters, returns to the port of departure, and does not stop at other ports during this period. Explore the closed-loop, controllable and safe cruise operation mode of "whole process, whole chain and full coverage", and implement the pilot of Chinese funded cruise lines. At present, China is speeding up the construction of a new development pattern with domestic circulation as the main body and domestic and international double circulation promoting each other. During the epidemic prevention and control period, we should explore new ways for high-quality development of the cruise economy to better meet the people's growing needs for a better life. Through the pilot cruise cruise routes, we will restore the confidence of the cruise market, help the cruise industry launch new cruise consumption products, build a new cruise operation model, expand new space for cruise development, and stimulate domestic consumption potential and the vitality of the cruise industry. Explore the establishment of Chinese standards for cruise public health and safety, and improve cruise operation under the control of normalized epidemic prevention.

Keywords: Chinese Cruise Products; "Cruise Lines"; Cruise Products

G.5 Research on Prevention and Control Norms for Normalized Cruise Port Recovery Operation

Ye Xinliang, Li Xia and Hu Tian / 076

Abstract: Cruise transportation is the core of the cruise economy. As the COVID - 19 epidemic enters the stage of normal prevention and control, promoting the resumption of operation of cruise ports has become an important part of promoting the recovery of the cruise industry. Based on building a new development pattern with domestic circulation as the main body and domestic and international double circulation promoting each other, as well as the strategic basis of expanding domestic demand, promoting the orderly resumption of cruise operation will help fully tap the potential of China's domestic cruise tourism

consumption market, promote the development and growth of China's local cruise fleet, and build an industrial ecosystem of independent design, construction, operation management, maintenance, service, etc. of Chinese cruise ships, Promote the high-quality development of the cruise industry. China's cruise ports have built a solid and effective joint prevention and control linkage mechanism, withstood the test of the sudden COVID－19 epidemic, carried out the disembarkation and entry of Chinese sailors at the expiration of international cruise contracts, and initially built a systematic and complete comprehensive epidemic prevention system for home ports and cruise ships. By promoting the restoration of cruise ships.

Keywords: Cruise Port; Cruise Transfer; Cruise Travel

G.6　Research on the Development Path of China's Local Cruise
　　　　Lines under the Epidemic Situation

Shen Dadong / 085

Abstract: The outbreak of COVID－19 at the beginning of 2020 has seriously affected the development of China's local cruise tourism and brought the global cruise development to a standstill. So far, people have not developed vaccines or drugs that can effectively prevent COVID－19, making it impossible to see the end of the global pandemic in the short term. Therefore, in the context of the epidemic, the future short-term development of China's local cruise needs to find a new way to develop in combination with the epidemic and try to get rid of the long-term stagnation. For this reason, this paper analyzes the current situation of China's local cruise tourism development under the epidemic situation, and proposes that the possible local cruise tourism.

Keywords: Local Cruise; Fleet; Outbound Cruise

G . 7   Research on Promoting the Recovery and Revitalization

of China's Cruise Economy

Mei Junqing , Wang Qianfeng / 096

Abstract: The cruise industry is a " gold industry floating on the golden waterway", covering high-end equipment, finance and insurance, transportation, port operation, tourism, leisure services, commercial trade, industry city integration and many other industrial fields. It penetrates R&D design and advanced manufacturing upward, and connects tourism consumption and service management downward. The industry chain is long and there is huge synergy space. After more than ten years of innovation, exploration and development, China's cruise economy has made great progress, created the "China speed" of international cruise economic development, and become a new driving force in Asia leading the development of the global cruise economy. As a new highlight of China's coastal economy, the cruise economy should further give play to the environmental advantages of China's coastal cities with relatively complete cruise economic mechanisms, a high level of internationalization and reform first, fully comply with international rules, better continue to promote the higher level of opening-up of coastal cities, promote the recovery and revitalization of the cruise economy, and build a new national card. Due to the suspension of global cruise lines caused by the COVID−19 epidemic, it has dealt a devastating blow to the world's largest cruise market, the United States, and the market value of cruise lines has evaporated by hundreds of billions. Although it has also seriously affected the development of Chinese cruise lines, it has also provided historical strategic opportunities for Chinese enterprises to enter the cruise industry, accelerated the pace of acquisition of foreign cruise lines and ports by central enterprises such as China Merchants Group and China Communications Construction Group, and steadily promoted the construction of large domestic cruise lines in China, However, it also faces many bottlenecks that need to be solved urgently.

Keywords: Cruise Economy; Coastal Economy; Cruise Company

邮轮绿皮书

G.8　Temporary Policy of International Cruise during Epidemic
　　　　Situation and Its Enlightenment

Xie Xie / 102

Abstract：During the COVID−19 epidemic, many countries, including the United States, the United Kingdom, Brazil, Singapore and India, introduced no destination routes, coastal cruise routes and technical stop routes for international cruise ships to support the development of the cruise industry. Here, the policies of these countries are introduced respectively, and relevant enlightenment and suggestions are given.

Keywords：International Cruise; International Cruise Temporary Policy; No Destination Routes

Ⅲ　Industry Reports

G.9　Discussion and Construction of Double Chain Model of
　　　　Cruise Industry Chain

Song Danying, Hong Sili / 109

Abstract：Based on the current situation of the cruise industry and the literature on the research of the cruise industry chain model, this paper distinguishes the upstream, middle and downstream links of the cruise industry chain, puts forward the hypothesis of the dual chain model of the cruise industry, and designs an expert questionnaire. In this paper, statistical methods are used to analyze the reliability and validity of the questionnaire, independent samples are used for T test, and various industrial links in the construction model are analyzed to complete inferential statistics and further optimize the cruise industry chain model. The conclusion shows that the cruise industry chain has the characteristics of double chain structure different from other industries, and the double chain model has certain rationality.

Keywords: Cruise Industry; Industry Chain; Double Chain Model

G . 10 Research on the High-quality Development Path and Policy of China's Local Cruise Enterprises

Ye Xinliang, Jiang Hong / 126

Abstract: After the outbreak of COVID − 19, large international multinational Cruise Shipping groups have been hit hard, and a large number of cruise ships in operation have been sold at a discount or dismantled. Many central enterprises involved in the sea in China, such as China Shipping Group, China Merchants Group, China Tourism Group, COSCO Shipping Group and China Communications Construction Group, take this opportunity to increase the layout of the cruise industry, build a local cruise fleet and expand the layout of cruise ports. However, most Chinese cruise enterprises use their own funds or finance leases to purchase ships. Although they have absolute operational control, they also face significant defects such as lack of experience and high market risk. Local cruise brands are weaker than international cruise companies in cruise operation management and marketing strategies. In order to launch a rapid response in time after the epidemic, and fully compete with international transnational cruise enterprises in a larger international space and time pattern, according to the requirements of the 14th Five Year Plan for National Economic and Social Development and the Outline of Vision Goals for 2035 and the 14th Five Year Cultural and Tourism Development Plan of the Ministry of Culture and Tourism for the cruise industry China Merchants cruise and Sanya International Cruise and other local cruise enterprises investigated the development status and bottlenecks faced by local cruise enterprises under the COVID−19 epidemic, and analyzed the external environment, development status and difficulties faced by domestic cruise Enterprises.

Keywords: Local Cruise Enterprises; High-Quality Development; Cruise Industry

G. 11 Research on the Development Path of China's Cruise

Equipment Manufacturing Industry

Yan Guodong, Liu Yunan and Ji Ruxue / 139

Abstract: Large cruise ships are one of the most difficult ships to design and build in the shipbuilding industry. Their design and construction is a giant system project of modern industry and modern urban construction, which directly reflects a country's comprehensive scientific and technological level and manufacturing strength. Large cruise ships, similar to high-speed railway multiple units and large passenger aircraft, are highly difficult to build products in the field of complex technology. They have the cross and customized product attributes of "ship+hotel +entertainment". The design and construction cycle is long, with many changes, the overall layout requirements are high, the key technologies are difficult to attack, and the manufacturing difficulty and complexity are even higher than aircraft carriers and large liquefied natural gas ships. The three largest cruise ship construction enterprises in the world, Fencantini Group of Italy, Meier Shipyard of Germany and Atlantic Shipyard of France, have nearly a hundred years of shipbuilding experience and superb technology. They have undertaken about 90% of the global orders in total. At the same time, the supporting production of cruise ship construction is distributed in Europe. The design and construction of large cruise ships is an important measure to implement the development strategy of becoming a marine power, a manufacturing power, and a science and technology power, and to meet the aspirations of the Chinese people for a better life. Since the formal commencement of ignition steel plate cutting on October 18, 2019, Shanghai Waigaoqiao Shipbuilding Co., Ltd. has created important milestones in promoting the construction of domestic large cruise ships, which is the most dazzling in the shipbuilding industry.

Keywords: Large Cruise; Equipment Manufacturing Industry; Shipbuilding

G.12 Research on the Countermeasures of Promoting the Development of the "Three Tour" Economic Industry in China under the New Situation

Gan Shengjun / 147

Abstract: The cruise yacht and yacht industry has a long chain, strong aggregation and strong driving effect. It will promote the development of cruise yacht equipment and industry, drive the high-end transformation of the shipbuilding industry, promote the development of culture and tourism, and improve the level of modern service industry. It will be a new growth point for the development of the marine economy in the future. In recent years, China's cruise and yacht industry has achieved positive results, and gradually developed into a characteristic industry of industrial transformation and upgrading and urban function upgrading in coastal port cities. COVID−19 has had a serious impact on China's cruise industry. With the accelerated recovery of the European and American cruise markets and the overall suspension of China's cruise market, the huge gap between China and the United States in cruise ship equipment design and construction, industrial supply chain construction, infrastructure construction and consumer market cultivation has become more prominent. Under the new situation of COVID−19, it is necessary to further strengthen the promotion of China's "three tours" (cruise ships and yachts) equipment and industrial development.

Keywords: "Three Tours" Economy; Cruise Industry; Shipbuilding

G . 13   Research on the Formation Mechanism of Chinese Cruise

Tourists' Customer Value

Zhang Yanqing , Wang Hui , Yang Shijie and Li Ruixue / 155

Abstract: Before the outbreak of COVID − 19, China's cruise tourism market showed obvious signs of slowing down after more than a decade of rapid development. In addition to unstable geopolitical relations, single route products and insufficient cultivation of cruise culture, the failure to effectively respond to and meet the customer value of the cruise tourism market is also an important reason for this phenomenon. At present, there is very little research on the customer value of Chinese cruise tourists. Therefore, with the help of the means destination chain theory, the article uses the soft ladder interview method and hierarchical value map analysis, taking cruise tourists from Qingdao's home port as the research object, to explore the formation process of Chinese cruise tourists' customer value, and reveal the internal mechanism between cruise product attributes and consumers' perception of consumption results and value realization, so as to help cruise operators accurately grasp consumers' psychology and preferences, form effective marketing mix Provide theoretical basis for enhancing the vitality of China's cruise tourism market.

Keywords: Cruise Tourism; Customer Value; Qingdao

G . 14   Research on the Coordinated Development of the Whole

Industry Chain of Shanghai Cruise Economy

Qiu Ling , Wang Yichuan / 176

Abstract: The cruise economy is known as the "gold industry floating on the sea". The whole industry chain of the cruise economy is a comprehensive industrial cluster driven by cruise tourism, covering cruise operation, port services, cruise ship repair and construction, ship supply, cross-border consumption and other fields. It is one of the most dynamic components of modern service industry and advanced manufacturing industry, with significant characteristics of large scale, stable growth, and strong aggregation, It has gradually developed into a characteristic industry for the industrial transformation and upgrading of global coastal port cities and the improvement of urban functions, and has become a new driving force to promote the development from inland economy to marine economy. The cruise industry chain mainly takes cruise companies as the core node. In order to maintain the long-term effective operation of the cruise company's business activities, the cruise tourism activities will be expanded to the upstream production and manufacturing links and downstream consumption links of the chain. The development of the whole cruise industry chain in Shanghai promotes the construction of an international shipping center, creates a new driving force for advanced manufacturing, creates a new highlight for urban consumption, promotes the development of exhibition economy, and promotes the development of corporate headquarters economy. Shanghai has a good hinterland of cruise economic development and a cruise economic policy environment, and has a foundation to form the world.

Keywords: Cruise Economy; Industry Chain; Cruise Company

G. 15 Study on Emergency Management Mechanism of Shanghai
Wusongkou International Cruise Port

Gu Huiquan, Ye Xinliang / 190

Abstract: Cruise emergencies involve a large number of people, numerous management organizations, and cultural differences between foreign operators and domestic tourists. Compared with other ships, cruise emergencies are more relevant, derivative, complex and unconventional. Wusongkou International Cruise Port has formed an overall berth scale that can accommodate two 150000 GT and two 225000 GT cruise ships at the same time, and the building structure

of the whole coastline has the docking capacity of the world's largest oasis class cruise ships. The maximum number of passengers carried by the four ships at the same time can reach 23100, and the maximum number of crew members is 7620. Therefore, it is urgent to comprehensively strengthen the construction of cruise emergency response capacity. It is necessary to standardize the emergency response procedures for cruise emergencies at Shanghai International Cruise Port, ensure that international cruise emergencies are handled orderly, efficiently and properly, minimize casualties and property losses, and restore normal order of cruise operation in the shortest time. Focusing on the fact that Wusongkou International Cruise Port has high requirements for large passenger flow management, involves a wide range of emergency coordination and is difficult to deal with emergencies, standardize the emergency management system of Wusongkou International Cruise Port and improve the cruise port.

Keywords: Cruise Port; Emergency; Mergency Management Mechanism

Ⅳ Development Reports

G.16 A Comparative Study of Tourist Experience between Inland
River Cruise Lines and Ocean Cruise Lines in China

Chen Jialing, Sun Xiaodong / 201

Abstract: Affected by COVID－19, the trend of "localized vacation" in China is gradually obvious, which brings opportunities for the development of inland cruise ships and coastal cruise tourism. Deeply understanding the tourist experience and difference of two different types of products, namely inland river "cruise" and ocean going "cruise", is of great significance to meet the needs of tourists, expand the market segment and improve the cruise product system. Taking online comments as data samples, this study systematically analyzed the travel experience elements, dimensions and emotions of inland river cruise and ocean cruise tourists in China by using word frequency analysis, semantic network analysis, emotion analysis, long tail analysis and other methods, especially compared the tourists' experience perception of the two products, and proposed differentiated and targeted development strategies. The results show that the overall tourist satisfaction of inland river cruise ships and ocean cruise ships is relatively high, and there are differences in experience perception of ship services, shore activities, etc. Finally, based on the research results, the countermeasures and suggestions for improving domestic cruise products and service systems are proposed respectively from the aspects of local cruise brand construction, coastal cruise and inland river cruise route development, onshore resource development and tourism activity planning, infrastructure construction and cruise tourism destination building.

Keywords: River Cruise; Ocean Cruise; Tourist Experience

G.17　Research on Promoting the Construction of China Cruise Tourism Development Demonstration Area

Wang Hong, Ye Xinliang / 223

Abstract: The development of cruise economy is an important component of the construction of Shanghai International Shipping Center and an important support for the construction of world famous tourist cities. It is also an important strategic measure to respond to China's reform and opening up and expand domestic demand, and promote the construction of Shanghai International Shipping Center and world famous tourist cities. Shanghai is located at the estuary of the Yangtze River, with superior hydrophilic conditions, rich shoreline resources, and good water depth. It has built the largest international cruise home port Wusongkou International Cruise Port with the best hardware facilities in the Asia Pacific region. In 2012, the former National Tourism Administration approved Shanghai to become the first cruise tourism development pilot area in China, promoting Wusongkou International Cruise Port to become the first in Asia

in three years and the top four in the world in five years. In July 2019, the Ministry of Culture and Tourism officially approved and agreed to support Shanghai to create a demonstration area for China's cruise tourism development. In September 2019, the Ministry of Culture and Tourism officially agreed to set up the first China Cruise Tourism Development Demonstration Zone in Shanghai, providing a higher level development platform for the development of the cruise economy in Shanghai. The "Fourteenth Five Year" Cultural and Tourism Development Plan of the Ministry of Culture and Tourism clearly proposes to promote cruise tourism in China.

Keywords: Cruise Tourism; Cruise Economy; Cruise Tourism Demonstration Area

G.18   Research on the Product System of Shanghai International Cruise Tourist Resort

Sun Ruihong, Bing Zhenhua / 233

Abstract: During the "Fourteenth Five Year Plan" period, the Ministry of Culture and Tourism proposed to "develop marine and coastal tourism and promote the construction of China's cruise tourism development demonstration area", and Shanghai clearly proposed to "deepen the construction of world famous tourism cities and promote the construction of Baoshan cruise and other tourist resorts", Baoshan District of Shanghai clearly wants to "build a China cruise tourism development demonstration area with Wusongkou International Cruise Port, Shanghai International Cruise Industrial Park and the cruise riverside belt as the main body with high standards". In order to comprehensively enhance the development function of Baoshan Riverside in Shanghai, shape the brand image of Shanghai's water tourism portal, focus on the construction of China Cruise Tourism Development Demonstration Zone and Shanghai International Cruise Tourism Resort, strengthen the "wharf", activate the "source", and stand bravely at the "tide", give play to the resource advantages of the Yangtze River estuary and Wusong estuary, integrate the coordinated development of surrounding resources, strengthen urban planning and design, and scientifically optimize the functions and layout, Accelerate the implementation of a number of key projects, and build facilities featuring cruise ships, cruise ships, yachts and other "three tours" businesses with the theme of "three tours holiday".

Keywords: Cruise Tourism; Resort; Product System

社会科学文献出版社

皮 书

智库成果出版与传播平台

✢ 皮书定义 ✢

皮书是对中国与世界发展状况和热点问题进行年度监测，以专业的角度、专家的视野和实证研究方法，针对某一领域或区域现状与发展态势展开分析和预测，具备前沿性、原创性、实证性、连续性、时效性等特点的公开出版物，由一系列权威研究报告组成。

✢ 皮书作者 ✢

皮书系列报告作者以国内外一流研究机构、知名高校等重点智库的研究人员为主，多为相关领域一流专家学者，他们的观点代表了当下学界对中国与世界的现实和未来最高水平的解读与分析。截至2021年底，皮书研创机构逾千家，报告作者累计超过10万人。

✢ 皮书荣誉 ✢

皮书作为中国社会科学院基础理论研究与应用对策研究融合发展的代表性成果，不仅是哲学社会科学工作者服务中国特色社会主义现代化建设的重要成果，更是助力中国特色新型智库建设、构建中国特色哲学社会科学"三大体系"的重要平台。皮书系列先后被列入"十二五""十三五""十四五"时期国家重点出版物出版专项规划项目；2013~2022年，重点皮书列入中国社会科学院国家哲学社会科学创新工程项目。

权威报告·连续出版·独家资源

皮书数据库
ANNUAL REPORT(YEARBOOK)
DATABASE

分析解读当下中国发展变迁的高端智库平台

所获荣誉

- 2020年，入选全国新闻出版深度融合发展创新案例
- 2019年，入选国家新闻出版署数字出版精品遴选推荐计划
- 2016年，入选"十三五"国家重点电子出版物出版规划骨干工程
- 2013年，荣获"中国出版政府奖·网络出版物奖"提名奖
- 连续多年荣获中国数字出版博览会"数字出版·优秀品牌"奖

皮书数据库

"社科数托邦"
微信公众号

成为会员

登录网址www.pishu.com.cn访问皮书数据库网站或下载皮书数据库APP，通过手机号码验证或邮箱验证即可成为皮书数据库会员。

会员福利

- 已注册用户购书后可免费获赠100元皮书数据库充值卡。刮开充值卡涂层获取充值密码，登录并进入"会员中心"—"在线充值"—"充值卡充值"，充值成功即可购买和查看数据库内容。
- 会员福利最终解释权归社会科学文献出版社所有。

数据库服务热线：400-008-6695
数据库服务QQ：2475522410
数据库服务邮箱：database@ssap.cn
图书销售热线：010-59367070/7028
图书服务QQ：1265056568
图书服务邮箱：duzhe@ssap.cn

社会科学文献出版社 皮书系列
SOCIAL SCIENCES ACADEMIC PRESS (CHINA)

卡号：877331685744
密码：

S 基本子库
SUB DATABASE

中国社会发展数据库（下设 12 个专题子库）

紧扣人口、政治、外交、法律、教育、医疗卫生、资源环境等 12 个社会发展领域的前沿和热点，全面整合专业著作、智库报告、学术资讯、调研数据等类型资源，帮助用户追踪中国社会发展动态、研究社会发展战略与政策、了解社会热点问题、分析社会发展趋势。

中国经济发展数据库（下设 12 专题子库）

内容涵盖宏观经济、产业经济、工业经济、农业经济、财政金融、房地产经济、城市经济、商业贸易等 12 个重点经济领域，为把握经济运行态势、洞察经济发展规律、研判经济发展趋势、进行经济调控决策提供参考和依据。

中国行业发展数据库（下设 17 个专题子库）

以中国国民经济行业分类为依据，覆盖金融业、旅游业、交通运输业、能源矿产业、制造业等 100 多个行业，跟踪分析国民经济相关行业市场运行状况和政策导向，汇集行业发展前沿资讯，为投资、从业及各种经济决策提供理论支撑和实践指导。

中国区域发展数据库（下设 4 个专题子库）

对中国特定区域内的经济、社会、文化等领域现状与发展情况进行深度分析和预测，涉及省级行政区、城市群、城市、农村等不同维度，研究层级至县及县以下行政区，为学者研究地方经济社会宏观态势、经验模式、发展案例提供支撑，为地方政府决策提供参考。

中国文化传媒数据库（下设 18 个专题子库）

内容覆盖文化产业、新闻传播、电影娱乐、文学艺术、群众文化、图书情报等 18 个重点研究领域，聚焦文化传媒领域发展前沿、热点话题、行业实践，服务用户的教学科研、文化投资、企业规划等需要。

世界经济与国际关系数据库（下设 6 个专题子库）

整合世界经济、国际政治、世界文化与科技、全球性问题、国际组织与国际法、区域研究 6 大领域研究成果，对世界经济形势、国际形势进行连续性深度分析，对年度热点问题进行专题解读，为研判全球发展趋势提供事实和数据支持。

法律声明

"皮书系列"（含蓝皮书、绿皮书、黄皮书）之品牌由社会科学文献出版社最早使用并持续至今，现已被中国图书行业所熟知。"皮书系列"的相关商标已在国家商标管理部门商标局注册，包括但不限于LOGO（▨）、皮书、Pishu、经济蓝皮书、社会蓝皮书等。"皮书系列"图书的注册商标专用权及封面设计、版式设计的著作权均为社会科学文献出版社所有。未经社会科学文献出版社书面授权许可，任何使用与"皮书系列"图书注册商标、封面设计、版式设计相同或者近似的文字、图形或其组合的行为均系侵权行为。

经作者授权，本书的专有出版权及信息网络传播权等为社会科学文献出版社享有。未经社会科学文献出版社书面授权许可，任何就本书内容的复制、发行或以数字形式进行网络传播的行为均系侵权行为。

社会科学文献出版社将通过法律途径追究上述侵权行为的法律责任，维护自身合法权益。

欢迎社会各界人士对侵犯社会科学文献出版社上述权利的侵权行为进行举报。电话：010-59367121，电子邮箱：fawubu@ssap.cn。

社会科学文献出版社